贫困山区农村金融创新研究

辛 耀 张筑平 ◎ 著

Research on Rural Financial
Innovation of Impoverished Mountain Area

科学出版社
北京

图书在版编目(CIP)数据

贫困山区农村金融创新研究/辛耀,张筑平著. —北京:科学出版社,2013.3
ISBN 978-7-03-037067-9

Ⅰ.①贫… Ⅱ.①辛…②张… Ⅲ.①贫困山区-农村金融-研究-中国 Ⅳ.①F832.35

中国版本图书馆 CIP 数据核字(2013)第 047116 号

责任编辑:牛 玲 裴 璐 陈 浩/责任校对:张怡君
责任印制:徐晓晨/封面设计:无极书装

科学出版社 出版
北京东黄城根北街 16 号
邮政编码:100717
http://www.sciencep.com

北京凌奇印刷有限责任公司 印刷
科学出版社发行 各地新华书店经销

*

2013 年 4 月第 一 版 开本:B5(720×1000)
2021 年 1 月第十五次印刷 印张:12 3/4
字数:222 000

定价:98.00 元
(如有印装质量问题,我社负责调换)

前　言

众所周知，我国的扶贫开发从过去的以到户扶贫为重点演变为以整村推进扶贫开发为重点，随即出现的新农村建设，实际上成为贫困地区农村在经济空间布局和地域经济社会综合发展中的关键点，农业现代化则是这一过程中技术进步、生产力提高和生态环境保护的重要物质条件。当前，扶贫开发、新农村建设和农业现代化都进入了一个新的阶段。中共中央、国务院发布的《中国农村扶贫开发纲要（2011—2020年）》明确指出，扶贫开发已经从以解决温饱问题为主要任务的阶段转入巩固温饱成果、加快脱贫致富、改善生态环境、提高发展能力、缩小发展差距的新阶段。《中国农村扶贫开发纲要（2011—2020年）》还针对目前贫困地区在空间上主要连片分布于山区、高原区及部分丘陵地区，其中不少集中于生态环境脆弱且对国家全局生态环境具有重要保护功能的区域，而区域内基础设施和公共服务能力都很薄弱等特点，提出要把连片特困地区作为新时期扶贫开发的主战场，要加快解决生态建设和提高公共服务水平等非收入性的贫困问题。相应地，贫困山区的新农村建设和农业现代化也势必出现与国家连片扶贫开发的区域规划与区域政策相衔接，与行政区域（如省、地、县）自身的综合开发规划与政策相结合，与城镇化、工业化统筹协调来整体推进的新局面。由于金融是经济生活的核心，贫困山区的扶贫攻坚与可持续发展、新农村建设与农业现代化都离不开农村金融的支持，而且出于在现有金融供给能力和服务条件下进行创新以适应新阶段区域性综合开发和提高地域发展能力的需要，有必要及时研究与此相关的金融创新问题。

最近几年，笔者承担了贵州省优秀科技教育人才省长专项资金［黔省专合字(2010)132］项目"贵州省新农村建设的金融支持"和贵州省教育厅高等学校人文社会科学研究基地 2011 年度项目"西部农村现代金融制度建设"的研究任务。在研究过程中笔者深深感到，贫困是西部农村的突出问题，新农村建设、农业现代化的一个首要任务就是要实现脱贫与可持续发展。我们要从更高的起点来研究金融发展与创新问题，使之与区域综合开发、地域经济社会综合能力全面提高、生态环境治理改善等问题联系起来，从而适应长期性投资、区域综合开发、地域综合能力提高的要求，并具有现实推广的可能。这种想法得到了上述两个科研项目管理部门的肯定和进一步资助，也得到科学出版社的支持和帮助，所以笔者得以大胆尝试、进一步展开这个研究，并完成拙稿。

本书由五章组成，其内容如下：第一章分析贫困山区和农村、农户的经济状况及其特点，以及新农村建设与扶贫开发、区域经济社会发展的相互联系与综合开发的必要性。第二章分析农村金融供给的结构性问题，以及政策金融与财政投融资功能不足对这一制度缺陷的影响，并对近年来贫困山区农户金融供需状况、涉农金融机构业务状况分别进行了分析。第三章在综述金融创新相关理论的基础上，提出在贫困山区实施具有战略高度的系统性金融创新的具体目标与措施，并介绍世界反贫困政策思想演变和一些国家提高乡村地域经济社会综合能力的金融创新实践及经验。第四章论述农村合作金融机构农户小额信用贷款的创新意义，并介绍近年来农村金融领域中有关农业产业化、新农村建设和衍生交易方面的金融创新，以及贫困山区农村信用环境改善与诚信建设的情况。第五章针对贫困山区农村缺乏区域性、开发性、投资性的长期融资工具，相应制度和风险管理机制急需建立等问题，设计出"贫困地域综合开发贷款"和"新型农业基金"的运行机制及相应制度，并对促进政府融资平台转型、实现资本市场融资和立足本地实际、因地制宜推进政策性农业保险等提出具体对策。

本书由贵州财经大学教授辛耀和副教授张筑平执笔完成。对于书中的不当之处，敬请读者提出批评与指导意见。

辛　耀

2012 年 11 月

目 录

前言	
第一章 贫困山区的经济现状与农村发展	**1**
第一节 有关区域研究的几点说明	2
第二节 贫困山区的经济状况及特点	6
第三节 贫困山区农村经济社会发展状况及特点	10
第四节 贫困山区新农村建设与区域性综合开发	19
第二章 贫困山区农村金融的供需与活动特点	**29**
第一节 供给结构的重大问题——缺乏中长期信贷	30
第二节 制度缺陷的要因——政策金融与财政投融资功能不足	37
第三节 农户金融供需状况及活动特点	45
第四节 农村金融机构的业务状况与活动特点	55
第三章 金融创新与提高贫困山区经济社会综合能力	**77**
第一节 金融创新的理论基础	78

第二节　贫困山区农村金融创新的战略与目标 …………………… 82
　　第三节　各国提高乡村地域经济社会综合能力的金融创新实践…… 85

第四章　贫困山区农村金融的创新实践及经验总结 ………… 107
　　第一节　农村合作金融机构农户小额信用贷款的创新意义 ……… 108
　　第二节　近年来的重要金融创新及相关问题 ……………………… 117
　　第三节　担保、订单、保险及衍生交易方面的创新 ……………… 129
　　第四节　当今贫困山区农村金融创新中值得重视的两大问题 …… 135

第五章　贫困山区农村未来的重要金融创新 …………………… 141
　　第一节　贫困地域综合开发贷款 …………………………………… 142
　　第二节　政府融资平台转型与区域重大项目实施
　　　　　　——以旅游业为例 …………………………………………… 156
　　第三节　贫困山区新型农业投资基金 ……………………………… 166
　　第四节　因地制宜开展政策性农业保险 …………………………… 179

主要参考资料 …………………………………………………………… 189

表目录

表 1-1 2010年全国各地形类型县（市）及贵州山区县（市）的基本经济指标比较 ………………………………………………………… 7
表 1-2 农户收入结构与工资性收入来源的地区比较 ……………………… 11
表 1-3 2010年贵州10个固定观察村农户的家庭主业构成和家庭收入构成 ………………………………………………………………… 12
表 1-4 贵州9个村270名返乡农民工以前在外打工情况 ……………… 15
表 1-5 贵州9个村270名返乡农民工回乡就业情况 …………………… 15
表 1-6 贵州9个村270名返乡农民工回乡原因统计 …………………… 16
表 1-7 贵州9个村270名返乡农民工回乡创业所面临的主要困难 …… 16
表 2-1 印度计划委员会关于农村信贷第6、7次五年计划的目标及实绩测定 ……………………………………………………………… 34
表 2-2 2005～2010年贵州农村固定观察点农户借贷收入与用途的构成状况 …………………………………………………………… 45
表 2-3 问卷调查的9个村282户中有借贷需求的项目数与需求原因（2008～2010年） …………………………………………………… 46
表 2-4 问卷调查的9个村282户中有民间借贷需求的项目数与需求原因（2008～2010年） …………………………………………… 47
表 2-5 问卷调查的9个村282户中不去农村信用社借款的项目数与原因

	(2008~2010 年)	48
表 2-6	问卷调查的 9 个村 282 户中民间借贷的情况分析 (2008~2010 年)	48
表 2-7	贵州省 1981~2009 年间农业投入与产出的主要数据	56
表 2-8	2010 年 10 省（区）农村金融机构的网点设置、空间分布、从业人员、资产状况	66
表 2-9	贵州农村合作金融机构的规模分布及动态比较	70
表 2-10	2005~2009 年 QL 县农户贷款的总体情况、期限结构及用途	72
表 2-11	2005~2009 年 QL 县农户贷款的分用途户均额度、抵押状况与还款情况	73
表 3-1	韩国新农村运动的分类建设目标	91
表 3-2	ADBP 农业综合开发项目对农户中长期贷款的分布	99
表 3-3	项目实施初期（1991~1994 年）作物耕种面积、总产量及单产的变化	99
表 3-4	1991~1994 年和 1991~2001 年农业收入与农户收入的最终变化率	101
表 3-5	日本土地改良事业的划分标准和国家的经费负担率	103
表 3-6	日本土地改良经费分担的一般标准：以水利设施为例	104
表 5-1	贫困地域综合开发贷款的基本情况	142
表 5-2	市场经济国家的政策性农业保险的制度概要与运行情况	180

图目录

图 2-1　1980～2008 年国家和贵州的财政支农支出比重的推移 ………… 41
图 2-2　1990～2004 年中央、地方及贵州的财政支农支出比重的推移 … 41
图 2-3　1978～2008 年贵州农户人均纯收入与农户人均储蓄的推移 …… 51
图 2-4　1978～2008 年贵州农户的人均储蓄与人均纯收入的线性拟合 … 51
图 2-5　1990～2008 年贵州农户的人均储蓄与人均纯收入的线性拟合 … 52
图 2-6　1978～2008 年贵州农村人口平均农业贷款与农户人均纯收入的
　　　　线性拟合 ……………………………………………………………… 55
图 2-7　1981～2009 年贵州省农业贷款与农村固定资产投资的线性
　　　　拟合 …………………………………………………………………… 57
图 2-8　1981～2009 年贵州省财政支农支出与农村固定资产投资的线性
　　　　拟合 …………………………………………………………………… 57
图 2-9　1981～2009 年贵州省财政支农支出与农林牧渔总产值的线性
　　　　拟合 …………………………………………………………………… 58
图 2-10　1981～2009 年贵州省农业贷款与农林牧渔总产值的线性拟合 …… 58
图 2-11　1981～2009 年贵州省农村固定资产投资与农林牧渔总产值的
　　　　 线性拟合 ……………………………………………………………… 59
图 2-12　贵州 80 个县域农村合作金融机构存款余额（2010）与生产
　　　　 总值（2009）的线性拟合 ………………………………………… 63

图 2-13　贵州 80 个县域农村合作金融机构存款余额（2010）与城乡
　　　　　储蓄（2009）的线性拟合 …………………………………………… 64
图 2-14　贵州 80 个县域农村合作金融机构存款余额（2010）与常住
　　　　　人口（2007）的线性拟合 …………………………………………… 64
图 2-15　2010 年贵州农村合作金融机构的规模分布 ………………………… 70
图 5-1　贫困山区新型农业投资基金的组织结构图 ………………………… 168

第一章

贫困山区的经济现状与农村发展

第一节　有关区域研究的几点说明

一、农业与农村金融研究中的区域性特点

毋庸置疑,本书对农村金融问题的研究具有明确的地域性规定。其实,农业和农村金融研究中的一个重要特点正是它们的区域性或地域性,因为农业和农村发展受地理、区位、自然条件、作物分布的制约和影响很大,也在很大程度上受所在区域经济社会发展总体水平的制约和影响。由于金融与经济的相互作用关系,在不同类型区域的农村金融,应该有与本区域经济活动的特点相关的需求、规模与活动方式。据笔者的个人感受,我国过去有关农村金融的教学和研究或许常常忽略了农村金融的区域性特点,而这在今后应该得到更大的重视。

发达市场经济国家的经验表明,农业政策和农业政策性金融的实施大多与区域的开发、振兴有关。而且,扶持落后、贫困区域的农业发展,在发达市场经济国家有不少成功的案例。例如,美国通过西部开发,使原先落后的西部,尤其是加利福尼亚州等区域取得了良好的农业生产条件,在水果、蔬菜等农产品上取得了区域优势。美国还利用各种政策的长期扶持,形成了诸如小麦带、玉米带、棉花带、牧草乳酪带、烟草带、山区放牧带、综合农业带、亚热带作物区等具有显著特色和相对优势的专业化农业生产带。又如,日本于1969年专门制定了关于农业振兴地域整备的法律,2011年对其进行修订,以确保在综合考虑自然与经济社会的各种影响因素的条件下,实现区域农业振兴与资源合理利用[①]。从历史上看,日本的一些政策性金融公库本身就具有区域特性,例如,北海道东北开发金融公库、冲绳振兴开发金融公库在区域综合开发和农业发展中都发挥了重要作用。1988年,日本提出了从平原边缘到山地之间的"中山间地域"发展战略,为此,农业协同组合金融(合作金融)还展开了关于该地域

---

① 资料来源:日本《農業振興地域の整備に関する法律》第一章,第一条。

机构网点空间布局合理性及其发展对策的研究①。还值得一提的是以色列的例子，尽管总体上其农地资源极为有限、水资源极为匮乏，但它根据雨雪等降水的不同情况、灌溉工程和土地改良的实施计划、农作物分布等将农业分为10个区域，利用各种农业政策和灌溉等先进农业技术，实现了农作物的高产，例如，棉花单产曾达到世界第一，粮食实现自给，水果、蔬菜、花卉等特色农产品还能用做出口②。以上情况表明，对农业进行区域性研究和实施区域性政策正是发达市场经济国家农业发展和农业现代化的成功经验。

在我国，有按山地、高原、平原、丘陵和盆地五种地形类型对区域进行的划分，也有按平原、丘陵、山区三种地形类型的划分。每年由国家统计局农村社会经济调查司编写、国家统计局出版的《中国县（市）社会经济统计年鉴》，就有将县（市）分别归类到以平原、丘陵、山区这三种地域类型来进行的区域性社会经济统计。由于县域大多与农业、农村、农民关系密切，通常被视为重要的农村行政地域。在《中国县（市）社会经济统计年鉴》中，有按主要农林牧渔产品类型与产出规模做诸如粮食生产大县（市）、棉花生产大县（市）、牧区与半牧区县（市）等的地域划分；有东北区、内蒙古及长城沿线区、黄淮海区、黄土高原区、长江中下游区、西南区、华南区、甘新区、青藏高原区等九大综合农业区域的划分；还有按地理位置（区位）所做的诸如内陆边境县（市）、长江三角洲经济区县（市）、环渤海经济区县（市）、南部沿海经济区县（市）的区域划分。

在研究农业、农村、农户的重大经济问题与重大金融问题时，我们需要在一定的区域或特定地域内，结合它们的自然环境特征和与此密切相关的社会特征来进行调研和思考，因此要根据不同需要选择不同的区域划分标准。本书主要针对山区农村的贫困地域来进行研究。

二、有关贫困山区地域范围的几点说明

在我国不同的地形类型区域中，山区经济总体上落后于丘陵、平原。一些有关山区的研究报告也依据人均GDP和产业发展水平、城镇化水平等指标将山区经济划分为相对发达的、相对欠发达的及贫困的几种不同类型。本书所研究

---

① 畔上秀人.2005.中山間地域の金融機関利用について―群馬県黒保根村のアンケート調査から―.貯蓄経済理論研究会年報，20：137-149.

② 农业科教信息网.以色列农业概况.http://www.stee.agri.gov.cn/zcqzl/hwxx/t20040223_169292.htm［2012-03-10］.

的贫困山区是指我国山区中发展最为滞后，在自然生存条件、经济社会发展基础和农村金融发展等方面存在更多困难和更严酷制约的地域，它的范围在2011年以前大致等同于山区中的国家扶贫开发重点县及省定贫困县、乡的地域。而现在依据最新扶贫标准线，范围相应地扩大。

我国的扶贫攻坚始于20世纪80年代。早在1986年，由中国科学院、国家计划委员会地理研究所贫困地区开发研究组提供的《中国贫困地区类型划分及开发研究提要报告》，已将我国贫困地区划分为六大区域类型和21个亚类型，它们多与山区地形有关。其中，西南喀斯特山区贫困类型包括乌蒙山区、横断山区、滇南山区、九万大山区、桂西北山区等亚类型，地域涉及云贵高原、桂黔滇川毗邻地域；黄土高原贫困类型包括陇中及东部丘陵山区、吕梁山区、宁南干旱山区、陕北黄土高原丘陵山区等亚类型，地域涉及太行山以西、日月山以东、秦岭以北和长城以南；青藏高原贫困类型包括西藏高寒山区、青海高寒山区等亚类型，地域涉及西藏全部、青海大部分及甘、川、滇的一些地方；东西部平原山区接壤带贫困类型包括坝上风沙高原区、秦巴山区、太行土石山区、武陵山区等亚类型，地域涉及从大兴安岭经燕山、太行山、巫山、武陵山到苗岭一线的两种地形接壤带；东部丘陵山区贫困类型包括沂蒙山区、大别山区、湘赣丘陵山区、闽粤丘陵山区等亚类型，地域涉及鲁中南、武夷山脉、井冈山脉、大别山脉和东南沿海的部分地区；蒙新干旱地区贫困类型包括内蒙古高原东南沙化区、新疆西部干旱区等亚类型，地域涉及内蒙古高原及东南部沙化区、新疆盆地及南疆西部等。我国1994年确定的592个国家级扶贫开发重点县的空间分布特点是多数沿山脉呈集中连片分布，其中分布最集中的区域类型是西南喀斯特山区和黄土高原。

2011年年末，中共中央、国务院印发的《中国农村扶贫开发纲要（2011—2020年）》指出，我国扶贫开发已经从以解决温饱问题为主要任务的阶段转入巩固温饱成果、加快脱贫致富、改善生态环境、提高发展能力、缩小发展差距的新阶段，并明确要把连片特困地区作为新时期扶贫开发主战场。这些地区包括六盘山区、秦巴山区、武陵山区、乌蒙山区、滇桂黔石漠化片区、滇西边境山区、大兴安岭南麓山区、燕山—太行山区、吕梁山区、大别山区、罗霄山区等区域的连片特困地区和已明确实施特殊政策的西藏、四省（四川、云南、甘肃、青海）藏区、新疆南疆三地州[①]。

---

① 中共中央，国务院. 2011. 中国农村扶贫开发纲要（2011—2020年）. http://www.gov.cn/jrzg/2011-12/01/content_2008462.htm [2012-02-22].

基于上述情况，本书将贫困山区的农村金融作为一个独特的区域金融类型来进行研究，注重农村金融研究中的区域特性与对策研究的区域适应性，对促进我国贫困山区脱贫和解决贫困山区发展难题具有一定的现实意义。

毫无疑问，笔者主观上希望对我国所有贫困山区进行尽可能全面的研究，并希望结论和对策建议尽可能广泛地适用于贫困山区，但基于目前的研究条件、获取资料的便利性及研究应用的时效性，笔者的调研活动主要立足于贵州山区。相应地，研究所用的资料、数据主要来自这一区域，而结论和对策建议自然也主要适用于这一区域。不过我们应该看到，尽管各个贫困山区所处的地理位置不同，但在自然条件和经济社会发展水平的影响和制约上却有着诸多共同因素，存在着诸多共同问题。例如，区域内生态环境相对脆弱、对国家全局意义上的生态环境保护又具有重要影响，生活与生产的基础条件相对恶劣，基本公共服务严重滞后，交通相对闭塞，经济社会发展和产业发展水平低，地方财力匮乏，自我发展能力弱，等等。当然，不同贫困山区的经济、金融也有显著的差异性，如经济结构、产品结构、人口密度和金融机构网点的分布密度等，因此本书也注重地区间不同因素和特点的比较。

贵州省位于西南喀斯特山区，按国家统计局的分类统计标准，全省90%的县（市）和97%以上的国土面积属于山区，是全国唯一没有平原县支撑的农业省[①]。因此，利用《贵州统计年鉴》及其他省级统计数据大体上可以反映贵州山区总体经济的状况（当然，我们还将利用对县级、村级及其他层次、其他经济主体的调研数据）。在2011年我国最新确定的14个连片特困地区中，贵州省涉及武陵山、乌蒙山、滇桂黔石漠化三个片区的65个县，覆盖全省80.3%的国土面积[②]。按照最新公布的国家扶贫标准线（农民人均纯收入为2300元以下），2012年全省贫困人口超过1521万人，占农村人口的50%左右，绝对数量位居全国第一，占全国贫困人口总量的9.4%[③]。因此，贵州省是中国农村贫困面最大、贫困程度最深、贫困人口最多的省份。

再以人均GDP和城乡居民收入等综合性指标来衡量，贵州经济社会总体发展也处于全国最低水平。2010年，全省人均GDP为11 640元，按年末汇率

[①] 国家统计局农村经济社会调查司.2011.中国县（市）社会经济统计年鉴.北京：中国统计出版社.
[②] 陈思武，周远钢.2012.中外记者团采访贵州扶贫开发工作见闻.http：//news.xinhuanet.com/politics/2012-06/02/c_123226981.htm［2012-06-04］.
[③] 周芙蓉.2012.贵州：用10年时间根本改善农民生产生活条件.http：//news.xinhuanet.com/fortune/2012-01/29/c_111468245.htm［2012-03-03］.

折算约合 1950 美元，处于全国末位，仅为位居我国东部、主要以平原地形为主的江苏省的 18.8%，仅为位居我国中部、主要以丘陵地形为主的湖南省的 54.6%，也仅为同属西部欠发达地区、位居青藏高原的青海省的 55%；城镇居民家庭人均可支配收入为 14 143 元，仅为全国平均水平的 74.1%，居于全国倒数第三位，略高于青海省和甘肃省；农村居民家庭人均纯收入为 3472 元，仅为全国平均水平的 58.7%，居于全国倒数第二位，略高于甘肃省。又据中国科学院、水利部成都山地灾害与环境研究所 2010 年提供的《中国山区发展报告》，在全国人均 GDP 排名后 100 个山区县中，贵州最多，有 33 个，但在排名前 100 个中，贵州竟然连一个也没有[①]。由此可见，贵州山区是我国山区县（市）中经济社会发展最为滞后、基础最为薄弱、贫困问题最为突出的地域，将贵州山区视为我国山区中的一个典型贫困地域是符合客观实际的。

　　2012 年下发的《国务院关于进一步促进贵州经济社会又好又快发展的若干意见》（国发〔2012〕2 号文件）指出：贵州是我国西部多民族聚居的省份，也是贫困问题最突出的欠发达省份。贫困和落后是贵州的主要矛盾，加快发展是贵州的主要任务。贵州尽快实现富裕，是西部和欠发达地区与全国缩小差距的一个重要象征，是国家兴旺发达的一个重要标志。由此来看，在贵州贫困山区的农村实施金融创新，对贵州实现脱贫、发展、富裕和缩小我国地区差异，实现国家兴旺发达都具有非常重要的意义。

第二节　贫困山区的经济状况及特点

一、发展水平最低、地方财力困难、生存条件较差、贫困问题突出

　　以人均的第一产业增加值、第二产业增加值、地方财政预算收入、城乡居民储蓄存款来衡量不同地形类型的县（市）经济发展水平，山区县（市）总体上落后于平原县（市）及丘陵县（市）。而贵州山区县（市）的这四项人均指标均落后于全国山区县（市）的平均水平，说明其发展更为滞后，相应地，其产业发展水平很低，地方财力也更为匮乏。详见表 1-1。

[①] 陈国阶，方一平，高延军.2010.中国山区发展报告——中国山区发展新动态与新探索.北京：商务印书馆．

表 1-1　2010 年全国各地形类型县（市）及贵州山区县（市）的基本经济指标比较

地域	人均第一产业增加值/元	人均第二产业增加值/元	人均地方财政预算收入/元	人均城乡居民储蓄存款/元	乡村人口对总人口比重/%	每平方公里的人口密度/人
山区县（市）	2 829	6 567	896	9 559	82.9	75
丘陵县（市）	3 489	12 407	1 154	11 919	80.7	146
平原县（市）	3 829	14 376	1 440	14 751	80.4	149
贵州山区县（市）	1 865	3 619	589	4 873	85.1	219

资料来源：国家统计局农村社会经济调查司.2011.中国县（市）社会经济统计年鉴.北京：中国统计出版社

2010 年，全国山区县（市）的人均第一产业增加值、人均第二产业增加值、人均地方财政一般预算收入和人均城乡居民储蓄存款仅分别为丘陵县（市）的 81.1%、52.9%、77.6% 和 80.2%，分别为平原县（市）的 73.9%、45.7%、62.2% 和 64.8%，以乡村人口占总人口比重表示的城镇化水平也低于丘陵和平原（乡村人口对总人口比重的倒数可理解为城镇化水平）；而贵州山区县（市）的这四项指标仅分别为全国山区县（市）平均水平的 65.9%、55.1%、65.7% 和 51.0%，其城镇化水平也比全国山区县（市）的平均水平低 2.8 个百分点。

在研究区域发展问题时，人口也是一个不可忽视的要素。就总体看，山区县（市）每平方公里的人口密度远低于丘陵、平原的县（市），只相当于后两者的 1/2 强，过去国内对山区总体发展所做的研究大多已经注意到这个现象。然而，正如表 1-1 所示，贵州山区县（市）却是个例外，其每平方公里的人口密度是全国山区县（市）平均水平的 2.9 倍左右，是丘陵县（市）和平原县（市）的 1.5 倍左右。人口相对稠密与区域内喀斯特地貌特征显著、可耕地相对缺少的自然特征结合在一起，使得贵州山区的人多地少矛盾更为突出（关于人口密度对金融网点设置和金融服务的影响，后面还将论及）。而且，在所谓"八分山一分水一分田"的自然环境中，石漠化、水土流失、工程性缺水等生态问题相当严重，旱涝、山洪、凝冻等自然灾害频发。这种自然条件与历史发展滞后等因素结合在一起，使贵州山区农民的生存发展受到很大限制，生产生活基础设施极为薄弱、交通相对闭塞，产业发展和城镇化严重滞后。这些也都成为区域内贫困面积大、贫困人口比重大的主要原因。

通过以上对不同地形类型区域和贵州山区基本经济指标的比较，以及对贵州贫困情况的了解，我们可以刻画出贫困山区总体经济状况的几个特点，即发展水平最低、地方财力困难、生存条件较差、贫困问题突出。

二、发展与结构调整受到严酷的制约

贵州贫困山区经济发展与结构调整存在诸多制约因素，其中比较严酷的制约因素主要有以下几个。

第一，缺乏区位优势。因为地处偏远、交通闭塞、综合影响力弱，其经济开发地位在历史上往往被忽视。近年来，国外资本已经开始应对我国沿海发达地区的生产成本上升的问题，而且沿海国内企业也通过聚集不少高流动性且相对闲置的资本来寻求新的投资机会。因此，人们似乎比较关注外国和我国东部沿海发达地区的资本、技术对内陆地区的转移。然而，现实情况表明，产业聚集和地区间的产业转移，在很大程度上偏离了这种良好愿望和直观推测。改革开放以来，贫困山区引进的重大工业项目往往是与矿产资源开发和高耗能、甚至高污染排放有关的，潜藏着不少威胁，有些已对生态环境造成严重破坏。虽然贵州等西南山区的农村剩余劳动力多、价格低廉，但并未导致资本、技术的蜂拥而入，相反却使农村劳动力继续向相对发达的地区流动。为此我们不得不承认，世界生产在国家间转移的客观规律，以及一国经济活动往往集聚在沿海地区或历史上形成的政治、经济、文化中心的趋势，都很难因我们的主观愿望而逆转。就当前国家之间的产业转移和竞争力转移来说，主导力量还在跨国公司方面，而它们的生产的全球布局主要受三大因素影响：①以廉价劳动力为核心的生产成本竞争；②货币汇率变动及与此相关的产品价格差异和生产成本差异；③输入国家或地区的市场容量。发展中国家对这三大因素利用程度的差异又决定着它们之间的竞争力差异。改革开放以来，我国这三大因素的优势显著，逐渐赶超"亚洲四小龙"和东盟国家，成为"世界工厂"。但这种转换机制在一国内部的区域间却不一定成立，因为跨国公司的生产转移可能选择其他国家的沿海地区及其政治、经济、文化中心，如亚洲的印度、斯里兰卡、越南，以及中南美洲和非洲的一些国家。从客观上讲，贫困山区的区位相对不利，吸引资本、技术、产业转入的条件较差，因此很难借助国际分工格局转换的机遇获得迅速的、突破性的发展。

第二，开发成本很高。山区因地形和地质结构复杂、原有交通条件较差，导致基础设施建设等开发成本远高于平原及丘陵地区。据中国科学院1999年提供的《1999中国可持续发展战略报告》，青藏高原和云贵高原的开发成本是东部平原的几倍到十几倍。例如，贵州省建成的公路桥梁因投资巨大，被人们称为"金桥银路"。

第三，市场选择不利。以上两点必然导致贫困山区存在"市场选择不利"的难题，即难以按市场选择（市场法则）的自然演进而迅速实现工业化、城镇化和现代化。就贵州山区来看，近代史上某些特定时期发生的工业与城市的较显著发展往往是非市场因素所促使的。例如，抗日战争时期的"向大后方转移"导致了一定规模的军工、机械制造、汽修、配件等产业的出现和城镇人口的增加；新中国成立后，以国防战略为背景的"三线建设"形成了一些现代化的机械、电子产业；为服从国家能源、矿产资源的开发和生产资料生产的需要，依靠国家投入而较快发展了煤电、磷化工、冶金等产业及相关城镇。

第四，自身的产业布局容易受自身资源拥有情况和国家宏观产业布局的影响而出现片面发展。如前所述，就贵州来看，其工业结构偏重于重工业和能源、矿产及生产资料等，制造业体系不健全、层次较低、配套性较差、附加价值不够高。我们注意到一个有趣的现象，如果以产值构成衡量，新中国成立后贵州工业化进程其实是显著的。1949～1978年，地区生产总值构成从第一产业83.0%、第二产业12.5%、第三产业4.5%转变为第一产业41.7%、第二产业40.2%、第三产业18.1%；2010年，进一步转变为第一产业13.7%、第二产业40.0%、第三产业46.3%，同年全国的产值构成是第一产业10.2%、第二产业46.8%、第三产业43.0%[1]。然而，第二产业产值比重的增减并不一定体现出制造业的强弱变化。自20世纪以来，世界主要制造业强国的第二产业产值比重如何呢？日本2004年为31%，德国2003年为26%，美国2000年为22%，日本过去最高时也仅为40%多（三国的第一产业产值比重都低于2%，第三产业产值比重都超过60%）[2]。可见真正的产业结构合理化并不等于以工业为主的第二产业产值比重的增加，而是全部产业的技术进步和效率提高。像贵州这样的贫困山区，其工业产值比重并不是很低，但问题是结构不理想和效率不高，因此工业发展不能简单追求第二产业比重的提高。实践表明，贵州自新中国成立以来形成的工业结构对利税收入和增强本省资本积累的贡献有较大局限，在产业偏向重工业、偏向能源和资源型产业背景下的一个较长时期内，省内利税形成的支柱产业却主要是烟酒产业。电力、煤与煤化工、磷与磷化工、铝等能源

---

[1] 国家统计局国民经济综合统计司.2005.新中国五十五年统计资料汇编.北京：中国统计出版社；国家统计局.2011.中国统计年鉴.北京：中国统计出版社；贵州省统计局，国家统计局贵州调查总队.2011.贵州统计年鉴.北京：中国统计出版社.

[2] 矢野恒太纪念会.2008.世界国势图会2006/07.东京：财团法人矢野恒太纪念会：148-160.

型、原材料型产业成为利税收入支柱则发生在20世纪90年代后期以后，这主要与西部大开发和"西电东送"等相伴随，其间有国家对能源、基础设施的大规模投资。"西电东送"的确开辟了产值利税增长的新渠道，也带动了贵州煤炭生产、煤化工产业、耗能型产业及一些县域经济的发展。然而，它在很大程度上是依赖国家行政力量主导和地方政府间协调而形成的一种资源配置和交换关系，也是一个存在若干内部不稳定因素的"买方市场"。作为卖方的贵州，尽管知道电的进网价、落地价与当地消费价之间存在很不利于自己的价值转移，却没有讨价还价的筹码，而且还受高额违约赔款合约的制约；但作为买方的沿海发达地区，则因为拥有雄厚经济实力和利用核、煤等发电的潜在能力而加大了主动性和谈判筹码。

第五，贫困山区往往既是生态环境脆弱地区，又是国家全局意义上的生态功能区或生态保护区，其生态环境保护任务很重。以贵州山区为例，按2012年下发的《国务院关于进一步促进贵州经济社会又好又快发展的若干意见》，它是长江、珠江上游重要的生态安全屏障，为此要实施石漠化综合治理等重点工程，逐步建立生态补偿机制，促进人与自然和谐相处，构建以重点生态功能区为支撑的"两江"上游生态安全战略格局。就目前来看，贵州山区等贫困山区不仅由于生存发展条件较差、产业效益低下，难以承担生态环境保护与改善所必需的资金，同时还可能因为国家实施生态环境保护的重大工程（如实施退耕还林工程、天然林保护工程、水土保持工程等）而对经济开发形成种种短期限制，这也在相当程度上限制了当地产业发展对资源的开发与利用。因此，贫困山区往往面临脱贫致富、加快发展与生态环境保护的双重压力。健全相应的生态补偿机制，也必然成为国家、贫困山区政府和相关经济主体共同关心、急需解决的问题。

第三节 贫困山区农村经济社会发展状况及特点

一、农村产业结构单一、层次较低

众所周知，贫困山区农村的传统经济结构以种植业、畜牧业等第一产业为主，受种种条件制约，工业乃至第二产业和第三产业的发展严重滞后。

这种与产业发展滞后相关的结构性问题从对贵州农户家庭收入构成、产业构成及工资性收入来源的分析及其与全国平均水平和东部发达地区江苏省的比较中得到证实。由于贵州山区农村经济结构相对单一、层次较低，在其农户家庭纯收入和总收入的构成中，传统收入来源，即家庭经营收入的比重最高，而工资性收入的比重最低；相应地，在贵州山区农户家庭总收入的产业构成中，来自第二产业的比重低于江苏省和全国平均水平，来自第一产业的收入比重高于江苏省和全国平均水平，但来自农业的收入高于江苏省却略低于全国平均水平，其主要原因之一是贵州的畜牧业收入比重高于全国平均水平，而来自家庭经营收入的比重则与全国平均水平接近；贵州农户工资性收入中来自本乡以外地域的比重高于江苏省和全国平均水平，来自非企业组织的比重也高于江苏省和全国平均水平，但来自本乡地域的却是最低的，这与贵州农村企业发展水平低、经济活力不足、大量农村劳动力外流的特点是相关的。详见表1-2。（前已述及，贵州全省的国土面积中山区占97%、全省人口中乡村人口占85%、全省农村人口中贫困人口占50%，利用全省农户统计数据能够粗略反映贫困山区农户的基本情况。）

表1-2 农户收入结构与工资性收入来源的地区比较　　　　　　　　（单位：%）

地域	农户家庭纯收入的不同性质构成（2010年）				
	纯收入	工资性收入	家庭经营收入	财产性收入	转移性收入
全国	100	41.1	47.9	3.4	7.6
江苏	100	53.7	35.3	4.3	6.7
贵州	100	37.6	49.1	3.4	9.9

地域	农户家庭总收入的不同性质构成（2009年）				
	总收入	工资性收入	家庭经营收入	财产性收入	转移性收入
全国	100	29.0	61.9	2.3	6.8
江苏	100	43.5	46.9	3.3	6.3
贵州	100	26.5	61.8	2.4	9.3

地域	农户家庭总收入的产业构成（2009年）				
	家庭总收入	来自第一产业	其中农业（牧业）	来自第二产业	来自第三产业
全国	100	82.3	53.9（24.1）	5.7	12.1
江苏（2007年）	100	64.9	41.4	13.5	21.6
贵州（2007年）	100	84.1	49.5（32.9）	3.1	12.8

地域	农户工资性收入的构成（2009年）			
	工资性收入	来自非企业组织	来自本乡地域内	来自本乡以外地域
全国	100	10.5	48.5	41.2
江苏	100	11.8	56.9	31.3
贵州	100	16.0	44.4	39.6

资料来源：国家统计局.2011.中国统计年鉴.北京：中国统计出版社；国家统计局农村社会调查司.2010.中国农村住户调查年鉴.北京：中国统计出版社

为了使以上分析更为深入，我们利用贵州 10 个固定观察村的数据，进一步了解和分析当前贵州山区的农户家庭主业构成和家庭总收入构成。这 10 个固定观察村是从贵州全省 9 个地（州、市）的 10 个县（市、区）中随机抽选的，有 8 个村位于边远山区（其中有 6 个村属于国家贫困开发重点县），1 个村位于城市郊区，1 个村位于工矿区；就农户人均纯收入来看，有 2 个村低于全省平均水平，1 个村接近全省平均水平，7 个村高于全省平均水平，10 个村的农户人均纯收入为 4894 元，比全省平均水平高 41 个百分点。根据相关部门的介绍，10 个村的经济发达程度高于全省平均水平主要是因为在连续固定观察的过程中，受到了相关方面的重视并得到各种支持，从而在调整农村产业结构、鼓励和扶持劳动力流动、促进农民增加综合性收入方面迈出了较大步伐。

2010 年，贵州 10 个固定观察村 800 个样本户的家庭经营收入在总收入中所占比重为 58.8%，仍然高于江苏省和全国的平均水平，而工资性收入比重相应低于江苏省和全国的平均水平，进一步看，外出从业人员工资收入在工资性收入中所占比重更高，说明产业结构单一和层次低的问题在这 10 个固定观察村依然存在。同时还要注意的是，贵州山区农村的种养殖业主要是传统的水稻、玉米、小麦的生产和猪、牛、羊、禽的饲养，烤烟和油菜子的生产也有一定区域优势，但与邻近的云南、四川、湖南省比较，其烤烟和油菜子也未能形成显著的比较优势。近年来，贵州山区农村的茶叶、中药材的产业化有了较快发展，但多数拟开发或正在开发的特色农业产品的产业化程度及规模经济效益等都不算高。在 10 个固定观察村全部农户的家庭总收入中，来自工业的收入仅占 7.9%，工业化程度之低可见一斑。详见表 1-3。

表 1-3　2010 年贵州 10 个固定观察村农户的家庭主业构成和家庭收入构成

（单位：%）

800 个样本农户的家庭主业分类	家庭主业构成	全部农户家庭总收入的产业划分	产业收入构成	800 个样本农户家庭总收入的不同性质划分	各种收入构成
种植业	77.3	种植业	30.5	家庭经营收入	58.8
畜牧业	6.6	畜牧业	23.2	乡村干部、教师工资	2.3
林业	0.6	林业	0.7	本地从业工资性收入	8.5
渔业	0.5	渔业	0.3	外地从业工资性收入	21.4
运输业	2.5	运输业	6.1	租赁收入	0.7
商业、饮食、服务	3.8	商业、饮食、服务	4.9	利息、股息、红利收入	0.2
工业	0.5	工业	7.9	征地补偿款	0.8
建筑业	1.1	建筑业	8.4	离退休金、养老金	0.9
其他	7.1	其他	18.0	其他	6.4

资料来源：贵州省农业委员会.2011.农村经济社会调查.贵阳：贵州省农业委员会编印（内部资料）

目前，贵州山区绝大多数农村并不具备以村或以农户为单位发展工业的条件，即使目前存在一些农村工厂，其大多是生产与矿产资源开发或高耗能、高污染有关的产品，产品的技术密集度和附加值都偏低。例如，10个固定观察村2010年仅有小企业44家，工业集中分布在毗邻城市和工矿区的2个村，主要从事建材生产、农产品加工、酿酒等①。

二、劳动力流动对经济生活的影响显著

贵州山区农村的生产生活条件差、经济缺乏活力，导致劳动力大量外出打工，但仍有相当数量的闲置劳动力。正如表1-2和表1-3已反映的，贵州农村劳动力外出打工的收入比重不仅高于江苏省，也高于全国平均水平。另据对贵州10个固定观察村劳动力状况的统计，2010年，全部劳动力中有32%外出打工，而外出打工的劳动力中60%出省、18%出县、23%出乡，其余在本乡流动，尚有7%的劳动力闲置（按300个闲置劳动日为1人计），这表明本地经济还不能充分吸纳劳动力，而劳动力外流也不够充分。进一步看，劳动力外出打工对农户收入增长的影响是很重要的，仅就从10个固定观察村中抽取的800个样本户的数据来计算，2010年，农民人均外出务工收入为2173元，比上年增长15.3%，占人均纯收入的44.4%。

然而，劳动力大量外流，使农业生产繁忙季节劳动力极为缺乏，导致雇工费用及农产品成本迅速上升。就贵州10个固定观察村800个样本户的情况来看，小麦、稻谷、玉米生产期间的雇工费用2005年分别为每天14元、27元、21元，2010年已经分别上升到每天45元、60元、35元②。有的家庭觉得农业生产成本利润薄，于是放弃农活。其中，有的农户将田土转租出去，也有不少田土被撂荒。近年来免除农业税，本来以为农户会因此而普遍增加农产品生产，但有的农户反而觉得今后已经没有必须生产粮食的压力了，况且从事农业生产收益薄、风险大，不如放弃，甚至撂荒田土。尽管10个固定观察村耕地减少的情况并不十分显著，但有的地方田土撂荒却已经很严重。例如，据不完全统计，锦屏县常年弃耕撂荒耕地面积达6500亩③，占耕地总面积的5.06%④。还有的地方为

---

① 贵州省农业委员会.2011.农村经济社会调查.贵阳：贵州省农业委员会编印（内部资料）.
② 贵州省农业厅办公室.2006.农村经济社会调查.贵阳：贵州省农业厅办公室编印（内部资料）；贵州省农业委员会.2011.农村经济社会调查.贵阳：贵州省农业委员会编印（内部资料）.
③ 1亩≈666.67平方米。
④ 刘俊明，熊诚．2012.锦屏集中整治耕地撂荒．http://ms.gog.com.cn/system/2012/07/12/011538026.shtml［2012-07-15］.

了应付上面检查,规定沿公路的田土必须种植,但不沿公路的地方却又有不少田土撂荒。

我们可以估计,在今后一个相当长的时期内,中国农村的劳动力外流不一定会导致市场经济国家那种大量的"废村"现象,或日本那种城市"过密"、边远农村"过疏"的现象。然而,青壮劳动力大量外流,老人、妇女、小孩留守家中的这种状况如果长期持续下去,不仅会对农业发展造成不利影响,对农户家庭稳定、农村传统文化的传承与持续及农村社会稳定等各个方面也会造成负面影响。这种状况持续下去,也许会不断瓦解农村特有的生态价值、地域功能和创造能力,对城乡协调发展起破坏作用。例如,近年来人们对一些所谓"农二代"既不能在城市吃苦向上,又不愿回乡务农,甚至成为城市不稳定因素的问题已经议论较多。

值得注意的是,近几年,对农村剩余劳动力流动的研究出现了一个重要变化。以往的研究主要是注重劳动力外流方面的问题,但近年来,农民工回流农村、回乡创业的问题也受到了重视。农民工回流或者在城乡之间往返流动,也许正是中国农村剩余劳动力转移发展到一定阶段的客观产物。因为基于中国的人口现状和土地制度,不可能像西方发达市场经济国家那样在一个较短时期内将多数人口集中到城市和实现土地集约化与农业生产集约化。中国的农村和城市实际上都有很大的人口压力,城市也不具备吸纳全部农村剩余劳动力的承载能力。因此,政府推动新农村建设的一个重要意义就在于改善现有农村的生存发展基础条件,提高其物质文明与精神文明水平,保持土地及农村对农民的生存保障作用,使农村随时可以容纳劳动力回流,发挥调节劳动力流动的作用,甚至使新农村成为新的经济生长点。另外,农村的保护还有积极的生态价值与旅游价值。

其实,早在20世纪90年代就有农民工开始回流,但很多农民工回流是出于无奈之举,不久又重新外出打工,当时社会普遍认为农民工回乡创业时机还没有成熟。但2000年以后,随着改革开放的不断深入,得益于国家对"三农"问题的日益重视,农民减负问题逐渐得到解决,加上农村收益增加及劳动力输出地政府的一些鼓励措施的影响,回乡创业的农民工开始逐年增多。一些农民工也因为自己在外学到一些技术和管理经验而希望回乡发展。特别是2008年爆发世界金融危机、工业国普遍面临经济衰退压力和国际需求相对疲软之后,我国东部沿海地区以出口为导向的中小企业出现大量减产、转产甚至倒闭的情况,致使在这类企业打工的大量农民工返乡。贵州省作为农民工的输出大省,也受到严重影响，农民工回流问题一度受到空前的关注。2012年《国务院关于进一步促进贵州经济社会又好又快发展的若干意见》提出了一个基本原则，即坚持统筹协调，在加快工业化、城镇化的进程中，始终把农业现代化建设和社会主义新农村建设放在突出位置，推进城乡区域协调发展，构建城乡一体化发展新格局。这必然要求我们更加注重农民工在城乡之间流动，尤其是返乡就业、创业的问题。

2011年，笔者参加由贵州省农业委员会组织的题为"贵州农民工回乡创业报告"的调研活动并承担了报告的执笔工作。这次调查是在贵州省10个固定观察村的基础上，按全省9个地（州、市）每地（州、市）各选1个村的原则选取9个村，对每个村的返乡农民工发放30份（共270份）入户问卷调查表而进行的。这270人只是返乡农民工中的一部分，占9个村2010年出县、出省劳动力的9%。据估计，2009～2011年，9个村返乡农民工最多时达到其出县、出省劳动力的20%强。现将调研所得的主要结论简介如下。

第一，关于外出农民工的性别、年龄构成与地域、行业分布。外出农民工以男性为主，占80.37%；年龄主要在20～40岁；主要分布在东部沿海经济较发达地区的工业（或制造业）、服务业和建筑业部门。详见表1-4。

表1-4 贵州9个村270名返乡农民工以前在外打工情况 （单位：%）

年龄	男	女	外出打工地		外出打工从事行业					
			省内	省外	工业	运输	建筑	服务	种植	养殖
20岁以下	1.85	2.22	0.74	3.33	1.48	0	0.37	2.22	0	0
21～30岁	25.19	7.41	7.41	25.19	10.74	1.11	5.93	14.44	0	0
31～40岁	28.51	7.04	7.41	28.52	14.07	2.59	10.00	8.89	0	0.37
41～50岁	17.04	2.22	5.19	13.70	6.67	0.74	6.67	4.07	0.37	0
51～60岁	7.78	0.74	4.44	4.07	1.11	0	5.56	0.74	1.11	0
61岁以上	0	0	0	0	0	0	0	0	0	0
合计	80.37	19.63	25.19	74.81	34.07	4.44	29.26	30.37	1.48	0.37

资料来源：根据2011年贵州省农业委员会调研课题"贵州农民工回乡创业报告"的数据整理

第二，关于返乡农民工的就业状况。重新务农的最多、占34.1%，相对稳定打工的仅占18.5%，待业的占17.4%，打短工的占30.0%。由于各村的地域差异与经济发展水平差异，返乡就业分布情况也表现不同。详见表1-5。

表1-5 贵州9个村270名返乡农民工回乡就业情况 （单位：%）

就业情况	水洞村	平初村	小场坝村	马场村	灯塔村	长青村	包包寨村	麦穗村	镇江村	合计
务农	96.7	20.0	40.0	20.0	6.7	23.3	26.7	10.0	63.3	34.1
打工	0	13.3	26.7	56.7	0	3.3	0	40.0	26.7	18.5

续表

就业情况	水洞村	平初村	小场坝村	马场村	灯塔村	长青村	包包寨村	麦穰村	镇江村	合计
待业	0	23.3	10.0	3.3	43.3	36.7	6.7	30.0	3.3	17.4
其他	3.3	43.3	23.3	20.0	50.0	36.7	66.7	20.0	6.7	30.0

资料来源：同表1-4

注："其他"指打各种类型的短工，而"打工"比"其他"相对稳定

第三，关于农民工返乡的主要原因。一是因为近年来国家强农、惠农政策好；二是因为在外打工与在当地企业打工差不多；三是在外学到技术后想回乡发展；四是因为父母年龄大，自家农田无人耕种而返乡；五是无法适应、融入打工所在地；六是因生病、找对象、照顾妻子、回家探亲等多种原因。详见表1-6。

表1-6　贵州9个村270名返乡农民工回乡原因统计

回乡原因	水洞村	平初村	小场坝村	马场村	灯塔村	长青村	包包寨村	麦穰村	镇江村	合计
（1）强农、惠农政策好想回家发展/%	87.10	20.45	21.21	30.77	14.29	32.50	46.88	24.14	27.50	30.14
（2）在外打工与在当地打工差不多/%	3.23	22.73	14.14	34.62	57.14	5.00	15.63	41.38	12.50	23.52
（3）在外学到技术想回乡发展/%	6.45	18.18	17.17	21.15	0	30.00	21.88	20.69	5.00	16.21
（4）父母年龄大，自家农田无人耕种/%	3.23	11.36	21.21	9.62	11.90	20.00	3.13	8.62	42.50	15.53
（5）无法融入打工地还是回家好/%	0	20.45	22.22	3.85	2.38	7.50	12.5	5.17	10.00	10.96
（6）其他/%	0	6.82	4.04	0	14.29	5.00	0	0	2.50	3.65
回乡原因合计/项	31	44	99	52	42	40	32	58	40	438

资料来源：同表1-4

注：该表采用多选问卷的形式进行，所以合计项数超过样本返乡农民工人数

第四，关于返乡农民工创业所面临的困难。返乡农民工面临的困难较多，其中缺乏资金是最为突出的困难，其次是缺乏技术，而缺乏场地、人手和市场信息与销售等方面的困难也相对突出。详见表1-7。

表1-7　贵州9个村270名返乡农民工回乡创业所面临的主要困难

面临困难	水洞村	平初村	小场坝村	马场村	灯塔村	长青村	包包寨村	麦穰村	镇江村	合计
（1）缺资金/%	16.67	25.81	18.75	38.33	47.73	37.20	70.59	33.80	29.17	31.66
（2）缺技术/%	16.67	20.97	15.63	13.33	20.45	23.70	17.65	21.13	16.67	18.17
（3）没找准项目/%	10.42	29.03	6.25	6.67	18.18	15.20	0	11.27	11.11	11.76
（4）缺场地/%	12.50	4.84	10.16	16.67	0	8.40	5.88	15.49	9.72	9.86
（5）缺人手/%	25.00	1.61	13.28	11.67	0	1.60	0	1.41	4.17	7.27
（6）市场信息不灵/%	6.25	4.84	12.50	1.67	0	3.30	0	2.82	12.50	6.23

续表

面临困难	水洞村	平初村	小场坝村	马场村	灯塔村	长青村	包包寨村	麦穰村	镇江村	合计
(7) 对项目犹豫/%	0	9.68	7.03	8.33	13.64	6.70	0	2.82	0	5.54
(8) 销售困难/%	6.25	1.61	8.59	1.67	0	1.60	5.88	8.45	8.33	5.36
(9) 运输困难/%	6.25	1.61	7.03	1.67	0	1.60	0	2.82	8.33	3.98
(10) 其他/%	0	0	0.78	0	0	0.30	0	2.78	0	0.17
面临困难合计/项	48	62	128	60	44	59	34	71	72	578

资料来源：同表1-4

注：该表采用多选问卷的形式进行，所以合计项数超过样本返乡农民工人数

不过，虽然有农民工回流的现象，但是从总体上看，在今后一段时期内，劳动力持续外流的局面还将持续。最近几年的情况也表明，除了短期性波动回流外，劳动力外流总量和占全部劳动力的比重不但没有显著减少，还显示出持续上升趋势。就贵州10个固定观察村的数据看，2006～2010年，外流劳动力占全部劳动力的比重逐年为25.9%、26.2%、31.4%、32.4%、31.5%。由青壮年劳动力占总劳动力的比重还可推算出，大部分男性青壮劳动力仍然在外打工[1]。不管怎样，当前农村劳动力流动对农村经济能力乃至农村社会稳定与发展的影响是不容忽视的，农村劳动力流动与调节的问题也是我国新农村建设要综合考虑的一个重大问题。

三、农业生态环境脆弱、农村生产生活基础设施简陋

长期以来，贵州山区农业发展缓慢的一个重要原因就是生态环境的脆弱性。我们知道，西南喀斯特山区，又称西南岩溶地区，涉及黔、滇、桂、川、渝、湘西、鄂西等地域，是我国面积最大、分布最为集中的岩溶地区，也是纯碳酸盐最集中、岩溶治理难度最大、最集中的地区。而贵州是西南喀斯特山区中岩溶面积最大、比重最大的省份，其古、中生代碳酸盐岩的出露面积占全省国土总面积的61.9%[2]，这种环境对贵州农业发展造成了以下严酷制约。

首先是耕地和土壤资源极为珍贵，即所谓"八分山一分水一分田"，包括水田、旱地及保护地等在内的全部农业用地仅占全省国土面积的20%左右，主要分布在小坝子、丘陵、谷地和山体缓坡等地带，相当零碎。全省上万亩的坝子仅有20个，上5000亩的不到100个。（相邻的云南省虽然岩溶面积也较大，但

---

[1] 贵州省农业厅办公室.2007～2009.农村经济社会调查.贵阳：贵州省农业厅办公室编印（内部资料）；贵州省农业委员会.2010～2011.农村经济社会调查.贵阳：贵州省农业委员会编印（内部资料）.

[2] 贵州百科全书编辑委员会.2005.贵州百科全书.北京：中国大百科出版社：34.

大坝子远比贵州多。）而据贵州 10 个固定观察村 800 个样本农户的数据，2010年，农户经营承包的田地中，面积不足 1 亩的地块占经营耕地地块总数的 82.6%，1~3 亩的占 16.6%，3 亩以上的仅占 0.8%[1]。

其次是水资源的自然储备条件差、缺乏稳定性，由于岩溶地貌的裂痕、漏斗、暗河多，地面保水能力差，严重依赖水利工程来储存水资源，所以工程性缺水问题突出，严重制约着农业灌溉能力和农民生活用水的储备与供给。

而且，在西南岩溶山区中，贵州山区的石漠化（又称石山或石质荒漠化）地域的分布面积最大、危害最严重。在全国范围内进行比较，贵州山区也是最严重的。石山或石质荒漠化使得具有障碍夹层的耕地占全省耕地的 25% 以上，严重影响现有耕地的产量，全省中、低产田占 70% 以上，中、低产地占 90% 左右，而后备土地资源也主要是荒山、荒地和难以利用的裸岩地[2]。石漠化不仅成为贵州乃至整个西南喀斯特山区生态建设与可持续发展的主要障碍，而且严重破坏长江和珠江上游的生态屏障。目前，其综合治理的有关问题已经引起国内外的广泛关注。

在这样的自然生态环境中，由于长期缺乏公共基础设施建设资金，山区乡村的生产、生活基础设施极为简陋，所以农村居民行路难、吃水难、灌溉难、用电难、上学难、就医难、通信难等问题长期普遍存在。例如，就灌溉来看，目前全省总计 1000 万亩左右的保灌面积中，农村人口平均仅有 0.3 亩，居于全国末位。而据 2007 年贵州省水利工作会议上政府有关部门的规划，必须确保农村人口人均 0.5 亩保灌农田才能实现全省粮食基本自给，保灌面积的缺口近千万亩，加上为实现全省农村人口饮水基本安全，所需要资金至少要按百亿元来计算[3]。对政府财力匮乏的贵州而言，这笔钱的确是个天文数字，难以落实到位。近年来，国家和省级政府都在农村水利工程方面投入了大量资金，加上新农村建设资金的投入，"公路到村"和"村容村貌改善工程"等得到较大推进。但农田灌溉基础设施仍然非常薄弱，道路建设标准及质量还普遍偏低，村镇的粪便、垃圾、污水处理方式仍然落后，卫生条件仍较差，危房仍较多，一些农村的缺水和"饮水安全"问题还令人担心（2010 年 10 个固定观察村中就有 2 个

---

[1] 贵州省农业委员会.2011.农村经济社会调查.贵阳：贵州省农业委员会编印（内部资料）.
[2] 杨谨华，扈伦.1995.贵州省经济开发——现在与未来.北京：经济管理出版社：6-8.
[3] 林树森.2011.在 2007 年全省水利工作会议上的讲话//林树森.林树森贵州工作讲话选录.贵阳：贵州人民出版社.

村存在缺水问题，7％左右的农户尚未接通自来水）。另外，电力、广播电视和信息网络虽然基本覆盖农村，但由于普遍缺乏经济活力，教育、培训和软件服务跟不上，这些系统在生产经营及生活上的利用率远低于经济总体发展水平较高的一般农村。

基于上述贵州山区的情况，我们认为，如果不从总体上解决贫困山区的区域性、连片式的农业生态环境脆弱、农村生产生活基础设施简陋、交通相对闭塞、地域社会经济活力严重缺乏等重大问题，就谈不上从微观层面根本解决农村农户生产方式和生活消费方式落后、脱贫难与返贫率高等问题，而所谓农业现代化目标、新农村建设目标、全面奔小康目标的实现更是难以想象。

第四节　贫困山区新农村建设与区域性综合开发

一、新农村建设的背景与内容

在我国总体上进入以工促农、以城带乡的发展阶段后，针对农业和农村发展仍在艰难爬坡、农业基础设施脆弱、农业现代化水平仍然低下、农村社会事业发展滞后、城乡居民收入差距继续扩大等现实问题，2005年，中共十六届五中全会通过《中共中央关于制定国民经济和社会发展第十一个五年规划的建议》，首次提出建设社会主义新农村的重大历史任务。2006年，中央一号文件下达了《中共中央国务院关于推进社会主义新农村建设的若干意见》。该文件指出，要全面贯彻落实科学发展观，统筹城乡经济社会发展，实行工业反哺农业、城市支持农村和"多予少取放活"的方针，按照"生产发展、生活宽裕、乡风文明、村容整洁、管理民主"的要求，协调推进农村经济建设、政治建设、文化建设、社会建设和党的建设。当前，要完善和强化支农政策，建设现代农业，稳定发展粮食生产，积极调整农业结构，加强基础设施建设，加强农村民主政治建设和精神文明建设，加快社会事业发展，推进农村综合改革，促进农民持续增收。

2005～2010年，贵州在政府有关部门的领导和支持下实施了"百村试点"工程（实际上有103个行政村参加试点），以带动、推进全省的新农村建设。其初步成效如下：①通过开展"一村一品、一村一特"等活动，使试点村的产业结构得到升级优化，起到了带动区域产业发展与规模化生产的示范作用；②农民收入增长加快,生活条件明显改善(103个试点村农村居民人均纯收入在五年间从2203元增加到4500元,年均增长15.4%,而同期全省农村居民人均纯收入从1877元增长到3472元,年均增长13.1%);③基础设施明显改善,实现了村村通油路、通水、通电和广播电视覆盖;④村容村貌明显改观,乡村旅游得到发展;⑤遵义等一些地区按照"富在农家增收入、学在农家长智慧、乐在农家爽精神、美在农家展新貌"的所谓"四在农家"的思路推进新农村建设,创立了贵州新农村建设的一种特有模式,在国内产生了一定影响[①]。

另外,近年来省内以高速公路及主要省道为骨架的村容整治与地域标志形象工程(如黔北民居、苗家吊脚楼、侗家风雨楼等),在政府对农户适度补助的推动下普遍开展起来,加上"四在农家"活动的推广,省内农村的景象焕然一新,精神风貌都大为改观。而此种类型的新农村示范点已有15 565个,覆盖全省8000多个行政村和1500多万农民,分别占全省行政村的45%和农村人口的55%[②]。

二、区域性综合开发与新农村建设

(一)新农村建设与区域性综合开发结合的理由

前述情况表明,贫困山区的新农村建设不能仅局限在村寨视野,要取得根本性、长效性的成就,必须与区域性综合开发紧密结合在一起。其理由如下。

第一,贫困山区的农村之间具有空间上的连续性和相互影响,且贫困地域大、贫困人口多,所以集中力量进行连片开发扶贫,将是这些地方首要的"民生工程"。例如,贵州省政府已按照"区域发展带动扶贫开发、扶贫开发促进区域发展"的新思路,做出了大力实施集中连片特殊困难地区扶贫开发的决定,包括加快贫困地区基础设施建设、优势产业发展、人口素质提升和大幅度减少贫困人口,并全面启动武陵山区、乌蒙山区、滇桂黔石漠化地区的集中开发扶贫等工程[③]。其中,还有一些属于"一方水土养不活一方人"的生存与发展条件

[①] 贵州省农业委员会新农村建设与社会发展处.2010."十一五"全省社会主义新农村建设百村试点经验总结报告//贵州省农业委员会.百村试点 百尺竿头——贵州省社会主义新农村建设经验交流集.贵阳:贵州省农业委员会编印(内部资料).

[②] 李广平.2012.我省建成新农村示范点15 565个.http://gzrb.gog.com.cn/system/2012/08/14/011591486.shtml [2012-08-16].

[③] 弋利佳,罗丽华.2012.贵州未来5年力争农村贫困人口减少到500万人以内.http://gz.people.com.cn/n/2012/0416/c194827-16942709.html [2012-04-20].

恶劣（主要是石山和石漠化严重）地域的人口必须转移到生存与发展条件较好的地域。按照省内"扶贫生态移民工程"计划，2012～2020年，将有200万贫困群众搬出不具备基本生活条件的深山①。

第二，贵州这种类型的区域发展必须坚持统筹协调，促进"三化"同步发展。在加快工业化、城镇化进程中，始终把农业现代化建设和社会主义新农村建设放在突出重要位置，推进城乡区域协调发展，构建城乡一体化发展新格局。这个指导思想在《国务院关于进一步促进贵州经济社会又好又快发展的若干意见》中得到进一步明确②。

第三，山区农业区划的实施也要求区域性综合开发。所谓"一村一品、一村一特"也要依据综合自然区划、农业区划、区域布局和区位优劣来进行决策和实施。仅从贵州山区的综合自然区划来看，就有黔中喀斯特丘原区、黔北山地峡谷区、黔南低山河谷区、黔东山地丘陵区、黔西高原山地区等五个区域，其气候、土地资源、水利条件、植物生长适宜性及石漠化程度、自然生态脆弱程度等都有不同，相应地，也会对农作物的选择和生产方式带来不同的影响。所以贵州省农业委员会等有关部门最近提出的关于"十二五"期间的新农村建设目标、原则与措施的文件已经明确了要以区域为背景、因地制宜、分类指导、分步实施、重点开发。同时，也提出了依据区位优劣，划分城市经济区、城市经济联系紧密区、城市经济联系松散区这三类地区，实施不同的对策以推进新农村建设③。

第四，新农村建设要依靠区域基础设施建设的推进和借助农业现代化水平的提高，并服从区域生态环境保护和综合治理的大局。这方面，从中央到地方都有计划、规划。据《国务院关于进一步促进贵州经济社会又好又快发展的若干意见》，到2015年，整个贵州省以交通、水利为重点的基础设施建设取得突破性进展，农业现代化水平将明显提高，石漠化扩展趋势得到初步扭转，森林覆盖率达到45%。据报道，连片扶贫开发有三项重要基础设施建设任务，即温

---

① 袁小娟. 2012.9年200万贫困群众搬出深山. http://www.gzyouth.cn/Article/Province/2012-08-14/7685.html [2012-08-14].

② 国务院. 关于进一步促进贵州经济社会又好又快发展的若干意见. http://www.gov.cn/zwgk/2012-01/16/content_2045519.htm [2012-08-16].

③ 贵州省农业委员会新农村建设与社会发展处. 2010. "十一五"全省社会主义新农村建设百村试点经验总结报告//贵州省农业委员会编. 百村试点 百尺竿头——贵州省社会主义新农村建设经验交流集. 贵阳：贵州省农业委员会编印（内部资料）.

家宝总理到贵州视察工作时指出的,把贵州的水利建设、生态建设、石漠化治理三者结合起来,三位一体,科学规划,统筹安排,从根本上解决制约贵州发展的问题[①]。

第五,新农村建设与县域综合开发具有客观联系和相互影响。值得注意的是,贵州省"十二五"新农村建设目标已经提出了以县为单位抓新农村建设的工作建议。由于我国经济体制中客观上存在县域经济的相对独立性,存在县际分割与县际竞争,而且县级行政权力和政府调控经济的职能有所增强,各县都有各自的发展规划和经济政策,因此,以区域综合开发计划为宏观指导,具体结合县域综合开发计划和县域城乡统筹发展战略、县域城镇化与工业化带动战略等,来推进新农村建设,也不失为一个现实的择优办法。同时也不可忽视的是,县域之间的矛盾和利益冲突需要得到地区一级乃至省一级的协调统筹。

(二) 实地调研的进一步证明

笔者于2012年在贵州省遵义市的几个县开展实地调研,通过政府办公室及有关部门、村镇领导、城建公司、专业化组织等了解到的几个生动的事例,进一步证明了新农村建设及扶贫开发等应该纳入县域综合开发的观点。

正安县大坎村近年来新农村建设成效突出,是全省"百村试点"之一。该村发展的特色是:毗邻县城(约10公里),利用县城快速发展、乡村旅游需求旺盛的条件来调整产业结构,大力抓村庄综合治理,通过土地流转吸引农村合作组织和民营企业入住,发展高端茶叶、经果林、蔬菜等观光农业。据当地领导介绍:一亩土地种植白茶的收入是6000元,而种包谷仅有600元,亩产效益成倍增长;预计今后村里生产的水果和蔬菜等尚难以满足大量观光客到现场品鲜和购买的需求,这将是一笔可观收入,同时还能带动乡村旅游收入增加;合作组织和外来企业不仅承担了生产经营风险,还要优先雇用当地劳动力(主要是在家留守的有劳动能力的中老年人和妇女),较好地保证了这部分人的增收。另外,在提高土地资源利用价值和发挥留守劳动力作用的同时,进一步促进了青壮年劳动力的流动。近年来,大部分青壮年劳动力在外打工,带(寄)回的货币收入也相当可观。由此可见,大坎村新农村建设与正安县城的城镇化发展形成了相互促进的局面。同时,在土地流转中,县农业局和乡政府分别对农村

---

① 朱邪. 2012. 智伏"石魔"——看我省如何通过石漠化治理实现生态效益双丰收. http://gzrb.gog.com.cn/system/2012/06/17/011492156.shtml [2012-06-17].

合作组织补助了相当于土地使用权获取费用1/8的资金,即县乡两级政府机构共补助了1/4的资金。

在对上述乡村与县城经济关系有了认识的基础上,我们进一步来看其县域综合开发与发展构想。正安县最近被纳入我国扶贫攻坚武陵山片区连片开发扶贫的范围。目前,正安县正站在一个新的起点上,即在国务院出台的《武陵山片区区域发展与扶贫攻坚规划(2011—2020年)》的基础上,结合本县实际,将各个方面的计划与措施结合起来以追求综合效果,拟定新的扶贫攻坚目标和发展规划。笔者通过对县长和县办公室主任的访谈及有关方面了解到,正安县扶贫开发与未来发展的总体思路是"县为单位、整合资金、整乡推进、连片开发"。具体措施将包括:①积极开展"集团帮扶、整乡推进"工作和实施产业化扶贫项目,计划在2003~2015年,建成40万亩茶园和实现中国"白茶之乡"的申报目标,形成核桃20万亩、商品蔬菜30万亩、中药材5万亩、方竹20万亩、野木瓜10万亩、烤烟10万亩、粮食千亿斤的种植业生产基地,在养殖业方面实现户养生猪50万头、草地生态养羊50万头和养牛10万头、水产养大鲵10万尾等生产目标,同时注重发展庭园经济,实现户均一亩蔬菜或经济林(园)、每户掌握2~3项产业增收致富门路。②加快交通运输条件的改善,计划到2015年,县内高速公路通车里程达90公里、升级改造出境公路80公里、新增二级公路74公里、建设通村油路740公里,开发县域内河航运30公里航道并完成5个码头建设工程,争取昭(通)黔(江)铁路、渝(重庆万盛)桂(广西灵川)"快铁"过境和黔北支线机场落户,从而实现"以县城为中心的1小时交通圈"目标。③加快工业园区项目建设,对当地丰富的铝土矿资源进行开发,大力拓展新城区,力求以工业化、城镇化促进农业现代化并实现"三化"的相互促进及城乡协调发展。④重点推进城乡水利、电力、电讯等方面的基础设施建设与改善。计划到2015年,完成16个乡镇供水改扩建项目和13个乡镇应急供水工程,新增灌溉面积24万亩,实现人均有效灌溉面积0.64亩,进一步解决30万农村人口饮水安全问题,实现95%的农村人口饮水安全保障,治理石漠化面积44.5平方公里和水土流失面积25平方公里,基本完成农村电网改造,实现城镇污水处理率和生活垃圾无害化处理率达80%以上,基本消除农村危房,符合条件的农户全部实施生态和扶贫移民,实现贫困地区村村通广播电视、通宽带。⑤重视人口控制和抓好人口合理流动,计划将人口出生率控制在11.4‰以内,人口自然增长率控制在6.3‰以下,每一贫困农户向外转移就业一人,注重培育中介组织,促进外输内转,增加就业渠道。⑥建设区域性市场体系和农资配送中心,到 2015 年，实现贫困地区村级综合服务站全覆盖，建成农资区域配送中心 4 个、村级综合服务站 30 个，以促进农村商贸流通、保证农资供应。⑦大力促进社会保障事业和各项社会事业的发展，包括加快合作医疗网点建设，实现新型农村合作医疗参合率达 95% 以上，2015 年基本实现新型农村社会养老保险对农村所有适龄居民的全覆盖，实现城乡参保率达 100%，实现动态管理下的应保尽保和五保老人集中供养。由正安县的这个宏大规划可见，新农村建设与县域综合开发、城乡协调发展息息相关。

下面我们再来看看凤冈县田坝村的事例。田坝村是贵州省新农村建设"百村试点"之一，也是科技部国家科技推广示范村、农业部国家级农业标准化示范区、中宣部等部门联合表彰的"绿色小康村"和国家 AAA 级风景区。该村最突出的业绩是克服水资源相对缺乏、粮油生产受限较大的劣势，同时又发挥土壤富含锌硒微量元素、林业资源相对丰富的优势进行产业转型，通过土地流转、集中整治，实施以富含锌硒为特色的茶叶的产业化生产经营，并带动了乡村旅游业的发展。然而，这一成果的取得却得益于县政府制定的茶叶产业发展规划和面向规划区的重点扶助政策。早在 2007 年，全县以整合财政支农资金为契机，以发展茶叶产业为平台，用财政资金补助鼓励农村土地流转。凡通过土地流转扩大茶园规模的，按面积大小给予一次性递增补助，使通过土地流转规模种茶的面积达到全县茶园总面积的 65%，促进了茶园基地面积快速扩张，并吸引了大量省外客商，延长了加工、营销产业链，培育了一大批农村能人大户。在这一过程中，田坝村的茶叶种植面积五年内扩大了一倍，引进省内知名品牌企业 3 家，200 吨以上的茶叶加工厂发展到 11 家，茶叶年产值突破亿元。同时，乡村旅游业每年直接吸纳本地劳动力 200 多人，间接就业劳动力为 6000 多人（占全村人口的 60% 以上），五年累计旅游收入为 3500 多万元。

以上事例说明，城乡统筹发展，城镇化与工业化带动农业现代化发展，依靠县域统一规划、整合资源实施农业产业化发展等，的确是新农村建设的好路子。另外，为遏制贵州山区农村近年来出现的弃耕撂荒、毁损耕地等现象，鼓励和引导农户以转包、出租、入股等方式将土地承包经营权流转给农业龙头企业、农民专业合作社、种养大户等规模经营主体，也是当前新农村建设的一个重要举措。

不仅要从县域总体上来认识"村域"发展的问题，笔者在调研中看到两个事例，说明县际之间的利益协调和矛盾冲突还必须依赖地区政府乃至省级政府的统一规划、统筹安排和协调平衡来解决。其一是正安、道真、务川三县铝土资源的开发问题。由于三县相邻处都有较好的铝土资源,现已进入开发程序,但却产生了一系列问题,即将来是仅生产铝锭、还是深加工?工厂建在哪个县?地方利益怎样协调?地方投资怎样分摊?如此等等,这些问题不是一个县能够单独说了算的。其二是省高速公路过境涉及正安、道真两县,由此带来了线路选择问题和各县落实配套资金的问题,这也不是一个县能单独说了算的。

(三)有关事例、工程、项目等的进一步证明

除上述提到的来自遵义各县的事例之外,从全省或省外的更大范围来看,还有一些与贫困山区自然生态环境保护和农村基础设施建设相关的典型事例,以及覆盖较大地域的工程、项目,也可以更进一步证明离开特定区域综合开发与治理、孤立进行村寨建设是不可能实现新农村建设目标及全面扶贫开发目标的。

其一,西南喀斯特山区工程性缺水的治理。2011年入夏以后,贵州全省、云南中东部遭受严重旱灾,一些水利基础设施薄弱的地方,水库见底、山泉断流、田土龟裂、作物枯死,人畜饮水濒临危机,幸好有政府、军队、地质部门组织力量送水、打井才得以脱险;而有一些水利建设相对完善的地方,不但人畜饮水没出现问题,还在一定程度上保证了农田灌溉。根据《瞭望》新闻周刊记者对贵州气象部门的访谈,贵州省多年平均降雨1179毫米,多年平均径流量为1062亿立方米,均超全国平均水平。但由于喀斯特地质结构,地面不易自然保水,而已建水利工程量少、储水供水规模小,结果导致天上雨水储不住,地下水又用不上。许多地方只要一周不下雨,就会形成旱灾。这就是所谓的工程性缺水问题[①]。而这种问题,必须依靠特定地域的区域规划和政府投入,同时还需要相关村寨、农户的参与、配合,而且要形成大水库与小坝塘、小水窖和沟渠的相互调剂,以及供水设施的经常维护,必要时还需对农户适当收费,培养农户自主管理意识,再加上从县、乡政府到基层村寨的层层管理,才能得到有效解决。

其二,西部农村路网"毛细血管"的延伸及养护、管理问题。《瞭望》新闻周刊记者的调研反映:①目前西部农村放射型路网已经初步形成,但是"毛细血管"依然稀疏,例如,2011年四川凉山州还有944个村不通公路,占全州的

---

① 周芙蓉,古吉鹏.2011.西南新旱情观察——大旱背后的根本问题,是水利基础设施薄弱.瞭望,1439(39):8,9.

25%，宁夏、四川的一些大山深处仍不通车；②农村公路网修筑标准普遍过低，宽度不够，路面、路基易坏，不能适应车流、人流增大的趋势和保证载重车辆正常往返行驶，制约农村生产发展和商品流通；③养护资金缺乏、管理不到位，造成乡村公路使用年限短、畅通率低；④贫困山区公路建设养护费用远高于平原地区，县政府因必须出资配套而背上沉重债务①。这些情况说明，农村公路建设和养护还需要中央与地方的共同努力，制订长远规划，统筹安排资金，加强养护管理。其实，这也正是贫困山区新农村建设必须与区域综合开发相结合的重要理由之一。

其三，过去贵州山区农村开发与扶贫的不少实践经验也都表明，发展现代农业、实施工程项目等常常要综合考虑地域生态环境因素、市场因素、运输仓储因素，还有建立专业合作经济组织、促进农业产业化与科技进步、推广良种、构建创新机制与风险对抗机制、培训现代农民等，而这些都不是仅在村域范围内能够解决的。例如，我们已经看到的烤烟、油菜、辣椒、茶叶、水果、优质大米、花卉等的产业化发展过程，一般都是在与自然环境相适宜的跨村地域、跨县地域甚至跨地区展开的。又如，20世纪80年代末期实施的小流域综合治理工程，以小流域为单元和调整土地利用结构为基础，对山、水、林、田、路进行统一规划，将生物措施与工程措施相结合，改进农业耕作技术，实现生态环境改善与经济发展的协调统一，以有效治理水土流失和石漠化，取得了较好成效。90年代，利用以工代赈方式，有计划、大规模地实施坡改梯工程，也是山区综合开发治理的一个例证。还有近年来启动的黔中水利工程，建成后将解决黔中地区7个县区65万多亩农灌用水和5个县城35个乡镇的供水问题，以及农村42万人和36万头牲畜的饮水问题②。

其四，1995～2002年实施的中国西南扶贫世界银行贷款项目，是在中央和地方政府领导下，借助世界银行贷款，在贵州、广西、云南3个省区35个边远山区特别贫困县实施的扶贫攻坚项目。这是实行跨地区、跨部门、多领域、相对集中连片进行的区域性综合开发扶贫的典型项目，涉及农业和乡镇第二、第三产业的发展，教育卫生状况的改善，农村劳动力培训和流动等。该项目已经得到有关方面的评估肯定。而这个典型案例也正是我们主张新农村建设应该与

---

① 刘巍巍，张钦，蒋作平.2011.农村路网"毛细血管"盼延伸.瞭望，1449（49）：10，11.
② 龚宇.2011.黔中水利枢纽工程灌区供水工程加快推进.http：//gzrb.gog.com.cn/system/2011/03/17/011039836.shtml［2011-03-20］.

区域综合开发有机结合的重要例证。

以上情况表明，要实现贫困山区的脱贫致富并创造和强化可持续发展的条件，目前更为重要的着力点，相对于农户来说是村寨，所以新农村建设是贫困山区农村建设的关键。而孤立的新农村建设，其效果很有限，所以应该将新农村建设纳入县域的综合发展，这可能成为当前的一个非常重要、也具有普遍性的政策演变思路。县域的行政区划、其相对独立的经济利益和县际竞争等已经使之有了客观基础。同时，县域的综合发展又必须与国家连片扶贫开发的区域性政策措施相衔接，与农业区划及相关的发展计划、政策措施相衔接，与地区性的生态环境综合治理（如石漠化治理）和国家环境生态保护与治理的区划（长江、珠江流域生态环境保护）及相关的重大工程相衔接，与矿产等资源开发相关的区域规划、政策措施相衔接，与地区级的中心城市发展战略、小城镇发展战略和工业化发展战略相衔接。至于省级、地区级的扶贫攻坚、农村发展战略和具体规划、政策、措施等，则应在国家连片扶贫开发和西部发展重大政策措施的支持下，结合县域综合发展的需要，重点抓好公共性、外部性比较强的重大项目，如交通、通信、水利、生态环境综合治理、农村社区建设的公共投入、农业保险与农村社会保障体系的建设。而为实现这种系统性、综合性的开发与发展，其金融政策、金融制度建设与金融创新，也应该是系统性、综合性的，是宏观与微观相结合的。

相应地，我国政府的扶贫政策也从过去的以到户扶贫为重点，转变为以整村推进扶贫为重点，并结合适量的、针对性较强的到户扶贫，又演变为现在跨县域的以贫困山区为主的特困地区的连片扶贫。所以，以上关于在贫困山区农村实施系统性、综合性的开发与发展，以及实施相应的、系统性的金融政策与金融创新，建设相应的金融制度，都能够与我国扶贫政策的演变趋势相一致、可衔接和相互促进。

第二章

贫困山区农村金融的供需与活动特点

第一节　供给结构的重大问题——缺乏中长期信贷

一、对农村金融特征的重新认识

迄今为止，笔者所接触到的国内有关的教科书和科研文献对农村金融特征的描述，常常忽略了农村金融的区域特性和长期融资需求强烈但缺乏长期资金供给的问题。例如，近年来常见的教科书和流行的文献大多注意了农村金融交易的分散零碎性和与农作物自然生长周期密切相关的短期周转性（一般将期限为一年的金融交易视为短期交易），相应的研究视角比较集中于微小金融方面，尤其是关于小额信贷组织、微型金融机构的研究比较流行。再从实务运行方面来看，我国农村对农户提供小额信用贷款户数最多、覆盖面最广的农村合作金融机构的涉农贷款也多以短期贷款为主。以贵州农村信用社为例，近几年其短期贷款占贷款余额的75%～80%[①]。然而，这种理论观点和实务状况都是局限于现有农村经济、金融条件（包括农户提供抵押担保的能力），基于农户视角，针对农户再生产和生活消费的直观性需要而形成的。正如第一章所论及的，农业和农村金融具有区域性（或地域性）特点。就贫困山区农村经济来说，它具有整体滞后性和内部特有的活动规律。集中连片的扶贫攻坚是贫困山区农村发展的一个基本的、重大的任务。由于金融与经济相互关联，因此有必要基于区域视角，从区域整体需要来分析贫困山区农村金融的供需及活动特点。而基于这种视角，我们发现区域综合开发（如基础设施建设、生态环境保护与改善、农业区划实施）、建设现代农业（如农业科技开发与推广、大型固定资产投资、农业产业化）、新农村建设等方面的资金需求极为强烈，而这类融资却具有大规模、长期性的特征。

所谓研究农村金融需求，如果忽略了宏观整体视角，仅孤立地从微观农户视角进行分析，所形成的结论自然是有局限性和片面性的。仅仅立足于现有条件和基于农户眼前的经济、金融活动来考虑问题，就会忽略长期性融资对根本

[①] 根据2006～2010年贵州省农村信用社人民币信贷收支报表计算。

改变农村落后、实现农业现代化和区域协调发展的重要意义。过去正是因为这种视角上的局限性，所以总是围绕着小额信贷、微型金融来做文章，没能把农村，尤其是贫困农村严重缺乏大规模、长期性融资渠道和相关的制度性问题放到突出位置上来。进一步引申，农村金融需求的研究也应该是多层次的，至少可以从国际性区域、国内区域、与农村经济关系密切的县域、乡域、行政村、自然村直到农户的不同层次、不同视角来展开研究。只有这样，才能较为全面和深刻地了解各类农村金融需求。例如，基于跨县的区域视角，与交通水利建设有关的融资问题会相对突出；基于县域视角，与城乡土地综合整治、农业品种与技术推广等有关的融资问题则比较重要；基于乡村视角，与农业产业化、尤其是与类似"一村一品"产品开发有关的融资问题会相对突出；而基于农户视角，与农户眼前生产和生活消费密切关联的额度较小的融资问题会相对突出。

二、国外对"三农"提供中长期贷款的简况

尽管不少研究仅考虑了农户视角而忽略了与区域综合开发、农业现代化、新农村建设密切相关的大规模、长期性资金的供需问题，然而却不能否定这类资金的有无、多寡必然影响和改变农户金融交易的规模、方式、效率的事实。况且，关于这类资金的融通渠道、相关制度及其实施效果等，我们可以从不同发展水平的市场经济国家的实践中观察到，并可借鉴它们成功的经验，吸取它们失败的教训。

首先，市场经济体制本身为农业长期性资金的融通提供了以土地抵押作为信用基础的农地金融。同时，作为弥补市场缺陷的各国政策性金融机构也提供了各式各样的长期性农业信贷。自第二次世界大战以来，发达国家大多依法设立了提供农业区域开发、农业现代化等长期性资金的金融机构，尽管不同国家依据不同的国情和社会经济条件而采取不同的组织方式和多样化政策，但这些机构大多是政策性的或得到政策支持的，它们对相应国家的农业发展与农业现代化做出了重大贡献。自21世纪以来，为了适应国际农产品贸易格局的变化和世界贸易组织（WTO）农业协议的要求，美国、日本、欧洲等发达国家（地区）积极推动本国（地区）农业政策体系由农业保护转向农业支持。相应地，农业科技开发与推广、农业基础设施建设、食品安全、贸易促进、水土保持与资源环境保护、区域发展和农民素质提高等成了各国农业支持的重点。

在美国，除政策金融支持土地银行提供长期抵押贷款外，依据《农业信贷法》，还成立了一些政策性金融机构为农业提供长期信贷及补贴。主要包括：

①农民家计局,各州、县都设有办事处,主要提供农场所有权贷款、经营支出贷款、农房建设贷款、水利开发和土壤保护贷款,以及为商业银行提供的此类贷款进行担保,其对农场主发放的兴修水利和土地改良贷款,期限可长达40年;②小企业管理局,与农民家计局分工协作对农场主提供贷款,如果借款人经济状况不好且额度较小,由农民家计局支持,当借款人经济状况改善后,其更多的贷款需求由小企业管理局支持;③农村电气化管理局,主要为改善农村公共设施和环境、提高农村电气化水平、促进农村社区发展、支持水利建设等农村基本建设提供贷款和担保;④商品信贷公司,主要为应对自然灾害和市场波动等风险而提供农产品抵押贷款、仓储设备贷款、灾害补贴和差价补贴等[①]。

德国的德意志农林金融公库(rentenbank)是1949年依据本国商法设立的政策性开发银行,主要为农林渔业的技术革新、竞争力提高、可持续发展、再生能源获取、农业消费者和生态环境的保护、促进农村地域开发等提供中长期信贷。政府对其有财务维持义务,以保证其业务持续性和健全的财务基础。该公库具有穆迪公司等三家国际信用评级机构授予的AAA信用等级,可以广泛利用国内外金融市场筹措资金。资金运用不直接面向农林渔业经营者及地方自治体等最终借款人,而是由该公库承担信用风险,通过商业银行为最终借款人提供资金。近年来,该公库获得国际资本市场的较高评价,认为其资产质量高、资本金充裕、经营费用低、持有保守稳健的风险管理方针等。其主要的财务数据和资金来源结构如下:2010年资产总额为758亿欧元;2010年与2004年相比较,总资产中对商业银行等金融机构的贷款从52.7%下降到49.5%,但持有银行债等有价证券从19.4%上升到30.8%,扣除风险备付金和评价损失后的营业收益从1724万欧元上升到3662万欧元,但对营业收益的费用率却从17.8%下降到11.8%,按巴塞尔协议规则计算的资本充足率从15.2%上升到24.5%,核心资本充足率从9.0%上升到15.5%;2011年利用国际金融市场筹措相当于45亿欧元的中长期资金,其货币构成中美元占39%、欧元占22%、澳元占25%、英镑占5%、其他货币共占9%,而投资者构成是商业银行占56%、中央银行占27%、投资基金占14%、保险公司和企业等占3%[②]。

---

① 肖东平,陈华.农村金融:美国的经验及中国的路径选择.http://theory.people.com.cn/GB/40557/49139/49143/4284927.html [2012-03-01].

② Rentenbank.2011.募集资金说明书日文版:ドイツ農林金融公庫投資家説明会用資料.http://www.rentenbank.de/cms/beitrag/10011952/262774 [2012-01-21].

日本的农林渔业金融公库是 1953 年依据《农林渔业金融公库法》设立的政策性金融机构，主要为农林渔业生产经营者及相关经济主体提供低利率长期限贷款以促进农林渔业的基础设施建设、土地改良、技术进步、生产力提高和确保食品安全等，平均贷款期限达 17 年以上，最长期限超过 50 年。该公库基于弥补市场缺陷的原则，在商业银行和合作金融机构一般不愿涉及的领域提供低利率长期信贷支持，从金融方面保证农地改革的成果、强化农业基础设施和提高农业技术装备水平，被称为日本农业的最后贷款人，在第二次世界大战后日本迅速实现农业现代化的过程中发挥过重大作用。20 世纪末，日本经济泡沫崩溃，陷入长期萧条，整个金融体系遭受重创后进行重组，政策性金融机构主要基于构建简朴而有效率的政府这一行政改革目标来实施改革和重组。2007 年，日本颁布《株式会社日本政策金融公库法》，并废止《农林渔业金融公库法》，2008 年，农林渔业金融公库与国民生活金融公库、中小企业金融公库、国际协力银行等并入日本政策金融公库。1953～2009 年，农林渔业金融公库共发放了 376 万笔以上、累计金额 18 兆日元以上的贷款。合并前后，政策金融公库的资金都来自日本财政投融资体系并纳入计划管理，过去财政投融资的原资有相当部分是邮政储蓄存款和国民保险金、年金，2001 年实施改革，不再将这些资金作为原资，主体资金由政府发行债券募集。目前，以日本政策金融公库为主体，联合日本农村合作金融组织"农协"（农业协同组合）等，向从事农林渔业生产经营的借款人提供以下贷款：①"农业改良资金"贷款，对指定农户无息，限额 1800 万日元，对法人利息为 1.7%，限额 5000 万日元，期限一般为 10 年，经济条件较差的地域可达 12 年；②"农业经营基础强化资金"贷款，利率为 0.4%～1.15%，对农户限额一亿五千万日元，对法人限额五亿日元，期限为 25 年；③"经营体育成强化资金"贷款，利息为 1.3%，限额和期限同第二种贷款。另外，该公库还支持"农协"向经认定的借款人提供"农业近代化资金"贷款，用于设备购买、小规模土地改良和弥补生产经营者长期运营资金的不足，利率为 0.4%～1.0%，期限为 15 年[①]。

当我们论及发展中国家的农村金融，自然会关注小额贷款，而且往往提到印度，其实早在 20 世纪 70～80 年代，印度就相当重视利用大规模、长期限贷款

---

① 日本政策金融公库.2012.農林水産業者向け業務.http://www.jfc.go.jp[2012-10-01]；website 信州.2012.農業制度資金の概要.http://www.pref.nagano.lg.jp/nousei/nouson/kinyu.htm[2012-10-01].

支持农业了，相应地，也很重视中长期贷款在农村信贷中的地位。印度的涉农正规金融机构主要有"信用农协"和土地银行，以及商业银行体系的商业银行和地域性农村银行。还有全国农业农村开发银行，它是农业金融的最高决策机构和对涉农金融机构提供信贷支持的政策性银行。

就印度计划委员会第6次五年计划的实施情况来看：合作金融体系百分之百地实现了短期贷款目标，但中长期贷款只实现了计划目标的94.9%，其背景原因是合作金融系统比较深入农村，在提供业务比较零碎的短期贷款方面有相对优势，但在大规模、长期限的资金融通方面有种种局限。商业银行体系由于在农村缺少网点支持，不容易深入农村办理零碎的短期贷款，其短期贷款只完成了计划目标的74.0%，但是由于其实力强大，在提供中长期贷款方面有较大优势，因而双倍完成了计划目标，计划实现率达到了233.9%。印度计划委员会基于第6次五年计划的执行结果，在第7次五年计划目标中适当降低了合作金融体系的中长期贷款比重，按表中数据计算大约为2个百分点，但却大幅度提高了商业银行体系的中长期贷款比重，大约为43个百分点，而且整个计划目标中的中长期贷款比重比第6次计划目标提高了大约10个百分点。详见表2-1。

表2-1 印度计划委员会关于农村信贷第6、7次五年计划的目标及实绩测定

实施机构与贷款类别		第6次计划基点值（1979年）/100万卢比	第6次计划目标值（1984年）/100万卢比	实绩测定（1984年）/100万卢比	计划实现率/%	第7次计划目标值（1989年）/100万卢比
合作金融体系	短期贷款	13 000	25 000	25 000	100	55 400
	中长期贷款	4 000	7 950	7 550	94.9	15 300
	小计	17 000	32 950	32 500	98.6	70 700
商业银行体系	短期贷款	4 500	15 000	11 100	74.0	25 000
	中长期贷款	4 000	6 200	14 500	233.9	30 000
	小计	8 500	21 200	25 600	120.8	55 000
合计		25 500	54 150	58 100	107.3	125 700

资料来源：久保田義喜.1992.インドにおける農村制度金融の発展と農業協同組合.明治大学社会科学研究所紀要，30（2）：89-110。原出处：印度计划委员会编《印度的第7次五年计划》

与印度类似，巴基斯坦政府在20世纪80～90年代也很重视中长期贷款在改善农业基础设施和提高农业生产效率方面的作用，并利用计划加以指导。该国第7次五年计划（1988～1993年）提出1300亿卢比的农业信贷计划，其中特别强调了对农户的中长期信贷支持，为了实现计划目标，其最重要的农业政策性金融机构巴基斯坦农业开发银行（ADBP）提供了相当于该计划10%以上的信贷，其中60%～70%为中长期信贷。这一时期，该行还借助日本国际协力银行

贷款实施了一个农村开发项目，日元借款约占贷款总额的60%，主要为农户提供购买拖拉机、购买其他农业机械、改善农户灌溉条件及其他的农业开发子项目提供信贷支持，利率为8%~12%，期限为18个月至8年[①]。还有泰国的农业与农业合作组织银行（BAAC）是专门为该国一般金融机构不容易涉足的农业、农村提供金融服务，政府出资占90%以上的政策性金融机构，其提供的农业固定资产投资贷款一般期限为15年，特殊期限为20年。该银行还重点配合政府地域开发项目发放低利率贷款，2004年这类贷款占该行贷款余额近10%[②]。还有不少发展中国家都很重视农业中长期信贷对农业区域开发和农业现代化的重要作用，这里就不再逐一列举。

三、缺乏中长期信贷是历史形成的制度缺陷

在一般市场经济国家，农业长期信贷资金融通的市场制度是建立在土地私有制基础上的，其所谓农地金融（土地银行）体系，是以土地抵押为主的农业长期贷款供给体系。在这些国家，土地是农户或农场主所有的，从法律上已经内置了担保物权的规定和土地所有权的可抵押性。而土地与一般商品相比较，具有资产价值的相对固定性、永久性和增值性，其债权更为可靠、安全，因此易于用做长期信用担保物。同时，在市场竞争、农业技术进步和集约化、农村劳动力向城市转移与城市化的过程中，土地流动——所有权转移和土地交易是客观、大量存在的。土地金融在促进农业现代化和集约化的过程中，也促进了土地所有权的集中和大量农村劳动力对土地所有权的丧失与非农化。

在我国，改革开放以前，土地是国家所有或集体所有的，且法律规定不能买卖，以至于那个时期缺乏农地制度的信用基础，所以无论合作金融还是农业银行都没有相关的业务。

1979年农村经济制度改革后，农村土地的所有权和经营权发生分离。拥有土地承包经营权的农户实际上拥有土地的使用权，另外，农户还拥有宅基地的土地使用权。在实践过程中，农户的土地使用权作为一种独立权能，实际体现为一种相对独立于所有权的财产权利，农地使用权人实际享有土地的收益权和部分处分权。因此，从理论上讲，这种土地使用权具有他物权的属性。2002年第九届人民代表大会第二十九次会议通过的《中华人民共和国农村土地承包法》

---

① 资料来源：日本国际协力银行.2002.パキスタン農業開発金融事業.
② 资料来源：日本政策金融公庫.2006.タイの農業と農村金融.

的有关条款确定了这种他物权。例如,第十六条规定,承包方依法享有承包地使用、收益和土地承包经营权流转的权利,有权自主组织生产经营和处置产品;第三十二条规定,通过家庭承包取得的土地承包经营权可以依法采取转包、出租、互换、转让或者其他方式流转①。而且使用权在法律许可范围内可以采取多种方式转让、抵押。按此,土地使用权已经具备作为农地制度信用基础的条件。然而,《中华人民共和国担保法》规定土地所有权和耕地、宅基地、自留地、自留山等集体所有的土地使用权不得抵押;不过,抵押人依法承包并经发包方同意抵押的荒山、荒沟、荒滩等土地使用权可以抵押,以乡(镇)、村企业的厂房等建筑物抵押的,其占用范围的土地使用权同时抵押②。而且,过去的有关规定还限制大宗耕地、林地、草地的抵押。这样一来,现实中,法律留有余地的可抵押土地流转权实际上很有限。另外,由于我国农村人口不可能像发达市场经济国家的农民那样迅速被城市大量吸纳,他们有相当部分在相当长的时期内还必须在城市和农村之间往返流动,农村土地具有重要的保障功能。所以,对农村土地流转和土地使用权抵押等,政府有关部门和银行等持慎重态度,至今并未充分放开有关管制和实施根本性制度改革。不过,近年来,农户土地使用权、宅基地使用权、尤其是林权的抵押贷款的试验已经在不少地方开展起来。更大的土地制度改革也可能会出现。

前已述及,在一般市场经济国家,除市场体系的农地金融提供长期农业信贷外,作为弥补市场缺陷的政策性金融在提供长期性农业信贷方面发挥的作用是显著的,而且市场体系的农地金融实际上得到了政策金融的大力支持。

然而,我国过去在高度集中的计划经济体制下,银行的作用很有限,政策性银行也没建立起来,长期性的建设资金主要依靠财政提供。那个时期,由于推行工业及城市优先发展的路线,城乡二元结构被长期固化。国家虽然也对农村大型水利电力和公路通信等大项目给予了一些投资,但一般农田水利基础设施和乡村生活基础设施,主要是依靠农民和农村集体经济组织力量进行投资,国家只是适度补助,如开展以工代赈等。另外,国家通过工农业产品价格"剪刀差"等,从农业中吸取巨额"剩余"用于发展工业和城市。据估计,1949～1978年从农业中吸取了相当于财政全部农业支出4倍以上的巨额积累,这期间

---

① 资料来源:《农村土地承包法配套规定》,中国法制出版社2006年版。
② 转引自农行贵州省分行1997年内部编印的《信贷人员学习手册》,第73页。

农村资金实际上净流出支持了工业化及城市发展①。1978年启动改革开放至20世纪末，国家实施农业生产资料和农产品的价格补贴并推进整个价格体系的市场化，"剪刀差"得以缩小，农业综合开发等方面的财政投入也有所增加，但农村投入不足的问题并未得到实质性改善。

直到21世纪初，我国经济建设初有成效、公共财政体制初步确立，才逐渐明确了促进农民增收、统筹城乡发展和工业反哺农业、城市支持农村的方针，对农村实行了"多予"、"少取"、"放活"的政策并实行了减免农村税费的改革②。最近几年，公共财政覆盖农村的范围迅速扩大，力度不断加强。例如，新阶段扶贫开发政策、农村义务教育保障政策、新农村建设等的实施，新型农村合作医疗制度、养老保险制度和最低生活保障制度等的建立。然而，农村缺乏区域综合开发、农业现代化和新农村建设方面的长期信贷的问题尚未得到足够的重视，也没有从金融制度建设的角度来弥补这一制度性缺陷。

第二节　制度缺陷的要因——政策金融与财政投融资功能不足

一、制度性政策金融机构起步晚、长期信贷支持力度小

通过本章第一节的分析，自然会得到这样的结论——我国贫困山区农村，缺乏规范、稳定、制度化的政策金融支持，其中尤为缺少适用于区域开发、农业现代化和新农村建设的政策性长期信贷。更明确地说是缺少这样的制度。前已述及，发达市场经济国家对农业的长期信贷资金供给中，政策性金融机构大多发挥了主力军作用和引导、推动作用。而这些政策性金融机构都是依法设立并得到财政方面大力支持、或本身就属于财政投融资体系的。但在我国，面向"三农"的政策性银行成立较晚，目前在涉农中长期贷款方面的规模也相对较小。

1994年成立的农业发展银行是我国最早为"三农服务"的政策性银行。但

---

① 韩俊.2004.中国三农100题.北京：中国发展出版社：204.
② 不少研究文献提到：市场经济国家的发展历程表明，一般是在人均GDP达到1000~3000美元、全社会"蛋糕"做大、公共财力已有巨大增长、具备一定实力的条件下，政府才逐渐把公共服务作为核心职能，才能真正负起相应责任和发挥主导作用，去促进城乡居民对基本公共服务消费和享有的平等化。

在 2005 年以前，主要是为粮棉油的收购、储备、调销、流转、加工及相应的设施（如仓储）建设提供信贷，长期开发性项目贷款不多。2006 年以后，农业发展银行配合新农村建设和商业化改革进行信贷结构调整，逐渐开发了以下信贷产品：①农村基础设施建设贷款，用于解决借款人在农村路网、电网、水网、信息网、农村能源和环境设施建设等方面的资金需求，其中的项目贷款为中长期贷款，一般期限为 5 年，最长不超过 10 年；②农业综合开发贷款，主要用于解决借款人在农田水利基本建设和改造、农业生产基地开发与建设、农业生态环境建设、农业技术服务体系建设等方面的资金需求，项目贷款的期限同前者；③农业产业化龙头企业贷款，其中的固定资产贷款主要用于解决借款人新建、扩建、改造、开发、购置等固定资产投资项目和生产基地建设项目的资金需要，贷款期限一般为 1～3 年，最长不超过 5 年；④农业科技贷款，其中的中长期贷款用于解决借款人承担农业科技成果转化或产业化的固定资产性质（包括知识产权等）的中长期资金需求，期限一般为 1～5 年，最长不超过 8 年；⑤县域城镇建设贷款，用于解决借款人在城镇基础设施、环境设施、商业设施及农民集中住房改造工程的资金需求；⑥新农村建设贷款，用于解决借款人在农村土地整治、农民集中住房建设方面的资金需求；⑦农村土地整治中长期贷款，为近年来开发的品种，发展较快，主要用于农村土地整理复垦开发、农村村庄整治和农村土地收储整理，目前在县域城镇化中具有较大灵活性和实用性[1]。截至 2010 年年末，农业发展银行贷款结构中，传统的粮棉油收购贷款仍占 58.6%[2]，上述新增品种虽然发展很快，但尚未成为主体，其难以发展的主要原因还是缺少好项目与有信用保证的借款人。

另外，我国以开发性金融和中长期融资为优势和特色的政策性银行——国家开发银行，主要服务于国民经济重大中长期发展战略，近年来在重点支持电力、交通、能源、化工、邮电通信、公共基础设施方面的项目和致力于促进区域协调发展、技术创新和产业优化的同时，也加大了对"三农"领域的支持力度。主要有农林水利方面的贷款、新农村建设及县域贷款、农村中小企业贷款、助学贷款和灾害应急贷款等。从贵州的情况看，涉农贷款主要投向农村公路网络、电网、饮水、排污与垃圾清理、农户用沼气与大中型沼气工程等基础设施

---

① 中国农业发展银行网. 业务概览. http://www.adbc.com.cn [2012 - 03 - 24].
② 中国人民银行农村金融服务研究小组. 2010. 中国农村金融服务报告. 北京：中国金融出版社：11.

建设项目；其次是支持农村的教育与医疗卫生基础设施项目；还在农产品市场建设、升级改造和物流体系建设方面与地方政府、中小融资机构、担保机构合作，创新信贷模式，提供信贷支持。截至2010年年末，累计发放新农村建设及县域贷款8559亿元，占贷款余额的19%[1]。

国家开发银行贵州省分行自西部大开发以来，80%的贷款投向"西电东送"工程、交通基础设施、城镇基础设施建设等"两基一支"领域，20%的贷款投向新农村建设、低收入住房、中小企业、开发扶贫、农业产业化和教育卫生等民生和社会事业领域。截至2011年年末：累计发放贷款339.51亿元，支持"西电东送"项目及农网、城市电网等项目建设；发放贷款272.89亿元，支持国道主干线和省内干线及二级公路等交通基础设施项目建设；发放贷款384.69亿元，支持城镇化发展；累计发放中低收入住房贷款31.56亿元，支持县域廉租房建设、棚户区改造及农危房改造工程建设；以多种融资模式，发放微小企业贷款35.71亿元；累计发放助学贷款17亿元，惠及贫困家庭学生34万人（次）。另外，在毕节实验区建设中，积极探索促进县域经济发展的所谓开发式"造血"扶贫融资模式[2]。而农业发展银行方面，自2011年以来，其农村土地整治中长期贷款迅速扩展，2012年后为贯彻落实前述国发2号文件支持贵州发展的有关精神，该项贷款进一步向各地区的县域扩展。截至2012年5月末，该项贷款余额达92.95亿元，比年初增加44.2亿元，增长90.7%，共支持土地整治项目57个[3]。

总的来说，农业发展银行和国家开发银行的分支机构配合新农村建设及商业化改革进行信贷结构调整，近年来，迅速拓展了涉及"三农"的开发性中长期贷款，主要支持农业基础设施项目和农业产业化龙头企业涉及农、林、药、茶、酒等的发展项目。其中有相当部分是由政府信用担保或贴息的贷款，还有财政垫付性贷款。有些项目，如乡村水利、电力、道路建设、城市土地整治与管网改造等具有准公共产品性质，预期收入或财政未来拨付比较明确。2007年，两行贷款占金融机构贷款的16.3%，中长期贷款占全省中长期贷款的19%，涉

---

[1] 中国人民银行农村金融服务研究小组.2010.中国农村金融服务报告.北京：中国金融出版社：14.

[2] 王永进.2012.深入贯彻落实科学发展观开发性金融助推贵州经济社会实现跨越发展.http：//gzrb.gog.com.cn/system/2012/05/25/011461155.shtml［2012-06-01］.

[3] 刘久锋，吴兴.2012.农发行贵州省分行大力支持农村土地整治.http：//www.jinnong.cn/news/2012/7/4/201274116479345.shtml［2012-07-07］.

农贷款份额不到全省的 10%；2011 年，两行涉农贷款份额已经上升到 20%[1]，但总量仍有待增加。

尽管我国政策性银行近年来做了很大的努力。但是，在包括商业性金融机构在内的整个信贷结构中，目前用于农村基础设施建设、农村综合开发及科技开发方面的比重还很微小。2007 年和 2010 年，在所有金融机构涉农贷款年末余额中，农村基础设施建设方面的比重分别为 8.4% 和 0.3%，农田基本建设方面的比重仅分别为 0.9% 和 0.1%，农业科技方面的比重分别为 0.3% 和 0.0%[2]。其数量之少、力度之小，可见一斑。而早在 20 世纪 80 年代，印度的农村信贷中与农村基础设施建设、农业综合开发等有关的中长期信贷比重就曾经超过 35%。

二、财政支农力度有限、政策性投融资功能不足

目前，我国财政的收支总量的确不小，但人均财政收入的世界排名尚在百位之后，与发达国家的差距更大。按国际货币基金组织（IMF）统计口径计算，2010 年，美国、日本、德国、法国、意大利和英国的人均财政收入水平均在 14 000 美元以上，而我国人均财政收入按当年平均汇率折算为 1166 美元，仅为上述国家的 10% 左右[3]。这必然制约我国财政的公共服务能力和对农业支出的改善。如图 2-1 所示，1980~2008 年，中央和贵州的财政支农支出比重一直没有显著提高。

尤其是 20 世纪 90 年代到 2003 年，中央、地方及贵州的财政支农支出比重均在 6%~12% 徘徊并呈现下降趋势，详见图 2-2。直到 2010 年，据前述财政部办公厅《财政支持保障改善民生基本情况》的报告，我国公共财政中农林水事务支出 8129.58 亿元，虽比 2009 年增长了 21%，但占全国公共财政支出的比重只有 9%。

---

[1] 数据来自贵州省金融机构人民币信贷收支报表及对贵州省银监局、人民银行贵阳中心支行的访谈。

[2] 中国人民银行农村金融服务研究小组.2010.中国农村金融服务报告.北京：中国金融出版社：3.

[3] 财政部办公厅.2011.财政支持保障改善民生基本情况.http://www.mof.gov.cn/zhengwuxinxi/zhengcejiedu/2011zhengcejiedu/201110/t20111014_599685.html［2012-03-04］.

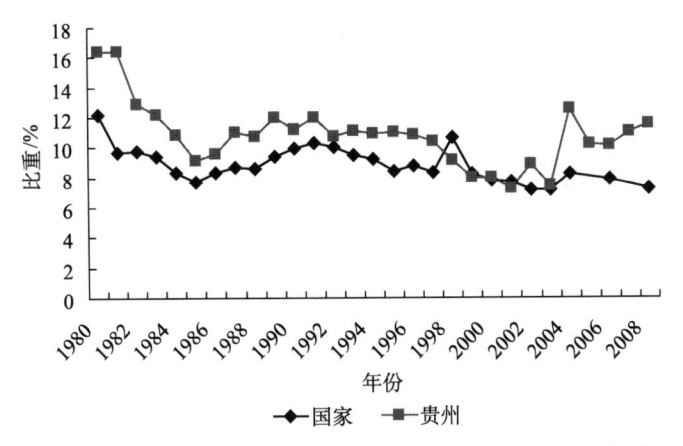

图 2-1　1980～2008 年国家和贵州的财政支农支出比重的推移

资料来源：国家统计局国民经济综合统计司.2005.新中国五十五年统计资料汇编.北京：中国统计出版社；贵州省统计局，国家统计局贵州调查总队.2009.贵州六十年 1949—2009.北京：中国统计出版社；国家统计局.1991～2005.中国统计年鉴.北京：中国统计出版社

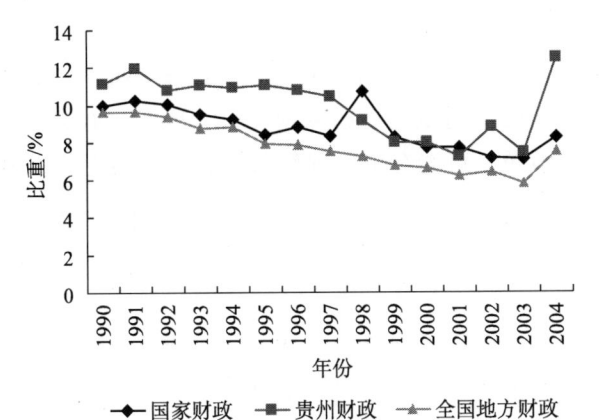

图 2-2　1990～2004 年中央、地方及贵州的财政支农支出比重的推移

资料来源：同图 2-1

我国一般统计口径的财政支农资金是指财政用于农林水气等部门的资金，包括农业基本建设支出、农业科技三项（新产品试制、中间试验和重要科学研究补助）费用支出、农业科研支出、支援农村生产支出、农业综合开发支出、农林水气等部门事业费、农产品流通补贴、农业生产补贴等。按照世界贸易组织协议的计算口径，支持贫困地区发展的财政支出、农产品价格补贴也计算在国家对农业的财政预算总支出中，称为农业支出总量。1996～2000 年，我国农

业支持总量分别占当年农业总产值的4.9%、5.3%、7.4%、7%和8.8%,而按照相同口径,发达国家的支持水平为30%~50%,发展中国家为10%~20%[①]。另外,经济合作与发展组织(OECD)计算的国家对农业的财政预算"总支持"的口径与世界贸易组织大体相当,按经济合作与发展组织的口径计算,1993年、1996年、2001年中国对农业的财政预算"总支持"占当年农业总产值的比重分别为6.7%、5.0%和6.8%[②]。这两组数据对比都说明,与发达国家相比,我国财政支农的力度还很小。

另外,近年来我国各政府部门对欠发达地区、尤其是贫困地区的农业发展有一定的政策支持。但是资金支付渠道多,项目繁杂而分散,在管理和使用上不统一,不仅影响资金使用效率,还造成许多矛盾和问题。以贵州来看,至少有15大类、上万个项目的支农资金分别由财政厅、发展和改革委员会、农业办公室、农业厅、林业厅、乡镇企业局、水利厅、农机局等几大部门管理。由于管理多头和投入分散、量小,不易发挥出资金整体使用合力,增大了项目筛选与资金监管上的难度,还带来"政出多门"、职责划分不清、难以协调配套、部门利益分割、重复建设或该用钱的地方却没人管等问题。此种状况与我国转移支付中以专项转移支付为主的体制有关,中央各部委按照"条条"管理转移到下级政府职能部门,带有指定用途的专项支付,地方政府难以结合实际、酌情调剂。今后的财政改革,可能会把专项转移支付为主转变为一般性转移支付为主,这样,中央财政给地方政府转移支付后,地方政府可结合省情进行统筹安排、协调管理以提高资金效率。

其实,在我国公共财政尚未形成足够力量的情况下,应该注重发挥财政投融资的作用。从发达国家过去的经验和现在的实践看,财政投融资作为一种政府的金融运作方式,能够在不增加国民税负的情况下扩大财政功能,增强财政运行的稳定性、灵活性和效率性。尤其是在充实以公共产品、准公共产品为代表的社会资本方面,能够弥补商业金融和一般预算难以充分填补的空白。利用财政投融资投资纯公共产品,可以确保社会资本的先行性和实效性,因为由财政做担保,实际上发挥了先期垫资的作用。而准公共产品的投资,由于规模大、回收期长,容易被一般私人资本和商业金融的市场选择排斥,而且由于这类产品的外部性,一般私人资本和商业金融也害怕被别人"搭便车"。而在现有财政

---

① 韩俊.2004.中国三农100题.北京:中国发展出版社:209.
② 经济合作与发展组织.2005.中国农业政策回顾与评价.北京:中国经济出版社:79.

条件下，纯公共产品的支付能力都尚弱小，准公共产品就更难顾及了。然而，财政投融资却可在一些特殊领域动员社会分散的闲置资金，基于政策目的（而不是赢利目的）从事大规模、长周期准公共产品的先期投入。因此，在我国目前财政支农力度有限、而支农压力又很大、支农时效性也很重要的状况下，应该积极考虑建立财政投融资体系来及时扩大财政的功能，并与市场金融体系形成相互促进发展的局面。

财政投融资成为市场经济国家的一个制度和政策工具，大约相续出现在 20 世纪 30 年代世界性大萧条到第二次世界大战结束后的经济恢复时期。原因有以下几个：①政府为了拯救陷入经营危机的垄断资本，采用收购股权等方式为其提供长期低利率资金，如意大利国家控股公司（Istituto per La Ricostruzione Industriale）和美国复兴金融公司（Reconstruction Finance Corporation）等比较活跃。②为了维持经济体系稳定和增强垄断资本的积累条件，也有必要利用低利率长期信贷救助被一般商业性金融机构排斥的农林渔业、中小企业，如美国商品信贷公司（Commodity Credit Corporation）等比较活跃。③由于公共基础设施的大规模化、长期化，及与基干产业国有化伴随的大规模设备更新等要求有相应的政府投融资计划及机构。例如，英国国家贷款基金（National Loans Fund）对国有企业、地方团体、民间企业的信贷支持，法国的经济社会开发资金（Fonds de Developpement Economique）对原子能公司、煤炭公司、电力公司、全国农业信用金库等的信贷支持，以及美国的联邦信用计划（Federal credit program）对住宅金融、农业金融、国际经济援助的融资支持等。然而，迄今为止，市场经济国家中财政投融资活动规模最大、持续最长、制度相对健全的却是日本。20 世纪 80～90 年代，其规模相当于一般预算的六七成，而且纳入统一的财政计划和预算管理[①]。近年来还实施改革，以进一步规范筹资渠道、降低运营成本，从而健全"公共金融"体系，增强财务体质和提高资金使用效率。

我国财政投融资起源于 20 世纪 50 年代，当时也用于支农资金的周转，改革开放以来又有一定发展。但从严格意义上讲，规范的财政投融资体系尚未真正建立起来。其一，由于缺乏法律制度保证下的市场性融资手段，过去主要依靠各项财政周转金和预算执行中的间歇资金、沉淀资金及少量国债或金融债发行募集的资金，资金来源很小，缺乏长期稳定性。其二，财政投融资

[①] 重森晓，鹤田广巳，植田和弘．2003．Basic 现代财政学．东京：有斐阁：309．

的机构和供给渠道众多，如财政信用机构，各部委（厅局）的农财司（处）、行政司（处）等业务机构及政策性银行。它们各自为政、不成体系，缺乏全国统一计划和统筹协调。其三，对公共产品、准公共产品、一般商品的界定不清，难以划分无偿财政支付与有偿财政信用的关系，也难以划分政策金融与商业金融的界限。

不过，近年来的地方政府融资平台已突破体制障碍而发挥了基于财政背景的投融资机制，在加快城镇化建设和缓解世界金融危机冲击、扩大内需、引导地方经济发展中发挥了重要作用。因为在我国现行分税制下，地方事权与财力严重不匹配，地方建设资金严重不足，而在现行财政金融体制下，缺少地方政府举债融资的制度基础[1]，所以，地方政府实际上在中央的默许下成立融资平台公司，以利用银行信贷为主而迅速展开活动，并取得了以上成果。但近几年，由于地方债务快速膨胀，以及筹资环节、抵押担保、资金用途等出现一些问题，加上通货膨胀、宏观紧缩的背景，各级政府债务负担和地方政府融资平台公司的银行债务风险已经受到各界高度关注，监管部门正在加大力度对其银行债务进行核查、清理和规范。然而，从长远看，地方政府融资平台作为市场经济条件下政府配置资源的一种特殊的实现途径，在促进增长、调整结构等方面还将发挥其难以替代的作用。最近，在地方政府融资平台负债中占比很小的"城投债"融资方式正受到管理高层和有关方面的肯定和重视。"城投债"其实是代表政府融资平台的企（事）业法人以企业债方式发行的特殊企业债，本质上应相当于市场经济国家的地方政府债（市政债）。金融监管高层和理论界都有人主张通过健全相应制度，使它成为规范的地方政府债和地方政府的主要融资工具。我们注意到，在应对国际金融危机冲击时，已经由中央政府代理地方政府发行了地方债，2011 年，关于沪浙粤深四地自主发行地方政府债也提上议事日程[2]。其他省份虽然没有被列入试点，却有不少在积极组织新融资平台公司利用企业债市场发债。所以，贵州山区这种财力匮乏的地方，应该抓住这种历史性变化可能带来的机遇，创新农村政策性财政

---

[1]《贷款通则》（中国人民银行令〔1996〕第 2 号）规定，借款人应该是工商行政机关（或主管机关）核准登记的企（事）业法人、其他经济组织；《中华人民共和国预算法》（中华人民共和国主席令〔1994〕第 21 号）第 28 条规定，地方各级预算按照量入为出、收支平衡的原则编制，不列赤字。除法律和国务院另有规定外，地方政府不得发行地方债券。

[2] 财政部《2011 年地方政府自行发债试点办法》明确，上海、浙江、广东、深圳四个地方政府实行自行发债试点，上述四个地方政府可在国务院批准的发债规模限额内，自行组织发行本地区政府债券。

投融资制度，解决山区农村发展严重缺乏用于区域开发、现代农业建设、新农村建设的长期信贷的难题。对这一问题的深入研讨，我们将在以后的章节中进一步展开。

第三节 农户金融供需状况及活动特点

一、二元结构特征显著、原始互助色彩浓厚、金融交易小额零碎

2005～2010年，在农户借款来源中，商业银行所占比重小且下降快，其中2008年和2010年仅为2.4%和2.5%；农村信用社的份额在2005年曾超过50%，然而以后四年则在21%～41%波动；民间借贷在多数年份占了一半以上的份额，其中2008年和2010年甚至达七成以上。详见表2-2。这表明在贵州山区农村中，借贷市场的二元结构特征非常显著，正规金融远不能覆盖并满足农户借贷的显现需求与潜在需求，民间借贷有着深厚的基础。而且，在民间借贷中，亲友间的无息借贷所占比重相当高，但年度波动较大，六年中有两年占到七八成，有两年占到三四成，有一年超过两成。这表明在贵州山区乡村中，民间借贷有浓厚的原始互助色彩。再看借款用途：生活性借贷常占到半数以上，其中子女上学和家庭成员治病等生活急需占有相当比重（另据表2-3所示，修建房屋也是借贷需求的重要原因），可见有不少借贷关系的产生是为了维持生计，这使得金融交易的产出效益偏低；生产性借贷中，用于传统的农林牧渔业的投资所占的比重不高，且波动性较大，最低的2009年只占1.6%，最高的2010年占24.1%，这表明农民的增收渠道、发展方向并不主要在传统的农林牧渔方面，用于新兴项目和商业周转的投资比重较大。

表2-2 2005～2010年贵州农村固定观察点农户借贷收入与用途的构成状况

（单位：%）

借贷的资金来源与用途		2005年	2006年	2007年	2008年	2009年	2010年
借款来源	商业银行贷款	5.9	6.6	3.9	2.4	5.3	2.5
	农村信用社贷款	52.5	27.0	40.2	21.2	35.9	17.0
	民间借贷	36.0	57.6	54.2	74.0	58.3	77.9
	其中：亲友无息借贷	(74.9)	(42.6)	(25.8)	(30.9)	(84.0)	(62.4)
	其他借款	5.6	8.8	1.7	2.4	0.5	2.6
	累计借入款	100	100	100	100	100	100

续表

	借贷的资金来源与用途	2005年	2006年	2007年	2008年	2009年	2010年
借款用途	生活性借款	36.8	57.0	50.1	56.1	57.7	46.1
	其中 上学	(20.5)	(23.1)	(14.0)	(14.3)		(28.0)
	治病	(8.4)	(5.8)	(11.0)	(15.6)		(4.0)
	生产性借款	63.2	43.0	49.9	43.9	42.3	53.9
	其中：用于农林牧渔	(12.2)	(13.4)	(6.4)		(1.6)	(24.1)

资料来源：贵州省农业厅办公室.2006~2009.农村社会经济调查.贵阳：贵州省农业厅办公室编印（内部资料）；贵州省农业委员会.2010~2011.农村社会经济调查.贵阳：贵州省农业委员会编印（内部资料）

为了进一步深入了解农户借贷需求的原因、尤其是民间金融依存度高的原因及民间融资的状况，笔者深入贵州农村10个固定观察村中的9个村，开展问卷调查。我们随机抽取遵义县长青村的32户，盘县水洞村的40户，贵阳市乌当区麦穰村、罗甸县平初村、普定县褚家山村、平坝县马场村、安龙县小场坝村、剑河县镇江村、铜仁县灯塔村各30户，一共282户，就有关问题发放问卷进行调查，并将回收结果整理后进行分析（由于前述表2-2的数据是贵州固定观察村随机抽取800户调查的结果，与表2-3~表2-6的统计口径不一样，因此数据存在不完全一致的现象）。

2008~2010年，以调查对象发生需求的项目数来比较，家庭消费的贷款需求项目数比重最高，其中修建房屋是最主要因素，其次是日常开支、医药费用和教育费用；与生命周期相关的贷款需求也属于非生产性消费，而且与农村的礼尚往来有关。同期，归还金融机构、民间个人和互助组织（如集体账户或"会"）的贷款而引起的贷款需求（举新债还旧债）项目数占有较大比重，排在第二位；生产性贷款需求项目数次于前两类，其中非农业的生产性贷款需求主要来自进货、启动新项目、购置农用车、外出打工路费，农业生产性贷款需求主要来自购买种子、化肥、农药。详见表2-3。

表2-3　问卷调查的9个村282户中有借贷需求的项目数与需求原因（2008~2010年）

项目分类与明细	2008年/个	2009年/个	2010年/个	单项合计/个	各项占比/%
生孩子	1	1	3	5	1.1
结婚	6	4	7	17	3.8
丧事			1	1	0.2
（生命周期项目合计）	(7)	(5)	(11)	(23)	(5.1)
修建房屋	26	36	39	101	22.3
日常开支	18	9	15	42	9.3
医药费用	4	6	11	21	4.6
教育费用	1	3	8	12	2.7
（家庭消费项目合计）	(49)	(54)	(73)	(176)	(38.9)

续表

项目分类与明细	2008年/个	2009年/个	2010年/个	单项合计/个	各项占比/%
归还农业银行借款	3	1	4	8	1.8
归还农村信用社借款	25	30	26	81	17.9
归还民间个人借款	11	14	24	49	10.8
归还民间互助借款	2		1	3	0.7
（金融项目合计）	(41)	(45)	(55)	(141)	(31.2)
进货		1	3	4	0.9
新项目启动资金	5	3	5	13	2.7
购置农用车	5	9	11	25	5.5
外出打工路费	1	2	2	5	1.1
（非农业的生产项目合计）	(11)	(15)	(21)	(47)	(10.2)
购买种子化肥农药	19	10	15	44	9.7
其他农业投入	1	4	6	11	2.4
（农业生产项目合计）	(20)	(14)	(21)	(55)	(12.1)
其他	3	6	2	11	2.4

资料来源：笔者对贵州农村固定观察点9个村282户的问卷调查

进一步分析民间借贷发生需求的原因：因家庭消费引起的民间借贷项目数合计达到51.3%，占借贷需求项目总数的比重最大，把生命周期类加进来，非生产性消费借贷需求项目数的比重达到61.0%；农业生产引致借贷需求的项目数排在第二位，非农业的生产引致借贷需求的项目数与之差距很小、排第三位，全部生产性借贷需求项目数比重达31.5%；金融项目中，归还民间借贷引致的借贷需求比重最大，其次是归还集体和转借他人，整个金融项目所占比重排在末位。详见表2-4。

表2-4　问卷调查的9个村282户中有民间借贷需求的项目数与需求原因（2008～2010年）

分类	项目明细	单项合计/个	各项占比/%	分类	项目明细	单项合计/个	各项占比/%
生命周期项目	生孩子	14	5.9	金融项目	还民间借贷	12	5.0
	结婚	5	2.1		还集体账户	4	1.7
	丧事	4	1.7		转借他人	1	0.4
家庭消费项目	修建或购买房屋	53	22.3	非农业的生产	创办企业	2	0.8
	日常开支	38	16.0		添置货物	4	1.7
	医药费用	16	6.7		购买农用车	14	5.9
	教育费用	4	1.7	农业生产	种子化肥农药	46	19.3
	购买耐用消费品	4	1.7		购买牲畜	9	3.8
	礼金	7	2.9	其他		1	0.4

资料来源：同表2-3

至于被调查的农户情愿利用民间借贷而不去农村信用社借款的原因，按各个分类的项目合计所占比重为序，依次为信用社要求担保、利息太高、无贷款需求、程序太复杂、亲友借钱不用利息、无存折（单）抵押及无贷款指标和没有关系。详见表 2-5。这种情况进一步证明，贵州山区农村的民间借贷具有浓厚的原始互助色彩，在解决农民的生活生产急需上具有重要的作用。它既是农村借贷的基础性资源，又发挥着农村借贷供给的调节库作用。

表 2-5 问卷调查的 9 个村 282 户中不去农村信用社借款的项目数与原因（2008～2010 年）

分类	长青村/个	水洞村/个	麦穰村/个	平初村/个	马场村/个	小场坝村/个	镇江村/个	灯塔村/个	褚家山村/个	单项合计/个	比例/%
无贷款指标		2		6			7	5	2	22	6.3
无存折（单）抵押				12		6	2	5	2	27	7.7
信用社要求担保	1	16	1	20		7	4	11	2	62	17.8
无贷款需求	11	1	4			1	10	10	5	44	12.6
没有关系	1	5		7	1	5			3	22	6.3
程序太复杂		16	10	1		6		7		40	11.5
亲友借钱不用利息		3		1		4	8	1	11	28	8.0
利息太高不愿借		13	9	13	1	9	2	6		53	15.2
其他	1	30	8	2		4	5			50	14.4

资料来源：同表 2-3

再深入了解被调查农户民间借贷关系中的利率、期限类别及运行情况：无息的亲友借贷的发生笔数占总数的 99.6%，涉及金额占总金额的 89.8%；有息借贷交易的单笔金额较大，而且利率较高，总共六笔交易中有一笔接近金融机构贷款基准利率的四倍，一笔高于基准利率，一笔低于基准利率；民间借贷以解决短期周转性需求（急需）为主，所以年内还款额对借入额的比重较高，达到 76.3%；而利率太高的多在年内还清，例如，有一笔借款为 6 万元、月利率为 5%（年利率为 60%）的债务就在一个月内还清借款，这也符合民间借贷机动灵活、解决燃眉之急的特性。详见表 2-6。

表 2-6 问卷调查的 9 个村 282 户中民间借贷的情况分析（2008～2010 年）

按额度分类	笔数/笔	笔数比例/%	累计金额/元	金额比例/%	平均额度/元	有息借贷的笔数、年利率、还款情况
500～2 000 元	34	24.1	45 900	3.9	1 350	2 笔；25% 的年内未还清；3% 的年内还清
2 001～5 000 元	41	29.9	164 500	14.2	4 012	1 笔；36%；年内还清
5 001～10 000 元	28	21.2	225 000	19.4	3 483	1 笔；10%；年内还清
10 001～20 000 元	24	18.3	425 000	36.6	17 783	1 笔；66.7%；年内还清
20 001～30 000 元	8	5.8	240 000	20.7	30 000	
30 001～60 000 元	1	0.7	60 000	5.2	60 000	1 笔；60%；1 个月内还清

续表

按额度分类	笔数/笔	笔数比例/%	累计金额/元	金额比例/%	平均额度/元	有息借贷的笔数、年利率、还款情况
合计	136	100	1 160 400	100	8 532	注：农户未填利息情况的均视为无息；借入60 000元的这个农户，一个月后还清本息63 000元，月利率为5%，折合成年利率为60%
年内还款情况	110	80.9	885 160	76.3	8 047	
无息借贷情况	130	99.6	1 041 800	89.8	8 014	
有息借贷情况	6	4.4	118 600	10.2	19 767	

资料来源：同表2-3

以上情况还反映了贵州山区农村民间金融交易的零碎、分散特点。表2-6中合计为1 160 400元的累计借款中共发生了136笔交易，平均额度仅8532元。其中：金额为500～2000元的占24.1%，2001～5000元的占29.9%，5001～10 000元的占21.2%，1万元以下合计占75.2%，2万元以下的合计占93.5%，3万元以下的合计占99.1%，仅有一户的借贷规模达到6万元。

关于农户的借贷规模，我们还观察到一个有趣的现象，即收入水平偏低的农户发生借贷行为的可能性较大。2006年，我们曾组织贵州财经学院金融学硕士点五个在读研究生回各自家乡，即贵州的黔西县铁石乡、天柱县凤城乡石坪村、毕节市阴底乡踏石朗村、望谟县新屯镇纳包村和四川省蓬安县三坝乡（都属西南内陆山区典型传统农区），对当地农户的经济情况与借贷情况开展调查。所取样本899户，2005年有借贷行为的共413户，占45.94%；其中，收入低于3000元的占61.5%，低于6000元的占84.6%，高于6000元的占15.4%。另外，这项调查还反映：借款的51.2%用于盖房、教育及日常生活的开支，20.3%用于医疗、黑白喜事、人情送礼、罚款等应急支出，28.5%用于生产投入。

以上的调查还反映了一个值得重视的现象，即不少民间借贷关系潜藏在与婚、丧、嫁、娶、老人过寿、子女读书等有关的礼尚往来活动中，所以民间借贷的食物借贷占有相当比重。上例调查的结果是，借贷活动有59.81%采用货币形式，40.19%采用粮食、肉类等实物形式。而在沿海农村地区，礼尚往来借贷中的货币形式所占比重可能较高，而且还采用互助储金形式。例如，据费孝通（1939）的调查，早在20世纪30年代的江村，礼仪开支要占家庭全年开支的1/7，其平时积累通常可采取向互助会缴纳储金的方式[①]。另外，在我们实地调查中所了解到的贵州山区农村的民间借贷，通常是组织活动范围较小、层级较低、

---

① 费孝通.2009.江村经济——中国农民的生活.北京：商务印书馆：120-123.

原始互助色彩浓厚、竞争性较弱的，虽然也不时采用"会"的组织形式，但主要是村寨范围、本乡范围的协商式的"轮会"，而类似沿海农村地区那种范围较大、竞争性较强、多层结构、运行规则也更为具体的"标会"、"摇会"等，则较少听说。

二、农户储蓄与收入的关系及储蓄动机

我们观察1978年改革开放以来贵州农户人均纯收入与农户人均储蓄的变动情况及其相互关系（图2-3）。1978~1990年，农户人均纯收入的年平均增长率为11.2%，而农户人均储蓄的年平均增长率只有7.0%，边际储蓄倾向是下降的；而这一时期农户的恩格尔系数很高，变化也不大，1978年为69.25%，1990年为69.90%[①]，说明尽管这一时期农户的收入水平借助农村一系列改革政策的强劲推动而迅速增长，温饱问题较好地得到解决，但生活质量及支出结构的改变尚不显著，收入仍主要用于维持食品支出等日常生活开支。1991~2000年，农户人均纯收入年平均增长8.7%，而农户人均储蓄年平均增长17.7%，边际储蓄出现递增倾向；而这一时期，农户的恩格尔系数从1991年的68.16%下降到2000年的62.68%[①]，说明这一时期农户的生活质量有所提高，支出结构亦相应变化，有关统计也反映出农户的储蓄存款和耐用消费品拥有量有明显增加。2001~2008年，农户人均纯收入年平均增长5.4%，而农户人均储蓄年平均增长15.5%，边际储蓄递增倾向显著；而这一时期恩格尔系数从2001年的59.48%下降到2008年的51%（2010年下降到46.25%）[①]，说明这一时期农户的生活质量和支出结构的变化较为显著。不过，正如近年来被许多文献所证实的那样，农户的储蓄倾向较强的一个重要的原因是货币需求动机中的谨慎动机（又称预防性动机，为养老、子女教育、建房、治病而进行储蓄的动机）强烈，这在前面的借贷动机分析中也可以间接看出。

尽管上述各个时期农户的边际储蓄倾向有比较明显的差异，但对农户人均储蓄与农户人均纯收入的回归分析和统计检验表明：二者之间仍然存在线性相关。图2-4反映了这二者的线性拟合状况。

[①] 贵州省统计局，国家统计局贵州调查总队.2008~2011.领导干部手册.贵阳：贵州省统计局，国家统计局贵州调查总队编印（内部资料）.

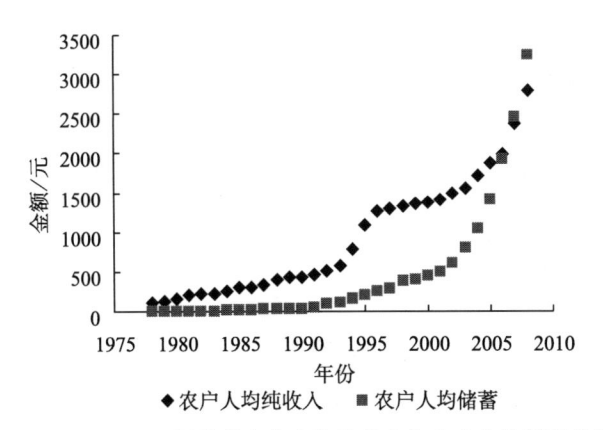

图 2-3 1978~2008 年贵州农户人均纯收入与农户人均储蓄的推移

资料来源：贵州省统计局，国家统计局贵州调查总队.2009.贵州六十年 1949—2009.北京：中国统计出版社；贵州省统计局，国家统计局贵州调查总队.2010~2011.贵州统计年鉴.北京：中国统计出版社

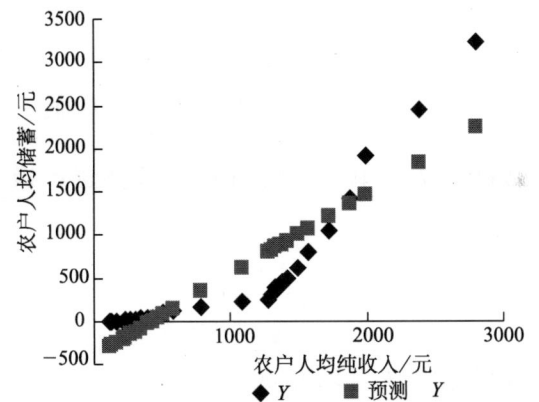

图 2-4 1978~2008 年贵州农户的人均储蓄与人均纯收入的线性拟合

资料来源：同图 2-3

其回归方程：$Y = -406.83 + 0.94X$

（-3.79）（10.36）

$R = 0.8874$ $R^2 = 0.7874$ $F = 107.41$ （ ）内为 t 值

1978~1990 年与 1990 年至今的农户收入水平、支出结构和储蓄倾向的差异较大，我们仅对 1990~2008 年的农户人均储蓄与农户人均纯收入进行回归分析，可以发现这两者的线性相关更为密切（相关系数 R 更接近1），也可以说两者之间有较为稳定的函数关系。其线性拟合状况、回归方程和分析结果如图 2-5

所示。

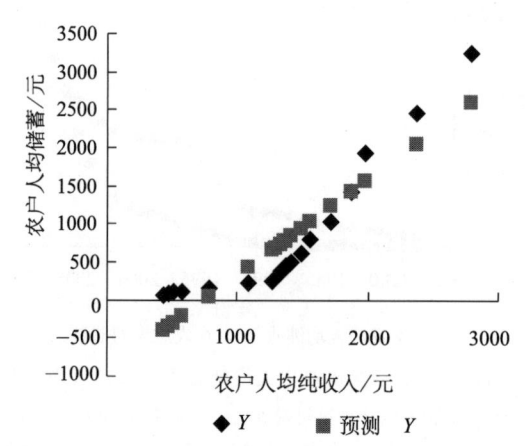

图 2-5 1990～2008 年贵州农户的人均储蓄与人均纯收入的线性拟合

资料来源：同图 2-3

其回归方程：$Y=-935.73+1.27X$

$\qquad\qquad\quad(-4.55)\quad(9.00)$

$R=0.9092\quad R^2=0.8266\quad F=81.45\quad (\ )$ 内为 t 值

三、农户金融资产结构单一、证券和保险类资产极少

贵州山区农户的金融资产主要是储蓄存款，证券投资和保险类资产极少。以 10 个固定观察村 800 户 2010 年的情况为例：在统计数据所能反映的所有金融资产中，手持现金占比为 36.80%，金融机构存款占比为 61.67%，借出款占比为 0.74%，证券投资（仅有债券 3000 元）占比仅为五万分之一，保险类资产（按当年保险支出计）占比为 0.76%；农户年末存款余额分别相当于其家庭全年总收入、经营性收入和现金收入的 38.65%、65.78% 和 106.59%（上一年分别为 25.35%、40.13% 和 67.20%）[1]。以上情况表明，存款近年来增长的确很快，而且对农户的生活、生产的稳定与调剂都很重要。再以对全省农户抽样调查的数据为例：2009 年，农户借贷性现金支出占全部现金支出的 11.63%，而借贷性现金支出中存入金融机构（即转为存款资产）的占 52.84%，借给他人的占 3.41%，归还私人借款占 3.75%，归还金融机构借款的占 12.97%；同年，农户

---

[1] 贵州省农业委员会.2011.农村经济社会调查.贵阳：贵州省农业委员会编印（内部资料）.

现金收入中借贷性收入占 12.48%，而借贷性收入中，从银行取出存款占 22.10%，收回借款及投资占 7.05%[1]。

由于近年来国家推进农村养老保险和医疗保险改革，贵州山区农村的保险确有较快发展。以 10 个固定观察村农户保险支出年平均增长率来看：2005~2007 年达到 15.1%，2007~2010 年达到 25.8%[2]。但也正如上述，全部保险类资产在农户金融资产中所占比重还很低，不到 1%。而 2000 年，美、英、德、日家庭金融资产中的保险、养老金份额分别为 31.6%、50.3%、26.4%、27.0%[3]。就保险密度（人均保费收入）和保险深度（保费收入/国内生产总值）来比较，2009 年 10 个固定观察村仅分别为 25 元和 0.36%，全省分别为 251 元和 2.40%，全国分别为 733 元和 2.80%；同年，10 个村农户保险支出中，农业保险仅占 0.3%，养老保险占 15.0%，医疗保险占 77.8%（其中新型农村合作医疗保险占 72.8%），财产等其他保险占 6.9%。再看保险支出的回报，2009 年，10 个村农户保险年金收入为当年养老保险支出的 10.39%，医疗报销收入为当年医疗保险支出的 1.1 倍，农业保险赔偿为当年农业保费支出的 4.7 倍。可见，贵州山区农户客观上非常需要保险服务，而且此类支出带来的回报也是显著的，但此类资产及相应的服务还很有限。

由于养老保险和新型农村合作医疗的缴费水平较低，农户相对来说有承受能力，而且国家补助也比较容易解决，所以推广迅速，参保率相当高。但是，农业保险的推广和制度建设却面临较大困难（这个问题将在第四章和第五章进行讨论）。

四、农业保险的供需矛盾及历史回顾

第一，农业保险风险大、成因复杂，导致较高的赔付率和经营成本，即使保险机构相应要求有较高的收费水平，但也经常出现亏损，难以持续赢利，从而严重打击其经营农业保险的积极性。据 2006 年的测算，过去 20 年，贵州商业性农业保险的简单赔付率为 106%，营业费用率达 20% 以上，基本上处于亏损状

---

[1] 贵州省统计局，国家统计局贵州调查总队.2010.贵州统计年鉴.北京：中国统计出版社.
[2] 贵州省农业厅办公室.2005~2009.农村经济社会调查.贵阳：贵州省农业厅办公室编印（内部资料）；贵州省农业委员会.2010~2011.农村经济社会调查.贵阳：贵州省农业委员会编印（内部资料）.
[3] 黄达.2003.金融学.北京：中国人民大学出版社：405.

态①。第二，农户自身的收入水平很低，难以承受商业性保险的要求，所以其有支付能力的需求很低。第三，农业保险具有准公共产品性质和外部性，一方面"大数法则"要求有广阔的覆盖面才能实现保险、再保险体系对风险的分散、转移，这使得私人和一般企业不容易涉足农业保险领域，另一方面，私人或企业也害怕别人"搭便车"，从而不太愿意投资于该领域。但我国至今尚未建立起全国性的农业再保险体系，而农业出现大面积系统性风险的情况较多。以上原因使得农业保险长期以来难以依靠市场机制和商业化经营独立发展起来。而美国、日本、欧洲等主要市场经济国家（地区）的实践也都充分证明，必须建立政策性农业保险体系并带动和促进商业性农业保险的发展，才能有效抵御农业风险，而且国家层面的再保险体系的建立是有必要的。第四，各国实践还表明，政策性农业保险也应该和可能与市场化经营配合，并与农业灾害援助、农业补贴等的功能严格区分、配合使用、相互促进，而我国对于这些政策配合的研究还有待深入。第五，美国、日本等国的实践还表明，农业保险需要一定程度的强制性，从而有利于保证用大数法则转移和分担风险所要求的客户数量，实现保本经营所需要的规模，降低经营成本和保险费率。但至今为止，农业保险主管部门往往还是强调自愿投保原则。

以上情况也表明，在贫困山区这样的地域，农业保险发展难度更大，更需要建立政策性农业保险体系和实施有关政策。但就贵州省的历史情况来看，根据有关研究报告提供的情况和数据：1950～1958年，主要针对大牲畜开办商业性保险，累计保费收入仅占全省保费收入的6.9%，赔付率为92.0%，加上经营费用处于亏损状态，其品种单一、规模太小、经营艰难的状况由此可见一斑；1959～1984年，全国保险公司所有对内保险业务均停办；改革开放以后，尤其在1985～1993年，开办了大牲畜、烤烟、森林、水稻、油菜、房屋等险种，农业保险品种增加、发展势头较好；但在1994年以后，农业保险又因为经营风险集中、亏损严重进入萎缩时期；1992～1993年的保费收入曾一度超过1500万元，2004年已下降到94万元，占全省保费收入的比重仅0.03%②。2007年后，国家财政开始对农业保险给予补贴，并选择6个省（区）开展试点，这对贵州农业保险发展有新的促进。

---

① 参见贵州省政府发展研究中心提供的《贵州省政策性农业保险试点实施方案送审稿》及其起草说明。
② 贵州农村金融服务研究课题组.2010.贵州加强农村金融服务研究（贵州社科规划办招标课题研究报告）.

第四节　农村金融机构的业务状况与活动特点

一、贷款的支农作用及与财政支出的比较

首先，我们来看正规金融机构的农业贷款与农户人均纯收入之间的关系。如图 2-6 所示，1978～2008 年（即改革开放 31 年）正规金融机构的农业贷款对农民增收及"三农"发展的作用还是很显著的、不可缺少和难以替代的。

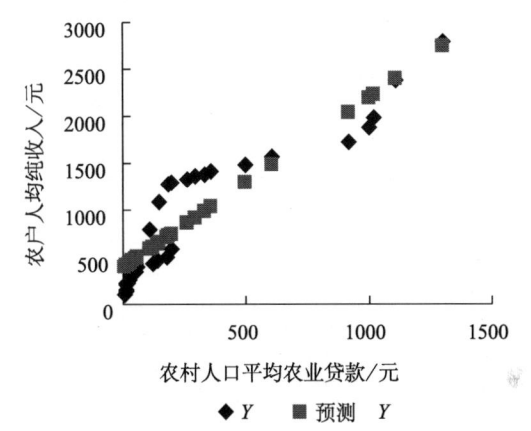

图 2-6　1978～2008 年贵州农村人口平均农业贷款与农户人均纯收入的线性拟合

资料来源：同图 2-3

其回归方程式：$Y=387.05+1.81X$
　　　　　　　　(5.74)　(12.77)

$R=0.9214$　$R^2=0.8490$　$F=162.78$　（　）内为 t 值

相关系数 $R=0.9214$，且 F、t 等均通过统计检验，足以证明两者之间线性相关密切，表明增加农业贷款对于农户增收具有重要意义。

不过，仅用以上方程对农户收入增长进行解释还过于简单，因为影响农户收入增长的投入还来自财政、农户和涉农企业（后两者难以获取统计资料）等。为此，我们进一步分析比较贵州省财政信贷对农业投入与农村固定资本形成（一定程度体现农业技术进步和现代化程度，这里用农村固定资产投资代替）和农林牧渔总产值之间的关系。表 2-7 中提供了 1981～2009 年的有关数据。

表 2-7 贵州省 1981~2009 年间农业投入与产出的主要数据（单位：亿元）

年份	农业贷款	财政支农支出	农村固定资产投资	农林牧渔总产值
1981	3.0	2.18	2.73	41.93
1982	3.2	1.95	3.54	51.49
1983	3.8	1.99	4.71	52.66
1984	5.8	2.42	7.19	63.09
1985	6.5	2.25	10.57	70.24
1986	8.6	2.92	10.26	79.34
1987	11.1	3.45	14.22	92.95
1988	13.3	3.90	9.80	123.39
1989	10.8	5.52	9.86	133.69
1990	17.2	5.34	13.06	145.53
1991	20.6	6.39	13.80	165.34
1992	26.5	6.53	16.95	176.73
1993	30.4	7.45	21.90	201.40
1994	17.0	8.10	34.05	277.13
1995	23.2	9.43	42.18	344.85
1996	27.6	10.76	50.80	388.29
1997	29.9	11.83	61.50	417.54
1998	40.6	12.19	70.80	402.32
1999	46.9	13.59	69.14	407.12
2000	52.3	16.04	70.27	412.97
2001	65.3	19.99	72.96	418.61
2002	90.4	27.98	77.12	431.39
2003	105.3	24.67	80.20	466.72
2004	140.9	52.32	85.00	524.64
2005	179.1	53.29	118.92	571.84
2006	183.3	61.55	144.63	601.54
2007	202.4	87.53	199.67	697.01
2008	236.6	121.71	255.11	843.80
2009	306.9	204.13	357.29	875.20

资料来源：贵州省统计局，国家统计局贵州调查总队．贵州六十年 1949~2009．北京：中国统计出版社；贵州省统计局，国家统计局贵州调查总队．2010．贵州统计年鉴．北京：中国统计出版社

我们比较各个年度财政、信贷的投入金额，可以看出农业贷款每年都远大于财政支农支出，但也正如前述，两者的使用方向不同、作用机制不同，而且加总后也远未能满足"三农"发展的需要。接下来，我们以 1981~2009 年的农业贷款和财政支农支出对农村固定资产投资进行二元回归分析，得到如下结果：

二元回归方程式：$Y = 11.02 + 0.34X_1 + 1.23X_2$

　　　　　　　(2.64)　(2.94)　(5.80)

$R = 0.9815$　$R^2 = 0.9633$　$F = 342.32$　（　　）内为 t 值

复相关系数很接近 1，F、t 通过统计检验，说明农业贷款、财政支农支出

与农村固定资产投资的相关性密切，它们分别与农村固定资产投资之间的线性拟合状况参见图 2-7 和图 2-8。

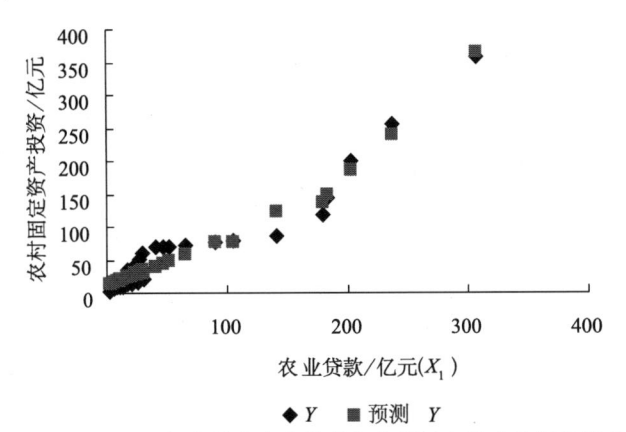

图 2-7　1981～2009 年贵州省农业贷款与农村固定资产投资的线性拟合

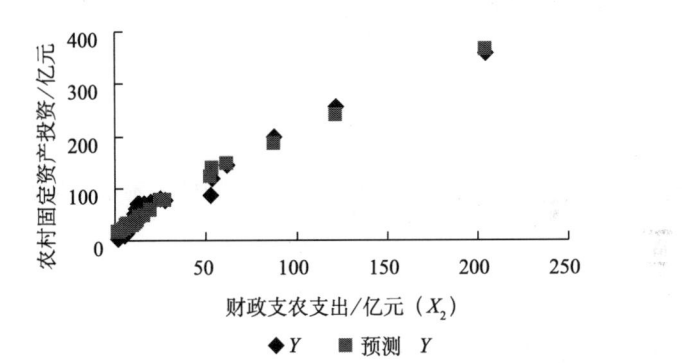

图 2-8　1981～2009 年贵州省财政支农支出与农村固定资产投资的线性拟合

然而，以同期的农业贷款和财政支农支出对农林牧渔总产值进行二元回归分析，农业贷款与农林牧渔总产值之间的相关性能通过统计检验，但财政支农支出与农林牧渔总产值之间的相关性则不能通过 t 检验。形成这种结果的原因尚难解释清楚。从客观历史过程看，改革开放以来，财政对农业支出中与农业生产直接相关的支出比重较低。据有关资料介绍，2001～2005 年，中央财政对农业基础设施的投入有 70% 集中于水利、林业和生态建设等，但用于农业综合生产能力建设的只占 11%[①]。贵州财政依靠中央转移支付，自身对农业支出扩展的

---

① 仇坤，王军辉，蔡武红．2008．农业产业化与金融服务创新．北京：中国金融出版社：103．

余地不大。然而,尽管财政支持力度有限,作用机制比较复杂,与生产直接联系不多,但其作用一般来说是存在的。因此,不能仅凭一定条件限制下的、形式化的统计分析结果来简单否定财政支农支出的作用。

如果用财政支农支出、农业贷款、农村固定资产投资分别对农林牧渔总产值进行一元回归分析,结果能够证明这三个变量对农林牧渔总产值都存在线性相关。这三个变量分别与农林牧渔总产值的线性拟合图、一元回归方程式和统计检验结果如图 2-9、图 2-10、图 2-11 所示。

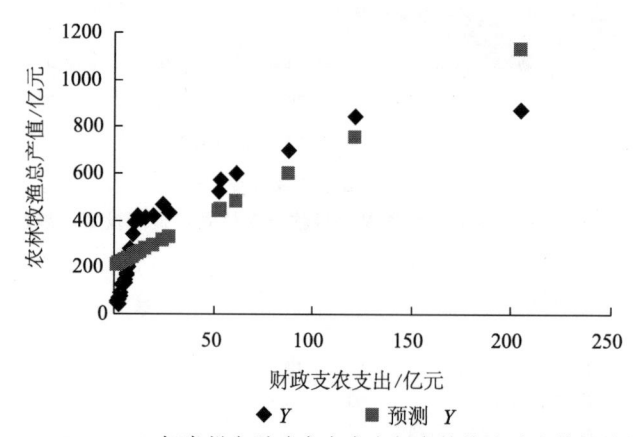

图 2-9 1981~2009 年贵州省财政支农支出与农林牧渔总产值的线性拟合

一元回归方程式:$Y = 203.62 + 4.54X$
　　　　　　　　　(7.01)　(8.03)
$R = 0.8376$　$R^2 = 0.0769$　$F = 64.52$　(　)内为 t 值

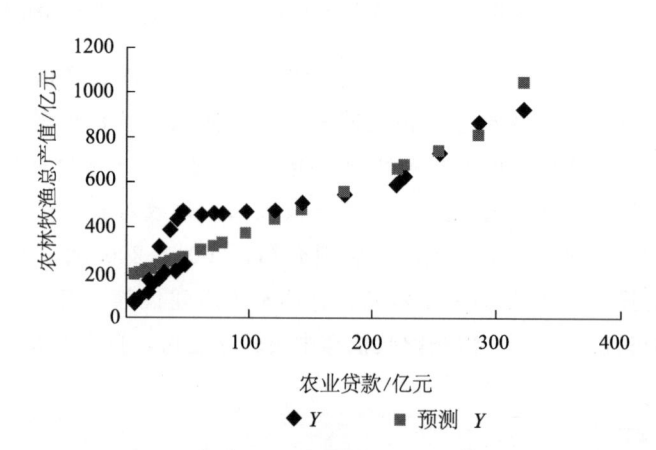

图 2-10 1981~2009 年贵州省农业贷款与农林牧渔总产值的线性拟合

一元回归方程式：$Y = 149.33 + 2.70X$
$\qquad\quad\;\;(6.10)\quad\;\;(12.00)$

$R = 0.9177\quad R^2 = 0.8422\quad F = 144.07\quad (\quad)$ 内为 t 值

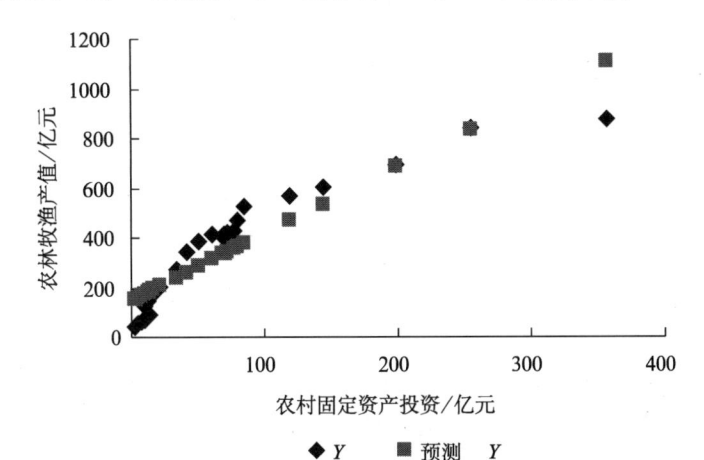

图 2-11　1981～2009 年贵州省农村固定资产投资与农林牧渔总产值的线性拟合

一元回归方程式：$Y = 148.35 + 2.69X$
$\qquad\quad\;\;(6.53)\quad\;\;(12.39)$

$R = 0.9222\quad R^2 = 0.8505\quad F = 153.55\quad (\quad)$ 内为 t 值

以上分析，尽管仍然是相对简单的、形式化的，缺乏对过程和作用机制的更为具体和更为辩证的分析，但也足以说明贷款对"三农"发展的重要性。

二、合作金融是信贷供给主力，其他机构和民间借贷各有特点

就贵州涉农贷款总额中各类金融机构的份额来看，截至 2010 年年末，全省涉农贷款余额 2088.08 亿元，其中：农村信用社 762.89 亿元、占 36.54%（占其贷款总额的 77%），国有控股商业银行 820.99 亿元、占 39.32%，政策性银行 418.53 亿元、占 20.04%，村镇银行 0.9 亿元、占 0.04%，其他金融机构（包括中小股份制商业银行）84.77 亿元、占 4.06%；就全国涉农贷款总额中各类金融机构的份额来看，截至 2007 年年末，农村合作金融机构占 34.1%，农业银行占 26.8%，其他国有控股商业银行占 9.0%，政策性银行占 21.0%，其他金融机构占 9.1%[①]。

[①] 贵州省农村信用联社.2011.改革与发展工作图表报告 2003～2010.贵阳：贵州省农村信用联社编印（内部资料）；中国人民银行农村金融服务研究小组.2008.农村金融服务报告.北京：中国金融出版社：11.

可见，在贵州与全国两个层次上比较，各类金融机构在涉农贷款中的市场份额差异并不非常显著。两个层次的数据都说明，农村信用社在农村信贷供给中发挥着主力军作用，但农业银行等国有商业银行和政策性银行的作用也不可忽视。

农村信用社的涉农贷款主要是短期性的，货币周转和季节性特征显著，而且主要针对农户。据贵州省农村信用联社公开的数据，2010年全省涉农贷款中农村合作金融机构提供的份额占96%（这个数据应该是指短期涉农贷款）[1]。由于2010年的数据不全，难以对此进行核准，但据贵州省金融机构和贵州省农村合作金融机构的报表数据，2007年末，贵州省农村信用社的短期农业贷款占全省金融机构短期农业贷款的90%（加上农村合作银行的占95.6%）；贵州省农村信用社的农户贷款户数占全省的80.2%，而全国农村合作金融的农户贷款户数占全国的80.94%。

农业银行在20世纪末到21世纪初大势从农村乡镇以下撤离，然而2006年以后对农村市场的开发却有了新的突破。例如，据贵州省分行办公室负责人介绍，2006～2008年，该分行每年投放的涉农贷款均在50亿元以上，增量占比均超过50%，2009年前10个月，累计发放涉农贷款136.8亿元，涉农贷款余额达到了374.5亿元，占省分行贷款的58.5%，其中对涉农中小企业的贷款笔数超过了650家[2]。农行与农村合作金融机构相比较，其贷款特点是较多地提供项目贷款，额度较大、期限较长。不过，2011年以来，农行又积极创新农户贷款管理模式，提升农户金融服务水平，以探索出具有自身特色的大型商业银行管好农户贷款、做好强农惠农富农金融服务的新路子。而农业发展银行省分行，2011年投放用于粮油收购、移库调入、收储等的贷款共39.78亿元，支持水利、土地开发整理等农业农村基础设施建设中长期贷款共81.86亿元[3]。

实际上，农业银行等全国性大银行的资产负债比例可在全国范围统筹控制，其县支行的资产负债比例管理不在当地管辖范围，可超越地域性局限，诸如存贷比例控制、最大1～n家企业贷款额度占资本金的比例控制等，而且其资本充足率的约束也是在全国范围来实现的，对县支行不一定起约束作用，因此农业银行等全国性银行在金额大、周期长的项目融资上有比地方性金融机构有利、

---

[1] 刘乃云.2011.让农民享受均等化的金融服务.中国农村金融，(16)：8-10.
[2] 王新伟.2009.农行贵州省分行：助推"三农"产业化发展成效显著.http://district.ce.cn/zg/200911/23/t20091123_20486354.shtml [2010-01-04].
[3] 步芝梅.2012.农发行贵州分行放贷120亿助推"三农".http://news.gog.com.cn/system/2012/02/20/011347090.shtml [2010-02-24].

灵活的诸种便利。同时，全国性大银行可以利用其地域覆盖宽广和通用性特点，更为机动灵活地融通巨额资金和方便速效地提供汇兑、结算服务。这样，它们在与农村合作金融机构争夺大客户或优良客户时就具有了种种便利，其对信贷风险的分散性操作，也有比地方性机构更广阔的空间。总之，农业银行和农业发展银行在支持农业产业化重大项目的实施、农村基础设施建设、农村城镇化等方面能够发挥更大的优势。

至于其他涉农金融机构，与上述金融机构比较，它们提供涉农贷款的实际规模尚小，影响力还很弱。以贵州为例，大致情况如下：截至2010年，农村有新型金融机构8个、法人6家（其中村镇银行4家，分别是毕节发展、龙里国丰、平坝鼎立和花溪建设），从业人员180人，资产总额7亿元，法人平均资产仅1.16亿元；截至2010年，邮政储蓄银行在省内有692个营业网点，估计80%的网点面向农村，主要信贷业务是存单质押小额贷款及委托贷款，有少量联保或担保小额农户贷款（称为农村网点无抵押贷款）和农户小额信用贷款，资产总额370亿元；截至2011年6月30日，全省有小额贷款公司131家，从业人员1330人，实收资本39.22（平均仅0.27）亿元，贷款总额37.56（平均仅0.26）亿元，贷款主要面对个体工商户、中小企业，贷款分布主要在第二、第三产业，涉及"三农"的贷款仅有二三成[1]。

另外，民间借贷的供需在贵州农村占据了半壁河山，从供给方面看，民间借贷有正规金融不一定具备的以下优势。

第一，机动灵活性。民间借贷没有计划控制、审批程序，大额固定资产投资少，机动灵活性高，可及时解决资金需求者生产、生活的燃眉之急。民间借贷"短、频、快"的特点很突出，这是一般金融机构所难替代的。

第二，地缘性的信息优势和交易成本优势。由于处在一个小的地域范围内，放贷人对借款人的经济情况和地缘、人脉及亲缘等关系相当清楚，借贷人对放贷人的实力和为人也相当清楚。所以借贷关系的当事人容易获取交易所需信息，信息对称度相对高。而正规金融不太容易深入乡镇、村寨，故缺少这种信息优势，或为此必须花费很大成本。而且，民间借贷可利用其手续简便、不需远足的便利，免除正规金融机构运作中较高的工资、场地等固定成本，从而在特定地域

---

[1] 中国人民银行贵阳市中心支行货币政策分析小组.2010.2010年贵州金融运行报告.http://www.pbc.gov.cn［2011-11-14］；笔者对贵州省金融监管部门的访谈；中国人民银行.2011.小额贷款公司数据统计.http://www.ce.cn［2012-03-10］.

大大节约交易成本。因此,民间借贷具有浓厚的地缘特性,一般都在相互熟悉的人群中发生,与当地的生产经营或当地人的生活有关。

第三,特有的风险对抗机制。由于民间借贷是在一个小的地域范围和社会群体内发生和运行,自然容易在这个范围形成社会抵押机制。人们长期固守在一起、朝夕相处,有着特定的地缘、人脉、亲缘关系和社会、文化因素,以及特有的村寨社会的聚合力或排斥力。民间借贷以互助为基础,其物质交流与精神、情感的交流结合在一起,它的背景是传统的礼仪、诚信、伦理,还有家族、宗法及宗教的行为规范与秩序。在这样的人群里,诚信关系和身份承诺是极为重要的,甚至是立命之本,违约人会受到社会群体的排斥,这实际上构成了相当大的约束机制,这就是学者们所称的社会抵押机制或隐性抵押机制。

第四,农村资金的稀缺性导致不少农业项目有较高的资金边际效用(或边际产出率、边际收益率),这正是农户接受较高利率水平的客观基础。不过,农民对利息的承担也往往是以牺牲其劳动的货币报酬为代价的。例如,2006年贵州息烽县的一些农户抢抓市场机遇,依靠月息20‰的民间借贷解决缺乏资金的燃眉之急,用于发展河流网箱养鱼,结果当年归还借款,生产经营进入正常轨道。据国家统计局《中国农村统计年鉴2008》全国成本调查的数据,全国淡水鱼农户精养的成本利润率为32.48%,即月收益率可达27‰。而据贵州省农业厅《农村社会经济调查2006》中农村固定观察点的数据,2006年淡水水产的成本利润率可达74%,即月收益率可达60‰。当然,由于市场供求关系和价格的变化,最近淡水养鱼的价格和收益率已经大幅度下降。

所以,正视民间借贷在贫困山区农村的广泛存在、合理利用与引导其健康发展,是我们在贫困山区实施金融政策,进行正规金融制度建设和开展金融创新的不可忽视的一个侧面。它们与正规金融的农户贷款相结合,在满足农户层次、微小企业层次生产与生活消费的金融需求方面,已经相当好地、互补性地发挥了作用。但是,对于解决贫困山区区域综合发展的开发性、投资性的长期大额资金缺乏的问题,民间借贷乃至合作金融都有较大的局限性。

三、合作金融机构的地域性与县际分割、县际竞争

为研究贫困山区农村合作金融机构与县域经济的关系,我们采用贵州各县的生产总值、城乡储蓄存款和常住人口对各县农村合作金融机构存款进行三元回归分析,我们知道,农村合作金融机构实际上也属于存款性金融中介机构,所以存款是其业务的基础,而上面三个变量样本可以看做影响存款的重

要变量，如果回归分析的拟合效果较好，说明合作金融与所在县的地域关系密切，相应地，其业务与县际分割和县际竞争会形成相互促进与相互制约的关系。

样本数据来自贵州80个一般县域。全省实有88个县（区、市），但省会城市贵阳的云岩、南明、白云、小河、乌当、花溪6个县级城区和遵义市的县级城区汇川因城乡一体化程度与一般县域差距较大，所以没有选为样本。另有水城县因为资料不全也未取选。考虑自变量对因变量的作用有一定时滞，所以，因变量用的是农村合作金融机构2010年的余额，生产总值和城乡储蓄存款这两个自变量用的是2009年的数据（其中，农村合作金融机构存款数据来其2010年业务状况报表，各县的生产总值和城乡储蓄存款数据来自《贵州统计年鉴2010》）。但是，由于各县2009年的人口数据在近几年的《贵州统计年鉴》中没有详细反映，所以人口数据采用了贵州省统计局编《领导干部手册2008》中所载的2007年各县人口数据来近似替代（相对于生产总值和储蓄存款，这个变量的年度变化微小，可近似替代）。分析结果如下：

三元回归方程：$Y = 38564.27 + 0.12X_1 + 0.09X_2 + 1024.00X_3$
(5.02)　　(5.65)　　(3.36)　　(4.87)

$R = 0.9242$　$R_2 = 0.8539$　$F = 148.10$　（　）中为 t 值

可见，该回归模型的拟合效果较好，复相关系数接近1，F 检验和 t 检验均通过。图 2-12～图 2-14 分别反映了各县生产总值、城乡储蓄、常住人口与农村合作金融机构存款余额（图中简称农合存款）的线性拟合状况。

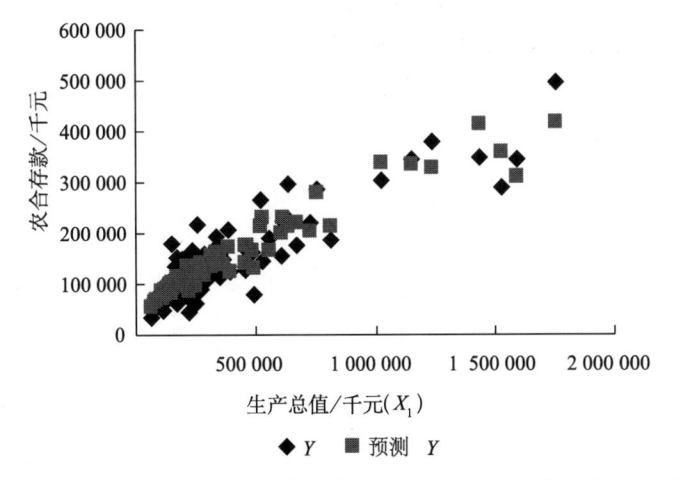

图 2-12　贵州 80 个县域农村合作金融机构存款余额（2010）与生产总值（2009）的线性拟合

以上分析说明，作为农村合作金融机构业务基础的存款业务是以县域经济社会基本情况为背景的，从而必然与县域分割和县际竞争形成相互关联、相互影响。县域经济的相对独立性也体现在各县政府及相关部门对农村合作金融组织的直接支持和引导、协调、提供经济信息等方面。

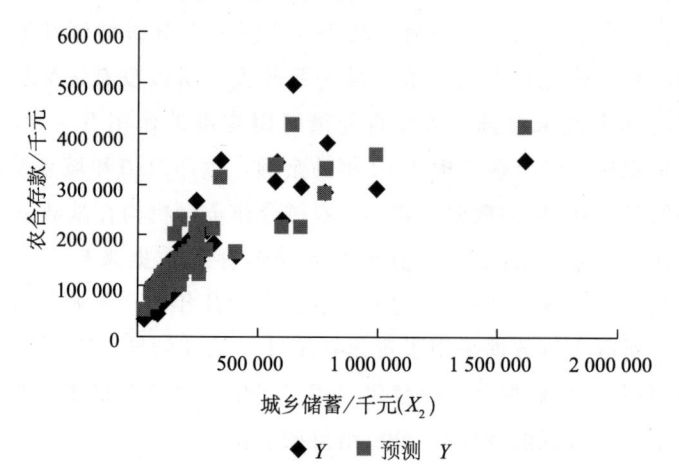

◆ Y ■ 预测 Y

图 2-13 贵州 80 个县域农村合作金融机构存款余额（2010）与城乡储蓄（2009）的线性拟合

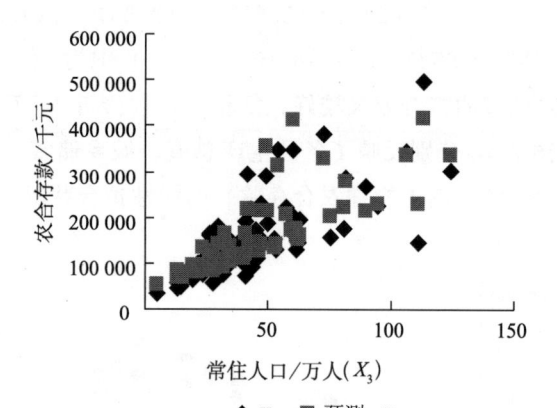

◆ Y ■ 预测 Y

图 2-14 贵州 80 个县域农村合作金融机构存款余额（2010）与常住人口（2007）的线性拟合

其实，发达市场经济国家的合作组织一般也是按属地原则而设置的。农户加盟本地域合作金融组织，既适应了法律、行政管理的属地要求和所在地域的债权债务关系及连带性，也便于建立地域的征信体系。我国 2003 年实施农村信用社改革试点、确立地方政府负责管理的体制，正是尊重地方特殊性和属地原则的表现。一般来说，各县的农户、企业、机关、城镇居民都在当地开户。尤其是推行"惠农一卡通"业务、帮助落实财政支农补贴支付的贵州等省，几乎所有农户都在当地农村合作金融机构开户。农村合作金融机构作为县域社区性组织，各种业务必然依托本县，其规模、效益等必然与本县经济社会发展密切相关。

前几年，农村合作金融机构按县统一法人的试点几乎都是在各县政府及有关部门支持下实施的，许多政策优惠出自县级政府，业务拓展也在很大程度上依靠县政府及有关部门推动。目前，各县金融机构对存款的争夺很激烈，农村合作金融机构实际上难以跨县组织存款。即使是同一金融产品、同一金融服务，也只能适用于各操办主体所在的县域。今后，各县经济社会发展条件和实际水平仍然存在短期难以改变的差异，而财政预算及税收体制又维持和促进县域经济利益和经济政策的相对独立性。另外，因为县域差异的大小实际上构成了县域利益协调的难度，县域经济发展不平衡也继续对农村合作金融机构跨县组合形成障碍。

还应该注意，即使是市场经济国家，也非常强调农村合作金融组织所具有的一定程度的"公益性法人"性质及相应的公共管理职能，地方政府不仅要对农村合作金融机构进行指导、监督和提供协调、教育及信息服务，还要通过农村合作金融机构贯彻落实惠农政策。因此从某种意义上讲，农村合作金融机构成了执行政府农业政策的末端组织，或称为"政策的承办机构"。目前，我国的农村合作金融机构由于承办各级政府对农户的各种补贴、承办扶贫到户贴息贷款、发放支农再贷款、免费对乡以下政府组织、公共机构、事业单位提供支付与汇兑服务等，也可以看做其"公益性法人"性质某种程度的体现。同时，这些业务也巩固了它们在县域的市场地位。其实，这也正是农村合作金融地缘特性和专业分工的体现。

地缘因素、县际分割和农村合作金融机构的特殊法人性质促进了农村金融机构信贷产品与其他金融机构产品的差异化。它们长期服务于某一地方、某一特殊客服群体，必然比别人更熟悉这一地方、这一群体，尤其是熟悉当地的人脉、家族、宗法、亲情等关系。从而在信息对称度、细分产品开发、降低交易费用等方面取得相对优势，也便于利用当地社区历史文化背景下的特殊社会抵押机制，有利于债权债务关系的维护与清算[①]。正如央行《中国农村金融服务报告 2008》所述：大型商业银行在农村地区提供金融服务不具备比较优势，其业务活动往往无法适应小农经济，也无法解决因严重的信息不对称而带来的高风险和巨额成本等问题。相对来说，贴近农户、符合农村基本需要的"小法人"

---

① 社会抵押机制指借款人因为不愿意轻易丢失作为立命之本的诚信、亲情、友情，以及受到一定宗法、家族、帮会、宗教组织关系的制约等而形成的还款约束。

更适合服务当地。坚持农村信用社县（市）法人地位的长期稳定，有利于农村信用社健康可持续发展，有利于发展适度竞争的农村金融市场，有利于改善县域和农村金融服务[①]。

地缘因素、特殊法人性质、特殊服务对象实际上也给农村合作金融机构带来了与全国性大银行分割资源、分割市场的相对优势。产业组织学中的资源分割理论认为，许多组织种群最终会分割为双市场结构，即数量较少的大型通用型企业和为数众多的小型专业化组织共存于同一资源空间，前者占据着高度集中的市场中心，后者则集中在组织密度加深的边缘区域[②]。而我们认为，金融组织的通用化有三个特征，其一是广义的存款性金融机构的特征，其二是有着广域的汇兑、结算、代理、委托等中间业务，其三是具备很大的业务覆盖地域和众多的分支机构。显然，全国性商业银行是典型的通用化组织，其次是区域性商业银行，但它们往往难以深入边缘地域的市场，而农村合作金融机构及农村新型金融组织则发挥了"小而专"和地缘适应性的优势，在边缘化的县域、尤其是乡村生存和发展，做全国性大银行所不能做、或难以做的事，创造了自己的生存发展空间。

四、交易频繁而金融零碎、基层网点运行困难、资金外流严重

贫困山区农村金融机构存在交易频繁而金融零碎、基层网点运行困难等特点，这与当地经济发展水平低和农村、农户金融需求状况是相关联的。我们对表 2-8 所列的西部八个省（区）及东部江苏、中部江西的农村合作金融机构、新型农村金融机构、邮政储蓄银行的网点设置、空间分布、从业人员、资产等状况的比较分析，进一步证明了这些看法。

表 2-8　2010 年 10 省（区）农村金融机构的网点设置、空间分布、从业人员、资产状况

	项目	贵州	四川	云南	宁夏	青海
农村合作金融机构	机构网点/个	2 016	5 635	2 302	371	337
	从业人员/人	19 510	59 464	19 933	5 134	2 209
	资产总额/亿元	1 717	5 100	3 073	541	337
	法人机构/个	89	521	133	20	31
新型农村金融机构	机构网点/个	8	45	17	4	3
	从业人员/人	100	452	216	159	41
	资产总额/亿元	7	98	27	11	3
	法人机构/个	6	27	8	3	3

---

① 中国人民银行农村金融服务研究小组 . 2008. 中国农村金融服务报告 . 北京：中国金融出版社：34，40.
② 彭壁玉 . 2007. 资源分割与产业组织的演化 . 学术月刊，2：87 - 91.

续表

	项目	贵州	四川	云南	宁夏	青海
邮政储蓄银行	机构网点/个	692	2 958	825	185	155
	从业人数/人	3 791	19 160	2 334	830	690
	资产总额/亿元	370	2 058	405	97	101
网点平均覆盖乡村人口/人		9 941	6 252	9 596	6 125	6 659
乡村人口平均金融机构资产/元		7 695.7	13 435.2	11 617.5	18 921.3	13 379.9
农村居民人均纯收入/元		3 472	5 087	3 952	4 675	3 863
网点平均覆盖地域面积/平方公里		62.6	55.6	120.9	117.9	1 454.5
网点平均资产规模/万元		7 709.9	8 398.9	11 148.2	11 589.3	8 909.1
法人机构平均资产规模/亿元		18.2	9.5	22.0	24.0	10.0
网点平均从业人员/人		8.7	9.2	7.2	10.9	5.9
从业人员平均资产规模/万元		894.8	917.5	1 582.3	1 059.9	1 500.0
	项目	甘肃	内蒙古	新疆	江苏	江西
农村合作金融机构	机构网点/个	2 007	2 264	1 011	3 071	2 429
	从业人员/人	14 005	29 191	10 690	36 761	21 590
	资产总额/亿元	1 342	2 202	1 342	9 663	2 441
	法人机构/个	147	107	84	69	93
新型农村金融机构	机构网点/个	16	37	5	29	13
	从业人员/人	240	812	121	462	238
	资产总额/亿元	20	19	11	91	25
	法人机构/个	12	37	5	25	12
邮政储蓄银行	机构网点/个	543	402	624	2 401	1 392
	从业人员/人	4 473	4 051	2 334	7 111	9 907
	资产总额/亿元	287	433	433	2 642	1 118
网点平均覆盖乡村人口/人		7 068	4 661	7 696	7 911	6 567
乡村人口平均金融机构资产/元		9 090.3	21 065.0	14 510.0	28 484.6	12 231.3
农村居民人均纯收入/元		3 425	5 530	4 643	9 118	5 789
网点平均覆盖地域面积/平方公里		152.0	407.0	975.6	18.2	39.1
网点平均资产规模/万元		6 425.2	9 818.7	10 890.2	22 535	9 347.9
法人机构平均资产规模/亿元		8.6	15.4	15.2	103.8	23.5
网点平均从业人员/人		7.3	12.6	8.0	8.1	8.3
从业人员平均资产规模/万元		880.8	779.4	1 358.7	2 796.2	1 129.4

资料来源：①金融机构数据来源：中国人民银行货币政策分析小组.2011.2010年中国区域金融运行报告.北京：中国金融出版社；②贵州、宁夏、青海、甘肃、内蒙古、新疆的乡村人口的数据来源是第六次人口普查的结果，云南、江西为2009年地方年度统计公报数据，江苏是第五次人口普查的结果，引自中华人民共和国国家统计局网站；③四川乡村人口数据来源：成都商报记者.2006.四川：城镇化水平进程加快 城镇人口比重达33%.http：//www.china.com.cn/chinese/renkou/1117521.htm［2012-05-16］；④各省国土面积数据来源：国家统计局国民经济综合统计司.2005.新中国五十五年统计资料汇编.北京：中国统计出版社；⑤农村居民人均纯收入数据来源：贵州省统计局，国家统计局贵州调查总队.2011.领导干部手册.贵阳：贵州省统计局编印（内部资料）

在西部8个省（区）中，网点平均覆盖乡村人口以贵州为最多、内蒙古最低，前者是后者的 2.1 倍；但金融机构资产对乡村人口比以贵州为最低、内蒙古则最高，相当于贵州的 2.7 倍；内蒙古的农村居民人均纯收入名列第一，而贵州农村居民人均纯收入仅略高于甘肃，名列倒数第二。前已述及，农村居民人均纯收入是影响和制约农村储蓄的重要因素，因此，贵州山区乡村人口相对稠密而农村居民人均纯收入低的特点导致了其基层金融网点人口覆盖多但平均资产规模小的特点。把东部、中部的省份与西部作比较：在 10 个省（区）中，东部发达地区江苏省网点平均覆盖乡村人口排位也较高，位列第三，但由于其农村居民人均纯收入排位最高，远高于西部省（区），是甘肃的 2.7 倍、内蒙古的 1.7 倍，所以其金融机构资产对乡村人口比的排位居于第一，相当于贵州的 3.7 倍；中部江西网点平均覆盖乡村人口排位第六，其农村居民人均纯收入排位第二，金融机构资产对乡村人口的比排位第四，这种状况也符合上述分析。具体到贵州来说，由于乡镇以下农村经济发展严重滞后且缺乏活力，农民收入水平低，对金融需求和交易规模会形成某种程度的抑制，但又由于人口相对稠密，农户有包括借贷和支付结算、汇兑等的基本金融需求，结果金融交易虽然频繁但单笔交易量却普遍偏小。（为进一步认识这一点，可比较农村金融机构营业网点平均经办农户贷款的笔数，2007 年，贵州农村信用社为 1182 户，广东 321 户为贵州的 27.2%，全国平均 1013 户为贵州的 93.3%；但比较同年的农村信用社农户户均贷款额，贵州为 5254 元，只相当于广东 18 016 元的 29.3%、全国平均水平 14 036 元的 37.4%[①]。）

  关于网点平均资产规模，贵州处在倒数第二。基于以上分析，这个指标似乎主要受网点平均覆盖乡村人口和农村居民人均纯收入的影响。仅就 8 个西部省（区）来比较：①关于网点平均资产规模的差异，最多的新疆比最少的甘肃高出 69.5%，而 8 个省（区）样本数据的"标准差/平均值"为 26.5%；②比较网点平均覆盖乡村人口的差距，最多的贵州比最少的内蒙古高出 113%，而 8 个省（区）样本数据的"标准差/平均值"为 3.4%；③比较农村居民人均纯收入，最多的内蒙古比最少的甘肃高出 61.5%，而 8 个省（区）样本数据的"标准差/平均值"为 16.6%。后两个指标样本数据的"标准差/平均值"都小于第一个指标样本数据的"标准差/平均值"，且三个指标的标准差都小于平均值。而第二个指标的省（区）间的差距最大，但样本数据的"标准差/平均值"却最小。所

[①] 根据中国人民大学"天地人大 BBS"网站提供的数据整理计算。

以，以上结果不否定网点平均覆盖乡村人口和农村居民人均纯收入对网点平均资产规模的影响，但也表明还有其他影响因素存在。

但是，网点平均资产规模与网点平均覆盖地域面积之间似乎没有直接关联。我们看到，网点平均覆盖地域面积最多的青海比最少的四川，竟然相差25.2倍，8个西部省（区）样本数据的"标准差/平均值"高达116.3%，而且，这个比值是网点平均资产规模样本数据的"标准差/平均值"的4.4倍。所以，这个指标显然不能作为解释网点平均资产规模的变量。

关于法人机构平均资产规模，由于四川的合作金融仍然实行县、乡分设法人体制，其法人数比按县统一法人的省（区）高出很多，所以无法全部排序比较。而法人机构除农村信用社一般按县设置、每县有一家外，新型农村金融机构不一定按县规定法人机构数，也无法在各省之间进行量化比较。不过从大体上看，经济发达地区和农民收入水平相对高的省（区），法人机构平均资产规模相对高。

关于网点平均从业人员，除青海（5.9人）、内蒙古（12.6人）的差异较大外，其他均在7.2～10.9人，10个省（区）平均为8.7人。可见这一指标的差异不是特别显著，而贵州正好处在平均水平上。网点人员配置状况应该与一定的人口覆盖、网点技术装备条件下的基本业务要求、网点的盈亏平衡要求及联社的网点统筹管理状况等有关，但是与网点覆盖地域的关联不显著。

关于从业人员平均资产规模，是一般研究人员比较重视的综合性指标，因为它是判断盈亏平衡点、业务发展状况、规模效率及风险化解能力的重要指标。这个指标受经济发达程度、农户收入水平、城乡一体化水平、网点技术装备水平及区位、金融机构管理水平、激励机制、地方管理部门政策导向等的影响。贵州的这个指标排名倒数第三位，仅为江苏的32.0%、新疆的65.9%、云南的56.6%。

金融机构的资产规模最终取决于存款规模。改革试点前，贵州农村信用社县、乡分社法人，有相当部分法人社从业人员平均存款达不到养活自己的规模，规模不经济、潜在风险大、资不抵债等问题很严重。例如，2002年法人社的亏损面达30%以上。改革试点、按县组建联社后，这种情况已有根本性改变。主要表现为，从业人员平均存款规模有大幅度上升，业务成倍地扩张，法人机构均实现赢利，员工效益成倍增长，风险化解能力显著增强。近年来其从业人员平均存款规模的变化参见表2-9。

表 2-9 贵州农村合作金融机构的规模分布及动态比较

从业人员平均存款规模/万元	所在组的法人机构数/个	该组法人占全部法人的比重/%
2007 年		
200～299	12	13.64
300～399	35	39.77
400～499	22	25.00
500～599	7	7.96
600～699	6	6.82
700～999	4	4.54
＞1000	2	2.27
合计	88	100
2010 年		
401～500	3	3.41
501～600	13	14.77
601～700	17	19.32
701～800	24	27.27
801～900	8	9.09
901～1000	10	11.36
1001～1100	3	3.41
1101～1200	4	4.55
1201～1400	3	3.41
1401～1600	2	2.27
1601～1800	1	1.14
合计	88	100

资料来源：相关年份农村合作金融机构业务状况报表

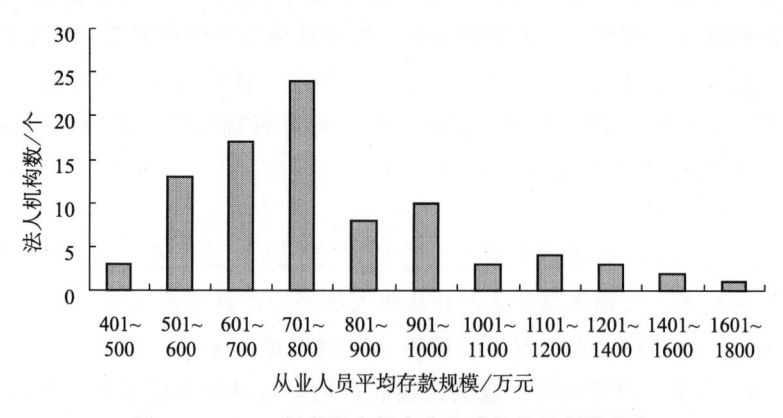

图 2-15 2010 年贵州农村合作金融机构的规模分布

2010 年，农村合作金融机构的存款规模有了很大的提高，从业人员平均存款规模为 500～1000 万元的法人机构占 80％以上，不同存款规模的法人机构大体呈正态分布（图 2-15）。需要注意的是，2010 年人均存款超过 1000 万元的 13 个法人机构中，10 个处在经济相对发达、城乡一体化水平较高的市区或市郊，1 个处在著名的茅台酒生产县，1 个处在工矿业发达的大县，1 个处在毗邻中心城市的主要旅游地和农副产品供应基地的所在县。所以，它们比一般县域的农村合作金融机构优势显著。

还要注意的是，乡村以下的金融网点仍然处在运营艰难的状况。因为越是偏远落后的乡村，金融资源越是稀薄、金融服务品种越是单一、融资量越是零碎，所以单位经营成本偏高，而且一些网点达不到盈亏平衡所要求的经营规模。改革试点按县统一法人后，虽然县联社都实现了赢利，但不少乡以下机构仍需要调剂亏损。由于越是到基层越是难求财务平衡，所以长期以来有不少边远落后乡村缺少金融服务网点。2007~2010 年，为填补乡村金融服务的空白，贵州农村合作金融系统共设置了 323 个便民服务点，有些间歇性网点也仅在赶场天或收付、汇兑业务相对集中时营业。不少员工还要经常背上挎包、"走村串寨"去提供服务，至于边远村寨的农民则往往在赶场天集中到乡镇办理金融业务，有时还得排长队。2010 年，323 个便民服务点共办理业务 147 万笔，平均每笔金额仅 544 元；平均每个网点吸收存款 859 万元，发放贷款 1010 万元，仅分别相当于全省农村信用社网点平均水平的 12.21% 和 20.18%；由于多数达不到保本点，全年累计亏损 7300 万元，每个网点平均亏损 22.6 万元[①]。

贫困山区农村基层金融机构存在的又一个问题是金融机构的资产质量不高、潜在风险较大。笔者曾经对 2006 年贵州省内 5 个地区 30 家农村合作金融机构的贷款担保情况进行调查，得到如下数据：以全部贷款金额为 100%，非抵押、质押贷款占 52.4%（农户贷款 31.9%、农业经济组织 5.1%、农村工商业贷款 5.6%、其他 9.8%）；能够利用大数法则分散风险和依靠农户、村、乡信用评级进行管理的农户小额信用贷款占 17.2%（2010 年全省农村合作金融机构贷款余额中此项贷款占 22.9%）；农户联保贷款仅占 0.8%（由于贵州农户的财产与货币积蓄太少，基层信贷人员普遍认为一个村寨里的联户贷款所起的实质性担保作用有限，违约连带责任处置难以落实）；抵押贷款占 20.4%（农村经济组织 3.5%、工商业贷款 4.8%、其他 12.1%）；质押贷款占 1.6%（农户贷款 0.5%、

---

① 卢波，余文渊 . 2011. 金融下乡　让三农不差钱 . http://gzrb.gog.com.cn/system/2011/01/19/010998278.shtml［2012-01-21］；贵州省农村信用联社 . 2011. 改革与发展工作图表 2003-2010. 贵阳：贵州省农村信用联社编印（内部资料）．

农村经济组织 0.1%、农村工商业贷款 0.2、其他 0.8%)[1]。

国家扶贫开发重点县的农村合作金融机构的资产零碎化、担保乏力、资产结构不理想与资产质量较低方面的问题，则更为突出。这可从对国家扶贫开发重点县之一的 QL 县的金融机构农户贷款状况分析中得到证实。表 2-10 反映了该县农户贷款的总体情况、期限结构及用途，表 2-11 反映了该县农户贷款的分用途户均额度、抵押状况与还款情况。由两表可看到：①2005~2009 年，农户贷款的户均额度虽然从 0.65 万元上升到 1.66 万元，但仍然处在很低的水平。以 2007 年的数据进行比较，全国农村信用社农户户均贷款为 1.4 万元，广东为 1.8 万元，贵州为 0.5 万元，还达不到前两者的 50%，QL 县为 0.9 万元，略高于贵州平均水平[2]。②就贷款期限结构来看，以一年内短期为主，2006 年一年期限的为 60.85%，其余四年，一年期限的都超过了 90%。③就农户贷款的结构（用途）来看，通常至少有 70%~80%是贷给易受自然风险和市场风险影响的种植户和养殖户。以 2008 年为例，农户逾期贷款有 80%左右的原因就是自然灾害。④就担保情况来看，以 2009 年为例，农户贷款中有房产土地抵押、存单质押和信用担保的仅 1.1%，98.9%是信用放款。⑤即使信用放款占了绝大比重，农户贷款还款率还是相当高的，五年中有三年超过 90%，两年在 80%~90%，这主要是因为小额信用贷款的风险对抗机制发挥了作用。⑥享受财政贴息的农户贷款逾期率相当高，据 QL 联社的业内人士解释，这是因为农户认为此种贷款是福利分配，或者认为其还款约束不强，而且此种观念容易在获贷农户间产生相互影响，出现不还款的"羊群效应"。

表 2-10　2005~2009 年 QL 县农户贷款的总体情况、期限结构及用途

分析指标	2005 年	2006 年	2007 年	2008 年	2009 年
获得贷款的农户/户	11 200	12 987	14 012	14 928	16 769
贷款金额合计/万元	7 259	9 042	12 535	17 653	27 763
每户平均贷款额度/万元	0.65	0.70	0.90	1.18	1.66
一年（含一年）期限贷款的比重/%	94.35	60.85	99.90	94.34	90.38
两年（含两年）期限贷款的比重/%	5.65	22.56	0.10	2.44	5.73
三年（含三年）期限贷款的比重/%		16.59		3.22	3.89

---

[1]　数据来自笔者对 TR、ZY、QDN、GY、AS 等五个地区 30 家农村合作金融机构的调查，包括访谈和问卷调查。

[2]　2007 年的数据根据中国人民大学"天地人大 BBS"网提供的数据计算、整理。

续表

分析指标	2005年	2006年	2007年	2008年	2009年
种植业项目获贷的农户比重/%	43.75	48.78	46.33	36.84	36.38
种植业项目贷款额比重/%	42.71	40.48	48.66	37.39	36.30
养殖业项目获贷的农户比重/%	45.54	47.74	49.24	38.18	36.38
养殖业项目贷款额的比重/%	48.84	47.52	47.07	34.56	40.99
交通运输项目获贷的农户比重/%		0.29		0.06	0.11
交通运输项目贷款额的比重/%		1.07		1.19	1.08
商业项目获贷的农户比重/%		1.99	2.21	2.48	2.42
商业项目贷款额的比重/%		6.85	2.55	2.83	3.53
子女上学获贷的农户比重/%	0.45	0.49	0.46	0.52	0.21
子女上学贷款额的比重/%	0.34	0.45	0.24	0.40	0.67
治病获贷的农户比重/%				0.07	0.11
治病贷款额的比重/%				0.06	0.09
建房项目获贷的农户比重/%		0.68		1.01	1.25
建房贷款额的比重/%		3.54		2.83	2.88
其他项目获贷的农户比重/%	10.27		1.66	20.83	15.95
其他项目贷款额的比重/%	10.11		1.42	20.75	14.56

资料来源：QL县农村信用联社会议交流资料；关于开展诚信农民建设情况的调研报告（2010年7月19日）

注：表中农户贷款情况包括该县的农村信用社和农业银行县支行两家

表2-11　2005～2009年QL县农户贷款的分用途户均额度、抵押状况与还款情况

分析指标	2005年	2006年	2007年	2008年	2009年
各种用途的户均贷款					
种植/元	6 327	5 777	9 396	12 000	16 475
养殖/元	6 667	6 931	8 551	1 070	16 257
交通运输/元		25 526	6 667	233 333	157 895
商业/元		23 900	10 323	13 514	24 198
子女上学/元	5 000	6 508	4 615	8 974	3 500
治病/元		26 667	5 000	9 091	13 889
建房/元		36 364		33 333	38 095
其他/元	6 383		7 672	11 778	15 112
贷款担保情况					
户数/户	11 200	12 987	14 012	14 928	16 769
房产土地抵押比重/%					0.15
信用放款户比重/%	100	100	99.64	92.42	98.92
信用担保放款户比重/%			0.36	6.77	0.89
存单质押放款户比重/%				0.81	0.04
逾期未还款率/%	1.79	22.91	6.51	6.28	10.49
逾期原因					
因自然灾害的户数比重/%		5.00		76.23	
因自然灾害的金额比重/%		9.64		85.00	
因病的户数比重/%	10.00	2.69	6.03	1.07	
因病的金额比重/%	32.11	3.86	5.95	0.85	

续表

分析指标	2005 年	2006 年	2007 年	2008 年	2009 年
因子女上学的户数比重/%		2.02	7.46	17.91	
因子女上学的金额比重/%		0.81	4.39	8.52	
不想还款的户数比重/%	5.00	0.34	2.74	1.17	
不想还款的金额比重/%	10.09	1.06	1.95	0.47	
其他户数比重/%	85.00	89.92	83.77	3.73	
其他金额比重/%	54.50	83.12	87.70	5.27	
财政贴息的户数比重/%			81.25	65.89	22.63
财政贴息的金额比重/%			97.93	38.65	31.12

资料来源：同表 2-10

由于贫困山区基本经济状况对农村合作金融机构形成的制约较大，加上其他因素的影响，农村合作金融机构的风险预警是不能忽视的。以 2010 年的贵州为例，截至年末，88 家法人机构中，资本充足率和贷款质量均高于最低监管标准（资本充足率为 8%、不良贷款率为 8%）的有 42 家，占 47.7%；资本充足率高于最低监管标准，但贷款质量低于最低监管标准的有 27 家，占 30.7%；资本充足率低于最低监管标准，但贷款质量高于最低监管标准的有 5 家，占 5.7%；资本充足率和贷款质量均低于最低监管标准的有 14 家，占 15.9%[1]。

在贫困山区，农村金融领域又一个普遍受到重视的问题是资金外流严重。贫困山区农村本来资金极为匮乏，又因为缺乏经济活力而缺少金融交易机会，尤其缺少高效益的交易机会，结果，本来很珍贵的信贷资金却在当地找不到出路，只好外流。资金外流也表现为包括农村信用社、邮政储蓄在内的金融机构出现大量"存差"。以贵州 2011 年 1 月的情况为例，全省农村合作金融机构的存款除了按 20%左右的比例缴存法定存款准备金外，还有 17%左右存放央行及同业，这意味着，加上库存现金，约有 40%的存款资金没有用于当地贷款[2]。2012 年 4 月笔者在贵州省正安县调研时，据县政府办公室人员介绍，近年来该县农村合作金融机构和农业银行、建设银行等每年共吸收存款 30 亿～40 亿元，但该县全部金融机构的贷款余额仅 10 多亿元。如何将自己的金融资源在当地用好用活，对当地政府来说是个难题。而这个难题在贫困山区农村（县域）却是普遍存在的。

---

[1] 贵州省农村信用联社.2011.改革与发展工作图表 2003—2010.贵阳：贵州省农村信用联社编印（内部资料）.

[2] 根据农村合作金融机构 2011 年主要经营指标报表计算、整理。

综上所述，在贵州贫困山区农村，农户的金融交易状况和金融机构的运营状况受到其欠发达、欠开发、贫困面大的区域经济社会状况的影响和制约，也处在发展相对滞后且相对缺乏活力的状态中。农村合作金融机构与民间借贷虽然在满足农户额度较小、期限较短的信贷方面发挥了重要作用，但它们的局限性、地域性和难以过多承担大规模信贷交易的特点也是显著的。而农业银行等商业银行，农业发展银行、国家开发银行等政策性银行目前虽推出了一些新业务，尤其在长期大额融资方面有了新进展，但是，这些都远不能满足贫困山区经济社会综合发展、持续发展的需要。前已述及，贫困山区农村要想取得根本性改变，必须把农户的发展、村寨的发展和特定区域经济社会的总体开发与国家连片扶贫攻坚，以及生态环境的保护与改善结合起来，进行区域性、系统性的综合开发。相应地，也必须在金融政策、金融制度建设和金融创新上取得突破，尤其是在长期大额融资、资本市场利用、衍生市场利用等方面取得突破性进展，才能破除所谓贫困地区资金不足与发展滞后的"恶性循环"，形成金融与经济之间高效率的相互促进与良性循环。

不过，今后农村金融创新及相关制度建设在注重区域或特定地域综合开发的长期限大额度金融交易的同时，也要稳定发展以农村合作金融机构为主的立足满足农户、县域中小企业及个体经济的生产、流通等周转性的短期较小额度的融资业务，保持农村合作金融和微小型农村金融机构立足县域、乡镇的地方社区金融机构特性，并且要继续巩固和改善农村信用环境，从而维护市场结构的竞争性和保证农村基本金融服务的供给。在各类金融机构之间要形成较充分的竞争，不同类型的金融机构也形成自己的核心竞争力和相对优势，从而形成整体的优势互补。基于贫困山区基本经济状况和县际分割、县级竞争对农村合作金融机构、新型农村金融机构业务的制约和资产质量的影响，加上农村合作金融机构自身在开展长期限大额度融资业务上的局限性，以及其主要服务于县域和基层农村的农户及中小企业的定位等，不应该过度要求其在长期限大额度融资上勉强扩展，以免导致其偏离稳定、和谐的发展轨道和风险因素的剧增。

第三章

金融创新与提高贫困山区经济社会综合能力

第一节　金融创新的理论基础

一、金融的基本概念

为了更好地理解什么是金融创新，首先要了解什么是金融，以及金融范畴所包括的内容。流行教科书对金融概念的理解分为广义和狭义两种。广义理解，金融是指：凡既涉及货币，又涉及信用的所有经济关系和交易行为的集合[①]。也可表述为货币流通和信用活动及其相关的经济活动，一般来说保险也在金融范畴之内。而狭义地理解金融仅仅是指货币资金的融通，即信用或借贷活动。其实，在现实经济中，信用和货币流通常常是交融在一起的，因此有必要把两者联系在一起，研究它们的运动规律及其在经济生活中的地位、作用，以及与其他经济范畴的相互影响和制约，而这些正是中国传统金融学教科书中的基本内容。总结过去的理论，金融最基本的功能可归纳为：①将储蓄转化为投资，并提高资源配置效率，促进技术进步、结构调整及社会进步；②通过改变财富在人们生命周期中的配置而扩大消费者选择范围；③金融体系在形成信用中介的同时，构建了一个精巧便利的支付结算体系并形成创造和收缩货币的机制，从而为宏观经济调控提供了重要的基础条件与传递机制；④分散、转移和规避经济金融活动中因不确定性带来的风险。实际上，马克思在《资本论》第三卷中对金融的以上功能都有论述。另外，他还专门强调了信用体系对促进资源在部门间再分配、节约流通费用、加速资本周转和促进资本集中与垄断等的作用。

目前，西方国家流行将金融学科分为宏观金融学和微观金融学两个体系。所谓宏观金融学，即研究金融市场体系、货币政策对实体经济的影响和作用的学科。而微观金融学是研究如何在不确定条件下进行资源的时间配置的学科。金融决策有别于其他资源配置决策的两个特点是其成本和收益在时间上的分布，而这两个分布是任何人无法预先明确知道的。因此，金融学是人们利用金融系统来完成决策，以获取收益、规避或减少风险的学科。它作为一门知识学科有

---

① 黄达.2003.金融学.北京：中国人民大学出版社：105.

三个重要分析支柱：货币的时间价值、资产定价（资产价值评估）和风险管理[①]。另外，还有仅从公司财务视角来理解的金融学（finance），主要包括资本资产的供给与定价，公司的筹融资、兼并与收购，衍生交易，公司治理等。微观金融理论对于我们具体去设计金融工程，实现金融创新有着极为重要的意义。

二、金融发展与金融创新

金融的产生、发展源于经济活动，并反作用于经济活动，金融创新包含在金融发展过程中，并对金融发展产生巨大推动作用。关于金融发展，从数量和现象上看，一般表现为金融交易活动的频繁化、复杂化、衍生化和交易规模的日益扩大，金融资产与实物资产比例和货币化程度的提高，金融中介机构与金融市场的建立、扩展和完善，金融工具的不断推出与完备，金融体系的现代化、法制化与规范化等；从质的方面看则是金融市场机制的完善和金融结构演进的合理化，以及相应的社会资源配置效率和金融产业自身效率的持续性提高[②]。而在金融发展过程中，金融创新不断涌现。

在经济学说史上，一般认为"创新"首先由熊彼特（J. A. Schumpter）提出并定义为："新生产函数的建立"[③]。而所谓金融创新，也可以认为是熊彼特创新理论在金融领域的延伸和运用，即在金融领域内建立新的生产函数，通过推行新的制度，采用新技术和新产品，在原生金融工具（initial financial tools）基础上创造金融衍生工具（financial derivatives），改变金融体系的要素搭配与组合，相应形成新的运作机制，以求金融资产流动性、安全性、赢利性的统一协调，从而实现利润或收益最大化的动态过程[④]。金融创新有着不同的类别，如金融方法（科学技术应用及流程改变）创新、金融工具创新、金融制度创新、风险管理方式创新等。

金融创新并不仅仅使金融机构或实施创新的法人获利，它可能伴有重大外部性，产生难以想象的社会效益，还有可能产生宏观调控机制和公共政策机制。熊彼特认为：作为经济发展重要动力的技术创新是简单再生产之外的新组合，在梦想形成新组合的人们和拥有生产资源的人们之间，由银行中介提供了一种称之为"非常信用"的新购买力，它达到的增长效果远远超越了现存商品基础，

---

① 兹维·博迪，罗伯特·C.莫顿.2000.金融学.欧阳颖等译.北京：中国人民大学出版社：4.
② 戴相龙，黄达.1998.中华金融词库.北京：中国金融出版社.
③ 陈岱孙，厉以宁.1991.国际金融学说史.北京：中国金融出版社：691.
④ 钱小安.1999.金融创新因果.北京：中国金融出版社：3.

从而本质上属于创新①。而约翰·希克斯在研究英国工业革命史中发现，工业革命不是技术创新的直接结果，技术革命本身还不足以刺激增长，新技术的应用还需要流动性强的资本市场的存在，所以工业革命只有在金融革命后才有可能发生②。而罗伯特·J.希勒则认为：现代金融——不仅指证券业和银行业，还包括保险业与公共财政——是从最强有力的理论——数学和心理学中衍生出来的最实用的经济学理论，其最核心的课题是对风险进行管理③。他还进一步说明，金融是为了帮助人们实现自己的梦想而形成一种分散、转移和规避风险的制度安排。它可以减少个别人所承受的损失，鼓励创造者和发明者抛开风险顾虑来实现追求自己的目标，鼓励人们为了更大的收益去冒更大的风险。罗伯特·J.希勒与熊彼特、希克斯的不同，显然是他更强调了金融为实现人们发展、创新的梦想而形成的规避、分散、转移和化解风险的制度安排。同时，他与许多金融学者不同的是把公共财政也纳入了金融视野中。

金融创新也不完全是市场主导和利益驱动的，也有政府主导型金融创新，如前述日本、德国等政策性金融制度的设立与改革。另外，21世纪以来包括发达市场经济国家和我国的农村合作金融改革，以及相应的组织、制度创新和业务创新，都重视商业化的取向和市场规则，也都是在政府的政策扶持和行政推动下展开的，而且都在不同程度上注重了政策金融与公共财政政策的配合运用。还有农村养老保险、医疗保险等社会保险，本身也包含了公共政策与公共财政的活动。所以说，罗伯特·J.希勒所强调的规避风险的制度安排和将公共财政纳入金融视野这两个重要观点，对我们探讨贫困山区的农村金融创新有着极为重要的意义。

纵观金融发展的过程，我们可以发现，金融创新有着悠久的历史。从13世纪汇票的出现，到1602年荷兰东印度公司发行的世界第一张股票，再到1973年全球银行间通信系统（SWIFT）的出现，进而又到1981年以后出现的货币、利率掉期（swaps）、期货、期权等衍生交易，乃至1990年以后出现的电力、气候等衍生交易，都可以说是金融创新史上的重大里程碑。特别是20世纪70年代中期至今，金融机构为了对抗汇率、利率、股价波动和通货膨胀带来的风险，以及规避政府管制，导致了金融创新活动的高潮迭起，此后的金融产品可谓是推陈出新、层出不穷。罗伯特·J.希勒还看到了信息技术革命对金融创新的巨大

---

① 熊彼特.1991.经济发展理论.何畏等译.北京：商务印书馆.
② 约翰·希克斯.1999.经济史理论.历以平译.商务印书馆.
③ 罗伯特·J.希勒.2004.金融新秩序.郭艳，胡波译.北京：中国人民大学出版社：1.

推动，并对金融大众化的未来进行了预测。他认为：伴随着现代数字科学的发展，我们可以使金融解决问题的方案更富有现实的可能性。新信息系统、支付方式、电子市场、网上个人理财和其他经济技术创新的巨大飞跃，将使我们的经济体系在几年内改变。几十年以后，我们将拥有一个几乎全新的经济体系（其实，我国农村合作金融机构的支付结算系统一改过去的落后状况、紧追商业银行，也正得益于最新信息技术的应用）。新技术可以使我们管理风险的方式得以系统化，通过建立巨大的信息库，可以大大降低分散风险和控制损失的成本。他还认为：通过金融创新，我们能够实现金融更加大众化，让更多的人能够对抗不确定性带来的风险而积极努力地去奋斗，以实现自己的梦想，从而使经济生活更加繁荣、稳定[1]。

伴随金融创新的实践过程，国外理论界对金融创新研究日渐深入，金融创新理论也出现了仁者见仁、百家争鸣的局面。例如，西尔伯（W. L. Solbor）所说的金融企业为减轻或摆脱政府强加的金融约束，追求利润最大化而进行金融创新的所谓约束诱导型创新理论；凯恩（E. J. Kane）所说的政府以增加隐含税收对金融机构违规行为进行管制从而激发金融机构进行创新，以至形成"管制—创新—管制—再创新"这一交替创新机制的所谓规避管制创新理论；以诺斯（D. North）、戴维斯（L. E. Davis）等人为代表的制度学派所提出的政府为稳定金融体系而从事创新的所谓政府主导型创新理论；希克斯（J. R. Hicks）、聂汉斯（J. Niehans）所提出的金融机构为追逐交易成本降低而创新的所谓交易成本促进创新理论。以上理论都从不同角度、在不同程度上阐述了金融创新的起因和形成机制。尽管这些金融创新理论在论证过程中有不同程度的偏颇和局限性，甚至彼此的观点存在矛盾与冲突，但这些理论都未否认一个重要的事实，即整个金融业的发展史就是一部不断创新的历史，而金融业的每一次重大发展都离不开金融创新[2]。

金融发展和金融创新并不是发达市场经济国家的专利。就拿贵州山区来说，据史料记载，银钱兑换业在宋代、元代后已经萌发。由于远离中原和多民族杂居，币材和成色比较繁杂，银钱的分割化零、集中成型和大额运送都是一般商人所难为的，所以明清时代的银钱兑换业已成为贵州境内市场交易和人们日常生活不可缺少的中介。典当、钱庄、票号等具有近代金融性质的机构在贵州也

---

[1] 罗伯特·J. 希勒. 2004. 金融新秩序. 郭艳，胡波译. 北京：中国人民大学出版社：1，2.
[2] 陈岱孙，厉以宁. 1991. 国际金融学说史. 北京：中国金融出版社：691-693.

发育较早，因为它们源于货币兑换并与商品流通的需要相联系。据《高宗实录》226卷所记，清代以后典当业最多的地方除北京、天津、山西、广东、福建等传统商业发达地方外，也包括甘肃、贵州和陕西这些相对落后边远的地方。道光至光绪年代，钱庄、票号在贵州的交通要道和重要城镇涌现。其中，一部分由本地货币兑换业和一般商号发展演变而来；另一部分来自外地，如由云南而入的"天顺翔"、"兴顺和"和由陕西而入的"百川通"等尤为活跃，还有官营的押当和银钱号。光绪三十四年贵州创设官钱局，在遵义、安顺、毕节、铜仁、黎平等府设有分局，桐梓、湄潭、古州等地设有办事处，主要经营存贷、汇兑、金银买卖、票据贴现、同业拆借等近代银行业务。清代官府大多重视这些金融机构，如道光年间贵州巡抚贺长龄认为，钱票有利无弊，商既便于取携，官亦籍省赍运，国民两利，故主张其自由发展。乾隆年间的官府对一些典当行借予"皇本"并允许经营存款。雍正九年在毕节设宝黔局开铸制币以满足市场需要，为整治货币流通，官府对私铸小钱及货币市场进行干预，光绪年间因铜价高昂而停铸制币，改铸黔宝银饼，并设公估局审定金属货币的重量和成色，推行公估平衡，以保证和稳定商品流通。在这样的背景下，清代贵州的汇兑和存放款业务已相当兴旺，并与重庆、常德、柳州、汉口、上海、昆明等重要的经济中心通汇，对当时的商品流通和商业资本积累产生了直接的促进作用，并由此带动了经济社会发展。而在实体经济方面，汞、铅、铜和鸦片、木材、桐油、五倍子等土特产大量输出，食盐、纺织品大量输入，水陆交通大为改善，商业性农业（烟草、油菜、棉花）显著发展并促进了粮食生产，纺织、印染、锻铸、粮食加工等手工业也相应兴旺起来。民国期间，随着国家近代银行制度的建立，官钱局改为贵州银行，逐渐出现了银行等近代金融机构。金融业务也有长足发展。这些，对贵州近代资本主义的发展，如工商企业筹措和运用资金，建立近代公司、进行大规模的商品生产与流通等都有重大促进作用。

第二节 贫困山区农村金融创新的战略与目标

一、实施具有战略高度的区域性、多层次、系统性金融创新

前已述及，贫困山区农村的落后与贫困是区域性的、整体性的，受到自然条件、历史发展水平、地理区位、基础设施条件、产业发展与城镇化发展水平、

农村社会功能、农村劳动力素质等多种因素复杂交织的影响，从而构成了一个落后经济的复杂系统。贫困山区农村发展必须综合考虑上述复杂因素的影响，此外，还要综合考虑基于全国、跨省地域、省域、县域的依据不同标准制定的各种区划规划或不同角度的发展战略的影响与制约。就贵州山区来说，既要争取城镇化、工业化与农业现代化的相互促进，又要集中力量实施武陵、苗岭、乌蒙、横断等山脉的特困地带的集中连片扶贫攻坚，还要重点解决好山区石漠化综合治理、工程性缺水和广域的自然生态环境保护与改善等问题。只有解决好上述不同层次区域（或特定地域）的问题，把区域性的宏观问题与区域内的微观问题结合起来，新农村建设、农户生产生活条件、涉农经济组织的生存发展条件等才能获得根本性改变，贫困山区才能取得可持续的良性发展。

如果认为促进贫困山区"三农"发展的金融创新仅仅是分散孤立的个别组织、个别制度、个别工具、个别运行机制的创新，显然不能全面有效地解决贫困山区农村内部、城乡之间、经济能力与社会能力之间，以及人与自然之间的统筹发展、和谐发展的问题。所以说，这个创新应该是具有战略高度的区域性、多层次、系统性的创新，或者说是特定地域环境中的宏观创新与微观创新相结合的金融创新。当然，在具体实施过程中，每一个金融创新都会有特定的利益关系，有独立的目标、运行机制和风险管理机制，但这些创新之间也可能存在相互的作用与影响，有些还可能构成组合式的创新以应对不同方面的需求。而围绕区域综合开发、基础设施建设、农业现代化与农业产业化，以及新农村建设的长期性融资的制度创新和工具创新等，将在这个金融创新体系中起到关键作用。

那么，实施这样的创新是否需要紧密的组织和统一的计划与领导呢？由于与金融创新相关的经济主体是各个独立的金融机构、企业和农户，还可能涉及相关的各级政府机构，所以不可能形成一个实体性的紧密组织和统一的计划与领导。但是，可以考虑由特定地域的政府来引导、协调并制订战略性的规划与指导意见，该地域的金融监管机构在与政府机构取得充分沟通的基础上进行监管、调控与协调。实际运行中，各级政府的金融办公室可以具体牵头此项工作。目前农村合作金融机构、各种新型农村金融机构、城镇的信用社，以及担保公司、贷款公司、典当行等地方金融机构已经纳入不同层次的地方政府的管理范围，所在地域的全国性、区域性商业银行的分支机构的业务发展也与当地经济社会发展息息相关，这些金融机构都有可能结合特定地域（尤其是县域）的政府发展战略和规划来考虑自身的业务发展。因而，有可能为在贫困山区的农村实施具有战略高度的区域性、多层次、系统性的金融创新而构建一种由松散型的政府和金融监管部门进行指导、监督、协调的系统。

由于政策金融是农村金融必不可少的一个组成部分，政府在尊重市场规则和企业独立自主地位的基础上，积极弥补市场缺陷，依据客观、科学的战略与规划，在农村金融领域进行指导与协调是必要的，而且政府通常会扮演主导、引导和解决基础性、关键性问题的重要角色。无论在发达国家还是在发展中国家，我们所看到的政府依据客观、科学的战略规划介入农村金融领域的成功事例很多，后面我们还将结合有关问题来介绍这些事例和进行经验总结。

二、以提高不同层次区域（特定地域）经济社会综合能力为目标

既然贫困山区的农村金融创新是具有战略高度的区域性、多层次、系统性创新，相应也应该有系统性的区域经济社会发展目标和不同层次、不同类别的对策措施。

这种系统性金融创新的目标制定和对策实施应该以不同层次区域（特定地域）的自然社会生态、经济产业状况和社会结构为基础，以区域内的农户、涉农经济组织、政府融资平台等为金融支持的对象和金融运作的基础，通过金融的制度创新、组织创新、工具创新、技术创新、业务及运行机制创新等，在合理有效利用市场机制、市场规则的基础上，借助公共政策的有机配合和各级政府组织的行政执法力量，形成可靠而有效的风险规避、分散、转移、化解的制度与机制，以充分利用金融资源，大幅度、多品种地增加金融供给和提高金融服务效率。

具体对贵州山区农村而言，可考虑如下金融创新的系统性目标。

（1）提高特定地域的经济创造能力、资源管理能力和市场适应能力。包括资源的合理配置使用、土地与劳动等资源的合理流动、生产基础设施的改善、产业结构的调整与升级、产出与服务的增加、产业化经营的形成与发展，以及商品率的提高、市场流通供销体系的整备、地域性产品和服务优势的形成等。

（2）提高特定地域的社会综合能力。包括生活基础设施的改善，文化、教育培训、卫生等社会公共设施的改善，精神文明建设与乡村美化能力的增强，基层政府管理能力、组织能力的提高，农户与涉农经济组织综合素质的提高等。

（3）提高生态环境治理与保护的能力。包括克服生态环境脆弱的负面影响，治理生态环境中突出的问题（如石漠化、矿产开发和化工等对水质和环境的污染、水资源缺乏、土地资源有限等），在城乡统筹发展和工业化、城镇化、农业

现代化相互促进发展中避免造成环境破坏与资源浪费，切实配合实施国家长江、珠江流域上游地带环境治理与保护的有关计划、工程等。

例如，将上述内容作简单概括并推广到一般贫困山区，可表述为：实践科学发展观，通过各个层次、各种方式的系统性金融创新，形成和提高特定地域经济社会发展和生态环境治理保护所需要的综合能力，促进人与自然的和谐与可持续发展。在运行中要注重发挥农村各类金融组织在特定地域的特殊优势（指具有特定地缘关系，如行政区划、民族构成、经济发展条件、社会文化背景，以及特定血缘、家族、宗法关系、宗教背景等所形成的特定地域的特殊优势）。

由于我国县域经济的相对独立性和按县域进行行政划分的现状，和前述农村金融与县际分割、县际竞争密切关联的特点，县域自然会成为实施系统创新的重要地域单位，而县内各级政府及相关部门也应发挥重要的协调、引导作用，以调动村域的经济活力，促进村际竞争，从而促进村寨这个农村建设关键点的普遍发展，并带动农户发展。相应地，县内金融机构的着力点自然也主要围绕县域综合协调发展的重心而展开，并向各个村域乃至农户深入，由此促进和整合县际竞争、村际竞争、农户竞争的能量，提高更大区域范围农村金融市场的活力，进而提高更大区域范围的经济社会综合能力。而提高各个层次的区域经济社会综合能力又能反过来提高相应层次区域的分散、转移、消解金融风险的综合能力，从而进一步形成金融创新的机遇和条件。这些观点将在下文中结合不同案例和不同问题进行分析和论证。

第三节 各国提高乡村地域经济社会综合能力的金融创新实践

一、世界性反贫困政策思想的演变与韩国新农村运动

反贫困问题是一个世界性的问题，自20世纪60年代以来，它越来越受到国际金融机构、国际援助机构、非政府组织（NGO）等非营利性民间组织和发展中国家自身的重视。最初的反贫困具有浓厚的扶贫、援助色彩，当时援助者主要是被非洲、亚洲一些发展中国家贫困地区的饥饿、缺水、缺少住房，以及基本的医疗和教育条件等绝对贫困的景象所震撼。因此，他们增加了对贫困地区的基本生活保障用品和设施的投入，也不断地增加资金、技术、劳务的投入。

然而，许多地方的贫困状况并没有得到根本性改变。就拿贵州来说，20世纪80年代，一些县的扶贫款被"撒胡椒面"似的分到农民手中，不少地方干部和农民认为这种钱是救济款、福利款，因而不可能充分考虑它的创造价值。所谓"贫困恶循环论"，除了讷克斯等西方经济学家所说的"收入低—储蓄低—资本缺乏—收入低"[①] 这个原因外，人们越来越认识到，如果不去提高贫困人口自身素质和所在地域政府、民间组织的资源管理、运营能力，不去加强他们利用市场和遵循市场规则的意识，即不去提高贫困地域的经济社会综合能力，就不可能从根本上解决贫困问题。实际上，发达地区和欠发达地区的主要差距正是这种地域经济社会综合能力的差距。正因如此，自20世纪70年代以后，所谓"将扶贫资源侧重用于提高贫困地区经济社会综合能力"的扶贫观念逐渐受到了重视。此后，国际金融组织、非政府组织等民间组织基于这样的观点实施了不同规模和种类的项目。而且，它们普遍注重从行政和市场两个方面去提高经济社会的综合能力，行政方面包括培育和强化贫困地区的行政机制与自组织机制，市场方面包括培育合作组织、引入现代金融制度、构建流通体系等。

1996年，日本国际协力事业团（JICA）、国际协力综合研究所的一份题为"贫困问题及其对策：地域社会和其社会能力育成的重要性"的研究报告（以下简称JICA贫困问题及其对策研究报告），在分析了几个国际援助扶贫项目之后，总结了这些项目取得成功的几个重要经验：第一，项目实施前必须有充分的调查研究，以详细了解特定地域大多数被援助对象的真实需要；第二，要有当地居民的广泛参加，而且他们要有作为开发主体的意识，愿意通过努力去改变现状；第三，从立项到计划实施过程，当地居民始终能保持对项目相关问题的学习研究热情，并能最终掌握项目管理和合理利用资源、形成持续发展的能力；第四，在依靠地方行政力量的同时，也充分发挥地缘性社会关系、家族势力、宗法势力、宗教团体及各种民间自组织的作用，围绕项目实施形成特有的组织化；第五，在相关的企业、团体、居民和政府组织之间签署必要的合同、协议，形成共同利益机制；第六，让项目受益者学会尊重市场规则、利用市场机制，学会进入市场、驾驭市场的能力。概括起来，前五项可归纳为"社会准备"或"地域内部机制的形成"，而第六项则是对市场的利用，被称为"地域外部机制

---

① 讷克斯.1966.不发达国家的资本形成.谨斋译.北京：商务印书馆.

的形成",这两个机制加起来被称为"地域社会能力"[①]。

JICA 贫困问题及其对策研究报告提供了三个典型案例及经验总结。其一是在埃塞俄比亚南沃洛(Wello)州的"饮用水改善项目",由二宫雅信执笔;其二是在巴布亚新几内亚实施的"让小规模农户接近市场和改善粮食供给"项目,由大野正义执笔;其三是韩国的"新农村运动",由大滨裕执笔。由于原作篇幅太大,经笔者摘要整理后,简述如下。

20 世纪 80 年代,埃塞俄比亚的南沃洛州(现阿迪加拉州一带)有三个山区县的居民长期处于饥饿状态,由于野蛮耕作造成土壤侵蚀、土地劣化和水土流失,居民生活用水严重缺乏,一些村落的妇女外出寻水甚至要花半天到一天的时间,她们多用陶罐背水,带回家里的饮用水少得可怜。80 年代初,曾经有人帮助该地区打井开渠供水,但是效果并不理想。主要问题是:第一,供水只能覆盖公路附近的一些村落,边远山区许多村落的居民不能享受到项目恩惠,从而谈不上居民具有普遍参与、自觉关心、管理和保持项目持续发展的积极性;第二,缺乏相应的行政管理制度和民间自组织管理机制;第三,选取的技术设备不适宜当地受益人自己进行维修、更新和长期管理。1987~1990 年,由埃塞俄比亚政府的水资源委员会、援救复兴委员会和英国的非政府组织乐施会(Oxfam)联合实施了新的饮水改善项目。新项目首先是对包括边远山区在内的广泛的居民进行需求调查,了解到实施地域的居民普遍具有强烈的改善饮用水极端困难状况的需求,从而较好地把他们动员到该项目中来。其次是利用自然村落的教会组织、妇女小组和行政村的行政力量形成一定的组织网络,对居民宣传项目计划,并且在政府基层机构、供水组织、非政府组织、妇女小组、居民之间签订协议,形成共同利益机制。再次是选择适宜当地居民自己进行管理和维修的设施设备,使得当地居民能够自行对井、渠等设施进行管理和维修。该项目取得了较好的效果。

如果说上述仅是一个比较单纯的解决饮用水困难的项目的话,在非洲巴布亚新几内亚实施的"让小规模农户接近市场和改善粮食供给"的项目,则可以说是一个更具综合效益的项目。该项目得到联合国开发计划署、联合国粮农组织和当地教会资金的支持,在巴布亚新几内亚农业畜产部的综合农村地域开发计划实施的背景下,针对相对贫困的地域具体开展工作。包括改善生活用水条

[①] 资料来源:国際協力事業団,国際協力総合研修所.1996.貧困問題とその対策:地域社会とその社会的能力育成の重要性.

件、青年团体种植咖啡、农业技术普及、以小学为据点的营养改善和农技推广四个子项目。结果，生活用水项目和青年人种植咖啡项目比较成功，而后两个项目则不太理想。前两个项目成功的原因主要如下：①充分考虑了当地居民的需要并能保证较高的居民参与积极性；②技术选择（储水设施、咖啡品种和栽培方法）适宜当地；③利用氏族、教会等民间自组织约束力；④实施民主决策，如小水窖的选点、咖啡种植销售后的利益分配由青年团体的代表、教会长老、氏族领导等共同商定；⑤当地居民出劳动力并承担一部分资金，如饮水改善的劳动力在各家庭中抽派，出资采用家庭互助的方式并由氏族（或村）为统一的代表。而后两个项目中的农技推广项目本来的意图是根据该国的"国势调查用地区划"决定的品种由政府的农业普及中心向居民提供种子、化肥、技术，由居民出劳动力进行生产经营。但是"国势调查用地区划"这一行政区划与居民常规性生活生产习惯不相融洽，与氏族的利益发生冲突；而利益分配也没有按民主方式取得共识、合意。再加上该项目主要由推广者去树立"样板户"，有些"样板户"在当地的信义和领导力尚存争议，结果导致不少"样板户"与邻居形成对立。这些正是导致这一项目实施效果不佳的主要原因。另一个以小学为据点的营养改善和农技推广项目，其初衷是利用教育设施推广健康营养的生活方式和现代农业技术，同时使小学生在成长过程中受到现代科技文明的熏陶，但由于当地的教育发展程度太低，边远地区许多家庭的小孩不能上小学，结果使这项事业在当地的影响力大打折扣，而且广大居民的一些真实想法和迫切需求也难以与推广据点方面取得沟通。另外，后两个项目都存在没有充分调动和利用好当地劳动力这一问题。

　　第三个案例是赫赫有名的韩国"新农村运动"。为了从本源意义上了解这个运动以对我国新农村建设有所借鉴，在此，不妨将JICA贫困问题及其对策研究报告这方面的研究更为详细地介绍如下。

　　20世纪60年代，韩国农村的状况与现在许多发展中国家农村的状况很相似（有些情况与21世纪初贵州山区农村的情况也很相似），基本的特征无外乎贫穷、落后和缺乏经济社会发展所需要的综合能力。但是在1970年后，韩国政府发动和组织举国之力，实施了改善农村生产生活状况的社会运动，从此韩国农村发生了飞跃式的变化。这种变化不仅仅是收入和生活水平的提高、村容村貌和农村基础设施的改善，更重要的是以农户为主体开展了提高自身创造能力和生产生活管理能力的各种活动，使过去的"村庄是居民传统生活的集合"转变为"村庄是具备了居民自主经营和自我管理等综合能力的新经济体系"。

JICA贫困问题及其对策研究报告对韩国农村1970年前的状况刻画了以下四个特征。

第一是农业生产的低效率与农户所得的低水平。从历史上延续下来的"稻作"仍然是农村的主要产业，当时65%的农民是持有小规模土地的小生产者，农地被细分化，主要是水田和望天田土，缺少现代灌溉设施，旱、涝灾害频发，耕作依赖人力和与役畜，效率低下。所以，农户的所得水平很低，但在工业化和城镇化背景下，一方面农产品价格被显著压低，另一方面是通货膨胀的持续，导致农民实际收入的增长又被大打折扣，城乡差距日益扩大。

第二是农村生产生活基础设施的落后与公共服务的缺乏。多数农户的住房多为茅草土屋。农村道路窄细，大多没有硬化。多数村庄没有适应现代卫生要求的下水道，有些村庄虽有简单的排水沟，却污水四溢，蚊蝇飞舞。居民饮水依靠附近的河流或者村里的水井，卫生状况令人担忧。村庄里几乎没有现代医疗机构，居民生病多依赖传统草药医生。一般的教育机构只到小学层次，不少农村居民的子女读完小学便辍学务农、或外出打工了。

第三是社会道德水平的下滑，破坏了传统的淳朴民风。传统的韩国农村建立在相对封闭的小农经济基础上，中国儒家思想传到韩国后演变为具有韩国特色的儒教文化并根深蒂固，加之社会生活中的地缘因素和人脉关系（如氏族、宗法）等占据重要地位，村庄类似于一个凝聚力、自律性和互助性都比较强的协同体系。村民之间、家庭之间常以"契"（类似于合会）的方式进行互助性资金融通，在农活繁忙时期还有氏族与氏族之间或乡里之间的有组织的互助。氏族领导的权威性较强。在韩国儒教文化的影响下，一般村民对权力者的盲从性较强，对现实社会等级差别的"宿命观"较严重，安于现状的保守倾向较强烈。当乡村传统状况与新兴的工业文明和城市文明相撞后，必然形成很大反差，村民们并不都能自然融洽地接受现代科学技术、现代文明和现代社会的价值观，其中一些农村青少年陷入意志消沉，不思进取状态。结果，酗酒、赌博、暴力、犯罪等也逐渐蔓延开来。

第四是青壮年劳动力的大量外出。由于当时韩国实施举世闻名的面向国际市场的产业育成政策，工业化和城镇化的推进速度很快，青壮年劳动力大量而迅速地流到城市，其中20岁左右的青年人外流现象特别显著，这类人群中有相当部分不仅是为了寻求劳动机会，也在寻求受教育的机会，此外还有不少家庭举家迁入城市。结果，便出现了农村劳动力严重缺乏的问题。

按JICA贫困问题及其对策研究报告的分析，新农村建设虽然说是韩国政府的"国家事业",但并不是一开始就有了严密而长远的计划。当时,由于在政府强力扶持下的水泥产业面临国际市场不振而导致的经营危机,韩国政府收购库存水泥并向农村发放(最初是向全国 33 267 个村庄每村发放 335 袋),力图拯救水泥企业,同时也希望适当整治河川与改善农村灌溉条件。但意想不到的是,数月之后,大约有 15% 的村庄提出了追加发放的申请。韩国内务部注意到这个情况后立即开始了全国范围的水泥用途调查。调查结果显示,发放农村的水泥主要用于三个方面:①灌溉用水渠等生产关联设施的修补与改善;②共同洗衣场、取水场、儿童游戏场等生活关联设施的修补与改善;③卖掉水泥用于村宴。后来,内务部决定将追加发放的水泥全部用于第②项。这件事进一步引发了政府对农村发展问题的一系列调研,尤其注重在村民自身的活动中总结经验以打破当时农村保守、停滞的僵局,寻求积极向上的活力。

1972 年以后,在政府强力推动下整个韩国展开了改善生产生活基础设施、推进农作物多样化和机械化以提高农业生产率,培育村民具有"自立、勤奋、协同"精神并以此规范自身行为的新农村运动。具体措施包括:①普及新农村运动精神和培育指导者;②建立农村基层组织和全国的行政支持系统;③确定村庄分类建设的目标;④政府提供水泥、钢筋、技术指导、补助金和低利率贷款。(我们注意到,这种低利率贷款由于与新农村建设的背景结合在一起,实际上在促进地域乡村发展的同时,也大大扩展了风险转移的范围及补偿基础,并对借款人产生了一定的由"社会抵押机制"形成的压力)。

在国家层面上,设立全国新农村运动计划委员会,负责全面指导和协调各方面的关系。成员由内务部长和经济计划、文部、农水、通商产业、建设、福利、财政、科技、农业开发、林业等各部(委员会、厅)的副部长组成。其下是各个道的新农村运动调整委员会,负责道内的监督指导和协调工作。成员由道长、农协、农业开发机构、教委、农业高校、电力、林业等机构的代表组成。在郡一级设立了新农村运动调整委员会,负责郡内的综合指导。成员由分管副郡长和警察、农业高校、邮局等机构的代表组成。同时,在 14 个郡设立了新农村运动培训中心,主要是培养新农村运动的指导者(领导干部),不仅是农民,也有政治家、警察官、行政职员、医生、大学教师、媒体人士等社会各方面的人士参加培训。韩国政府认为,新农村运动的精神不仅要向农民普及,还要推广到全社会各个方面。而且,对绩效突出的模范村庄在全国范围报道表彰,对其指导者颁发奖金和由总统招待午宴等。在村一级,以农村运动指导者为中心,并借助传统的组织力量,如村长、妇女团体、青年团体等,成立新农村运动开发委员会，以具体指导各个村的新农村运动。

政府提出的分类建设目标是把村庄分为基础村、自助村、自立村三类，从基础村发展到自助村为第一建设阶段，从自助村发展到自立村是第二建设阶段。各阶段具体建设目标及建设情况如表 3-1 所示。经过八年的建设，韩国 97％的村庄达到了自立村标准。具体看这一发展过程，1972 年，共有 34 665 个村庄，其中 53％为基础村，40％为自助村，仅有 7％的自立村。1977 年，基础村完全消失，自助村减少为 33％，自立村上升为 67％。1979 年，自助村仅余 3％，自立村达到 97％。在村庄设施建设的同时，通过引导农民进入国际和国内市场，推进了农产品的多样化，提高了包括机械化在内的农业生产的现代化水平，而农民收入水平的增加又促进了村庄建设。新农村建设过程中的全部投资，政府负担部分仅占 27.7％，村民自己承担了 72.3％。其中，村民使用了政府提供的低利率贷款，也有相当部分资金是他们的城市亲友寄回来的。

表 3-1　韩国新农村运动的分类建设目标

项目	从基础村到自助村	从自助村到自立村
村道	完成主要道路建设	完成主要道路和相邻道路建设
农道（散户通村道）	通向村庄的小农道	通往村庄的基干道路
桥	10 米以上长度的小桥	20 米以上长度的小桥
河川管理	村庄内部小河川	村庄周边小河川
村设施	公民馆、仓库、事务所（一个以上）	公民馆、仓库、事务所（两个以上）
房屋修缮	全家房屋的 50％以上	全家房屋的 80％以上
村新农村建设基金	30 万韩元	50 万韩元
户均储蓄水平	1 万韩元以上	2 万韩元以上
户均年收入	70 万韩元以上	90 万韩元以上

资料来源：国際協力事業団，国際協力総合研修所．1996．貧困問題とその対策：地域社会とその社会の能力育成の重要性

JICA 贫困问题及其对策研究报告对韩国新农村运动的成功经验总结为以下几条：第一，具备了开发事业必备的三要素——资源、组织、行为规范（新农村运动精神）；第二，充分发挥和利用了村庄传统的互助精神和民间自组织力量的动员、管理、协调机制；第三，村民广泛的参与和自主创新、自我管理能力的提高；第四，政府方面行政支持系统的完备；第五，培育了农民的市场意识和进入市场的能力。这五条经验综合起来就是前述经济社会发展所要求的综合能力的提高。

以上三个案例让我们从不同侧面看到了金融创新立足于提高区域经济社会综合能力的意义。不过在金融创新的风险管理方面却涉足不多。而下面要讨论

的孟加拉乡村银行式的小额信贷问题,我们将较多地涉及这个内容。

二、孟加拉乡村银行小额信贷与地域经济社会综合能力的提高

孟加拉乡村银行(格莱明银行)和穆罕默德·尤努斯教授一起在 2006 年获得诺贝尔和平奖,其获奖的一个重大理由是他们对构筑贫困人群的经济社会基础做出了贡献。为什么这样评价呢?因为他们做出了一个伟大的金融创新,为社会提供了一个能够抵御风险的组织制度安排以帮助缺乏担保条件的贫困人群实现他们的生存与发展的愿望,从而实实在在地、普惠性地为这类人群提供一种创造发展机会的信贷,并保证了这种贷款的回收和贷款机构的可持续发展。这个组织制度安排就是所谓的孟加拉乡村银行小额信贷模式。

在这里,我们首先从本源意义上来认识穆罕默德·尤努斯的思想和孟加拉乡村银行的经营理念。以便后面针对不同国家、不同地域的情况进行比较,来了解不同国家、不同地域的适用性和特殊性问题。在穆罕默德·尤努斯的诺贝尔获奖演说中,他将这种本源的思想和经营理念作了如下简单明了的介绍[1]。他说,他本不是从政策的制定者和研究者的角度来关注贫困问题的,而是因为贫困大量地充斥在生活周围,其中,有一件事成为他成立乡村银行的最初原因。1976 年,他在所居住的村庄里遇到一位女性,其所借金额小得甚至不到 1 美元,但是这个女性付出的代价是将她生产的竹子手工艺品的收购定价权出让给这个贷款人,而这个定价与市场价之间存在三倍左右的价差[2]。穆罕默德·尤努斯认为这个女性简直就是被当成奴隶雇用。他进一步了解到,这个妇女周边共有 42 个人仅仅为了总数为 27 美元的资金而陷入这种困境,于是他花 27 美元解救了这 42 个人。然后,他试图说服所在大学内的银行为这些贫困者贷款,但是银行因这种贷款没多大价值而拒绝了。数月后他以自己作为担保人为这些人申请借款获得银行准许,而令人鼓舞的是这些贫困者通常会在限期内按时归还贷款。于是,穆罕默德·尤努斯下决心成立了自己的乡村银行。他要让贫困人群的创造性得到发挥与延伸,让信贷尽可能多地直接到达贫困者阶层,并保持贷款安全偿还与贷款机构的财务平衡和可持续发展。据

---

[1] 穆罕默德·尤努斯.2006.诺贝尔奖获奖演说.http://historia-del-sueno.blog.so-net.ne.jp [2010-02-02].

[2] 孟加拉是伊斯兰教盛行的国家,按照伊斯兰教义,典型的伊斯兰金融方式是不能有利息形式存在的,但金融交易可由有关风险分担、个人权利和责任、财产权等的合同,采用成本加成、利润分享、租赁、参股、售出期货等具体方式来体现借贷双方的权益并维系这个体系的稳定运行。

穆罕默德·尤努斯2006年诺贝尔获奖演说介绍，乡村银行已经为孟加拉73 000个村庄的大约700万人提供了融资，其中97％是女性。品种包括对贫困者的无担保小额贷款、住房贷款、学生贷款、微小企业贷款、年金、保险等。在累计600万美元的贷款余额中，还款率达到99％。1983年开始银行化经营到1995年以前，乡村银行在没有接受过任何外来捐资和补助的情况下，保持着财务盈余与资本金的增加。

孟加拉乡村银行模式的确是一个伟大的金融创新。本书在梳理有关研究和总结有关历史事实的基础上，将其取得成功的重要经验归纳如下。

第一，创新有着深厚的社会基础并广泛地调动了社会潜能。它向世界提供了一个帮助贫困及低收入人群发展的重要观念和具体的做法。即贫困不是简单地依靠援助与施舍，而是提供一种能够直接且广泛地到达贫困阶层的无担保金融方式，以解决贫困阶层缺少担保条件而又谋求发展的困难，提高贫困人群的发展能力，培育他们的市场意识、信用（合同）意识，这也正体现了它的普惠性。

第二，创新有着较为可靠的风险对抗机制和财务平衡条件。迄今为止，孟加拉乡村银行、印尼人民银行、中国农村信用合作金融机构等覆盖地域和农户面较大的金融机构的小额贷款历史实践已经充分证明，小额信贷的风险管理的基本机制是以预期收入为最终还款保障，并依靠大数法则和分散性原理转移、消化风险（贷款对象越多、额度分布越均匀，单位贷款的安全性越高）。虽然在孟加拉乡村银行初期的运行中没有看到这样明确的表述，但在大量小额信贷的实践中，有关学者普遍注意到了大数法则和分散化在其中的风险对抗作用。而前述《金融新秩序——管理21世纪的风险》的作者罗伯特阐述了预期收入贷款机制（还款以预期收入为保障，其额度与预期收入及其指数挂钩）并将其作为当今管理风险六大机制之一。本书认为这个理论对于正规金融机构小额信贷运行中的风险对抗原理和机制具有更为基础性的解释。同时我们也注意到，在孟加拉乡村银行的实践中，的确采用了一套特有的金融技术，以确保高还款率和实现财务平衡，这对以后其他国家借鉴和复制这一模式产生了很大影响。这套技术主要包括：①以女性作为主要贷款对象，明确贷款人获得贷款的经济条件与资格，并对成员进行贷前培训和手续公开透明；②实施小组联保责任制（通常为五人一个小组），小组成员之间构成相互监督和还款压力，也增强了借款人的社会抵押机制；③实施按周分期收回部分贷款等短周期的分期分割还款制度（例如，一年期按50周分期还款，更短期限的甚至按一日或两日一次分割还款），而且当期能否还款对下期能否获贷及获贷额度增减具有决定性影响，这样做也能保证贷款人定期到借款人的生活、生产现场进行检查和交流，有的还召开例会，这实际上是一种独特的风险管理制度；④计收利息，这是孟加拉乡村银行在伊斯兰金融盛行的地域进行的一个重大金融创新，对收入较高人群形成一种屏障，也培养了贫困及低收入借款人的商业信用意识，还有利于让营业收入覆盖业务费用，实现可持续发展（上述短周期的分期分割还款方式可能提高实际利率，但也对极少数特困借款人免息和给予较宽的期限）[1]；⑤在发展过程中对成员实施一定程度的强制储蓄，以增强地域金融资源的供给与利用，而且强制储蓄对成员归还贷款也有一定制约作用；⑥贷款组织对地域经济社会的发展条件和远景要有系统而充分的研究与把握；⑦在初期，规定贷款用途的现象比较常见，以后的许多贷款并不特别制约贷款用途，而是给予借款人一定程度的用款自由度，这自然是期望借款者利用综合性预期收入归还贷款。

第三，在发展过程中重视完善信贷机构的内部制度、运行机制。例如，培训职员和建立激励机制，重视建立内部审查、稽核等风险控制与管理的制度，形成严密的监控与反馈机制。

第四，在发展过程中基于业务扩展的需要而逐渐重视寻求政府资金和政策方面的支持，以及社会各界在资金和运营上的支持。

第五，其运行有着特定的宗教背景和文化背景，以及地缘、血缘关系等形成的针对借款人的特殊社会抵押机制。孟加拉的人口密度达每平方公里900余人，是世界上人口密度最大的国家之一（有关研究认为，这是孟加拉乡村银行运作方式的一个基础条件，即它构成了利用大数法则转移、分散风险及实现规模经济的基础）；有20多个民族，其中孟加拉族占全国人口的98%。伊斯兰教是其国教，信奉人口占85%以上，另有10%以上的人信奉印度教[2]。一般来说，伊斯兰教国家对教义约束及相应的伦理、道德观念比较强调，而且重视商业信用的严肃性，重视在经济行为中体现其教义精神或社会道德。一个典型的例子就是孟加拉乡村银行向所有借款人倡导并要求他们在各营业点进行宣誓，并且

---

[1] 吉田秀美.1995.グラミン銀行の経験と移転可能性について.開発援助研究（特集：貧困問題へのアプローチ），3（1）：41-74.

[2] 星球地图出版社.1999.世界地图册——孟加拉国.北京：世界地图出版社.

在日常生活中反复背诵"16个决心"或称"16个原则"①。这不但有助于提高贷款的安全性，还促进了借款人形成良好的社会道德、团体意识和健康向上的精神风貌。在伊斯兰教国家，妇女主要在家生儿育女和做家务，处于社会底层，一般来说拥有的财产权、经济地位、政治地位、文化水平都比丈夫小得多，但节俭、顾家和责任心及自我牺牲精神较强，这种状况难以在短期改变。这反而成了这个社会体系中妇女获得贷款、并能发挥贷款作用和保证贷款按期归还的优势。而妇女利用小额贷款从事生产经营活动，又相应提高了她们的经济地位、政治地位，不少妇女联保小组成员还积极参与了各种社会活动，如选举活动等。由此可看出，乡村银行的小额贷款推动了一场有利于农村经济和文化共建与提高妇女地位的社会运动。

许多文献反映，不少发展中国家借鉴或复制孟加拉乡村银行模式，或者独自创新小额信贷模式，在帮助贫困及低收入人群发展的同时保证了较高还款率，并实现了财务持续平衡的发展。据小额信贷峰会活动（Microcredit Summit Campaign）的报告，2007年，全世界已有3552个小额贷款机构在活动，1.55亿贫困人口获得贷款②。关于这方面的成功典范有印尼人民银行、玻利维亚阳光银行等，在我国已有不少介绍。另外尼泊尔也于1999～2005年在其平原地带复制孟加拉乡村银行的典型融资方式（即对五人妇女联保小组提供小额贷款，并每周到现场检查和收回部分贷款），共对10万余户农户发放小额信贷，普惠性地支持了所在地域的农户提高生存与发展的能力，其还款率几乎达到100%③。

---

① 借款人的16个决心包括：①在人生道路上要遵从和实践格莱明银行的"自律、团结、勇气、勤奋"四个原则；②繁荣是为了家族；③不住破房屋，要为修缮房屋乃至建造新家而工作；④要整年种植不同蔬菜，以丰富自己的膳食和将富余的卖出；⑤在耕作期间要尽可能多播种；⑥不要制订使家庭人口过度增加的计划，要抑制支出和保持健康心态；⑦要教育子女和保证子女受教育的经费；⑧要经常保持子女周围环境的清洁；⑨要挖掘和使用深坑厕所；⑩要饮用净水，没有井水时要将取回的水烧开饮用；⑪儿子结婚时不收陪嫁，女儿结婚时不备陪嫁，联保团体成员家庭要与陪嫁的魔咒保持距离，反对早婚；⑫不做不正当的事也不让他人做不正当的事；⑬为了取得更多的收入而共同进行更大的投资；⑭要时常具备互助精神，不管谁有困难都应得到全体联保成员的帮助；⑮假如发现某一联保组织出现问题，大家都要尽力去帮助它；⑯我们要共同参加一切社会活动。参见：Sherraden, Margaret S. 1998. Community Economic Development and Social Work. Binghamton, New York: Haworth Press: 113, 114。

② 庄司匡宏. 2009. マイクロファイナンスの経済学. 成城・経済研究, 186: 89-129.

③ 岡本真理子. 2002. ネパールに台頭する信用組合の現状と課題//マイクロファイナンス研究会平成11年度報告書. マイクロファイナンスと地域の特性. 東京: 財団法人国際開発高等教育機構（FASID）国際開発研究センタ.

但亚洲、非洲、拉丁美洲的这些发展中国家，因国情不同，在借鉴或复制孟加拉乡村银行模式中也会产生一些问题，并需要在各自的运作中进行必要创新。现简述如下。

第一，小组联保按周分期（分割）还款方式会使贷款机构产生较高的人工费用乃至运营成本，为确保信贷机构财务总体平衡，一般要求每个信贷员经办的联保小组数量和贷款金额应达到保本规模，这在人口密度很高的孟加拉容易实现。在尼泊尔，平原地带农村的人口密度尚能满足这种盈亏平衡的规模要求，但在人口密度较低的高山地带则不容易普及这种方式。包括尼泊尔在内的一些亚洲国家，小额贷款的实际运行不一定照搬孟加拉乡村银行的风险管理方式，而是比较重视发挥乡村自组织的作用。例如，借助传统的"会"的机制放大资金互助的范围与融资量，小额贷款机构根据"会"的运行情况，将资金循环注入"会"的运行，鼓励"会"的发展。又如在贷款筛选时听取村长、宗教组织领导、家族长辈等的意见，依靠这些人对项目进行担保等。

第二，孟加拉乡村银行虽然也重视强制储蓄的作用，但在1995年以后的实际运行中得到不少外部资金的支持。而借鉴或复制该模式的一些国家，最初没有这样的外部资金支持，因此它们更加注意乡村储蓄资源的发掘、利用和重视发挥乡村金融组织的中介职能。如有拉丁美洲的村银行、印度的妇女储蓄信用合作、斯里兰卡的储蓄贷款联合互助会等。

我们以"贷款金额/储蓄金额"和"贷款户数/储蓄户数"两个指标来反映小额信贷机构对储蓄资源的发掘程度和利用程度（贷款金额大于储蓄金额不能简单理解为贷款户数大于储蓄户数；贷款户数大于储蓄户数也不能简单理解为贷款金额大于储蓄金额）。在印度尼西亚，其著名的全国性小额信贷机构——人民银行（Bank Pakyat Indonesta）的这两个指标分别为0.58和0.22，都小于1；而其他州一些小额贷款机构的这两个指标，例如，乡村社区银行（Lembaga Perkreditan Desa）分别为1.28和0.46，社区信用银行（Kredit Usaha Pakyat Kecil）分别为3.96和0.97，乡村银行（Badan Kredit Kecamatan）分别为5.66和1.14，乡村信用社（Lumbung Pitih Nagari）分别为1.85和0.33，乡村银行（Bank Karya Prodnksi Desa）分别为1.65和0.54。显然，多数机构的储蓄户多于贷款户，但是贷款额都大于储蓄额，"贷差"的弥补自然需要依靠其他资金来源。尽管这些小额信贷机构在发掘、利用乡村储蓄资源方面的差异较大，但总体上对储蓄资源的利用是重视的。尤其是全国性机构——人民银行，出现了很大的"存差",这是它的乡村信贷部(BRI-UD)提供小额信贷的重要基础①。

孟加拉乡村银行和印尼人民银行的小额信贷模式及其他一些国家的、具有自身特点的小额信贷成功模式,都可以称之为金融创新,它们大多体现了普惠性特征,也体现了"小贷款、大战略"的重大意义。即直接深入社会底层,大面积地向贫困及低收入人群提供无担保贷款,培育和提高这类人群的发展能力、市场意识、信用意识,以及社会活动的参与度与社会地位,从而挖掘、调动和提高了特定地域经济社会的潜在能力、综合能力。这些都是非常了不起的贡献。一些国家的实践中还出现了小额信贷与农业产业化项目、农业技术推广项目、非政府组织特定项目、政府特定项目等的组合式运作,进一步促进了地域经济社会的综合能力。但是,小额信贷毕竟是小额信贷,作用是很有限的。为了解决区域综合开发、农村基础设施建设、农业现代化、新农村建设的重大发展问题,从根本上改变农村经济社会的落后状况,长期性、开发性、投资性的不同量级的较大额度贷款和其他形式的长期性投融资是不可缺少的。我们要清醒地看到,目前我国贫困山区的农村,主要是缺乏后面这类资金,而这类资金的充分有效供给会与小额信贷形成相互补充与相互促进的关系。

三、长期大额贷款与特定地域经济社会综合能力的形成与提高

(一)印度尼西亚人民银行的农村贷款(Kupedes)融资制度

印度尼西亚人民银行早在20世纪80年代就重视开发乡村小额信贷,同时也注意到对长期性较大额度贷款的提供和相关制度的建设,以满足乡村发展的需要。在其农村贷款(Kupedes)融资制度里,设置了两种贷款:其一是周转资金贷款,期限为3~24个月;其二是投资资金贷款,期限可达36个月。1990年,全年向140万客户发放了这两种贷款,平均额度达到109万卢比,高者超过300万卢比,最低额度在20万卢比以上。为了比较这个贷款与一般小额贷款在期限和额度上的差异,我们利用地处该国中部的另一家比较有名的小额信贷机构乡村银行(Badan Kredit Kecamatan)的情况来对比。1992年,该机构每月平均向58 000人(全年696 000人)提供小额贷款,平均额度是12万卢比。前述两种

---

① 资料来源:国際協力事業団,国際協力総合研修所.1997.インドネシア・スラウェシ貧困対策支援村落開発プロジェクトと連携した地域社会開発手法の研究.

贷款的利率水平略高于一般商业银行，是政府补助性贷款的两倍左右，但是贷款申请、审批手续比一般商业银行简略，也比政府补助性贷款容易获取。虽然这两种贷款都要求提供土地抵押或其他担保，不过，1984～1990年，73%的获贷者没有提供土地抵押的条件[①]。关于风险管理，在KUPEDES融资制度中还规定，按期归还贷款可在下一期获得两倍以上的贷款并给予0.5%的利息返点；逾期两个月内还款将相应减少下一笔贷款额度，逾期超过两个月，不再提供下一笔贷款。

值得注意的是，这两种期限较长贷款的客户主要是所在地域的中等经济水平的农户，其融资的目的多为实现更大的发展计划。以上数据也表明，这两种贷款无论在期限上、还是额度上都比小额贷款更能实现这类客户的发展要求，而且获贷者也并不少，自创设以来的若干年间处于持续发展状态，所以，这两种贷款对地域经济社会综合能力的提高的确起到了应有的作用。

（二）巴基斯坦农业综合开发中长期融资项目

第二章曾经提及，巴基斯坦在1991～2000年，实施了一个旨在提高农村经济社会综合能力的农业综合开发中长期融资项目，范围覆盖全国。当时实施该项目的一个重要背景是政府已经感到传统的地方金融在促进农户、农业的基础性发展方面效果不够明显，因而拟强化政策性开发金融的作用来促进农户、农业的基础性发展。

项目具体由巴基斯坦农业开发银行（ADBP）在本国一般信用制度及依靠部分本行资金的基础上，借助世界银行和日本国际协力银行的转贷资金，向农户提供中长期贷款，帮助农户购买国产的拖拉机及其他农业机械，改善小规模农户灌溉设施，帮助农户开发其他的农业子项目，以期较为显著地挖掘农村生产潜力，扩大农业生产规模和提高农民福利水平。

借款人的一般资格是：处于有灌溉条件地域并拥有土地5.1公顷[②]以下的农民，以及处于无灌溉条件地域并拥有土地10.2公顷以下的农民（个别州的土地拥有条件不同），获取贷款的农户一般属于小农（转贷款的借款人为巴基斯坦总统，具体由ADBP承办）。贷款利率：购买拖拉机和其他农用机械的年率一般为8%，其他一般为12%。贷款期限：对农户的贷款一般为18个月～8年（世界银

---

① 资料来源：国際協力事業団，国際協力総合研修所.1997.インドネシア・スラウェシ貧困対策支援村落開発プロジェクトと連携した地域社会開発手法の研究.

② 1公顷=10 000平方米。

行和日本国际协力银行转贷款的还款期比较长,例如,日本国际协力银行转贷款的期限为30年,宽限期10年,但这是针对巴基斯坦政府的融资期限,农户融资的最长期限仍是8年)。项目工期集中在1991～1994年,贷款支付大约于1995年完成。关于项目实施后的贷款总额和贷款按不同用途的分布情况,详见表3-2。

表 3-2 ADBP 农业综合开发项目对农户中长期贷款的分布

会计年度	合计 笔数/笔	合计 金额/百万卢比	拖拉机 笔数/笔	拖拉机 金额/百万卢比	其他农用机械 笔数/笔	其他农用机械 金额/百万卢比	农户小规模灌溉 笔数/笔	农户小规模灌溉 金额/百万卢比	其他农业开发 笔数/笔	其他农业开发 金额/百万卢比
1991～1992	23 165	1 342	1 208	334	910	123	1 979	148	19 068	737
1992～1993	13 086	980	1 327	425	822	80	1 166	86	9 771	389
1993～1994	25 234	2 631	4 041	1 377	884	119	1 018	102	19 291	1 033
合计	61 485	4 953	6 576	2 135	2 616	322	4 163	336	48 130	2 160
比重/%	100	100	11	43	4	6	7	7	78	44

资料来源:日本国际协力银行.2002.パキスタン農業開発金融事業

1994年,巴基斯坦农业开发银行对随机抽样的352户农户进行调查,以了解项目启动初期(三个会计年度后)的综合效果。调查结果表明:关于农户平均耕种面积扩大的情况,借入购买拖拉机款项的农户从15.7英亩[①]扩大到21.3英亩,增加5.6英亩;借入改善灌溉条件款项的农户从7.8英亩扩大到10.2英亩,由于作物分冬夏两季,每户平均增加4.8英亩;借入其他款项的农户的平均耕种面积也有所增加。另外无论哪种作物,农户的平均耕种面积都有不同程度的扩大;除马铃薯单产有所下降外,其他作物的总产量和单产都有很大幅度的提高。关于各种农作物耕种面积、总产量和单位产量的具体变化情况,详见表3-3。

表 3-3 项目实施初期(1991～1994年)作物耕种面积、总产量及单产的变化

农作物	农户/户	平均面积 贷款前/英亩	平均面积 贷款后/英亩	总产量 贷款前/公斤	总产量 贷款后/公斤	增长率/%	单位产量 贷款前/(公斤/公顷)	单位产量 贷款后/(公斤/公顷)	增长率/%
夏季								
水稻B系列	82	4.7	5.9	4 880	7 000	43	2 620	2 950	13
水稻I系列	43	6.3	5.7	8 080	8 480	5	3 210	3 740	17
蔗糖	131	1.9	3.9	41 000	98 000	140	54 800	63 100	15
棉花	159	8.1	9.5	6 180	8 600	39	1 910	2 270	19

---

① 1英亩≈4046.86平方米。

续表

农作物	农户/户	平均面积 贷款前/英亩	平均面积 贷款后/英亩	总产量 贷款前/公斤	总产量 贷款后/公斤	增长率/%	单位产量 贷款前（公斤/公顷）	单位产量 贷款后（公斤/公顷）	增长率/%
玉米（粒）	58	2.3	3.1	18 500	34 400	86	1 990	2 740	38
玉米饲料	241	1.9	2.2	17 200	22 200	28	22 200	24 800	11
马铃薯	21	1.9	3.8	12 400	24 600	98	16 700	16 300	-3
蔬菜	61	1.4	2.2						
冬季									
小麦	344	7.2	9.1	6 800	10 300	51	2 360	2 840	20
饲料	234	1.9	2.1	20 000	27 000	35	26 000	32 600	22
蔬菜	72	1.6	2.4						

资料来源：同表 3-2

注：总样本农户为 352 户

  2001 年，巴基斯坦农业开发银行又随机抽取 100 户农户进行调查，以了解项目实施后期（农户贷款周期基本结束时）的综合效果。并且将 1991～1994 会计年度的最终效果与 1991～2000 会计年度的最终效果进行了比较。结果，这两个期间的实施效果，即 1994 年调查的结论与 2001 年调查的结论大体是一致的，都说明项目取得了较好的综合经济效果。表 3-4 具体列出了不同土地规模、不同借款用途的农业收入和农户收入在 1991～1994 会计年度和 1991～2000 会计年度的最终变化率。2001 年的调查反映出，9 年后，全部农户可能的耕种面积从平均 13 英亩扩大到 15.2 英亩，增加了 17%；可灌溉农地的增加率为 27%；实际耕种面积，冬夏两季合计，从 20.8 英亩扩大到 25.7 英亩，增加 23%；实际耕作强度（耕种面积/可耕面积），冬夏两季合计约为 165%。还有一个有趣的现象是，购买拖拉机和其他农业机械，以及从事其他农业开发子项目的这部分，初期效果比后期效果更显著，这似乎说明农业技术设备改进和农产品调整的效率受一定的经济寿命期的制约；灌溉改善贷款的后期效果则远高于初期效果，说明农业基础设施的改善对农业发展有着更为基础性、长期性的影响。从土地规模来看，在较小规模土地上实施改善，农业收入和农户收入的增加更为显著，其中 2.6～5.1 公顷土地规模的改善对农业、农户的影响比较均衡。这种状况受巴基斯坦农业生产条件、农产品结构、国内国际市场环境的影响和制约，不一定适合其他国家，但对我们研究土地投入的报酬率变化有一定参考价值。

表 3-4　1991～1994 年和 1991～2001 年农业收入与农户收入的最终变化率

(单位:%)

类别	项目实施到 1994 年的最终变化率			项目实施到 2001 年的最终变化率		
	农业毛收入	农业纯收入	农户纯收入	农业毛收入	农业纯收入	农户纯收入
农户土地规模							
0～2.6 公顷	169	101	55			
2.6～5.1 公顷	137	126	107			
5.1～6.5 公顷	119	72	63			
6.1～10.1 公顷	84	68	60			
10.1～12.9 公顷	59	46	44			
12.9 公顷以上	63	60	59			
农户贷款用途							
拖拉机	139	119	95	66	73	82
其他农业机械	71	67	63	13	14	16
灌溉	95	85	69	203	242	208
其他农业开发	129	72	51	44	28	28

资料来源：同表 3-2

注：1991～2001 年的样本农户为 100 户

巴基斯坦 1991～2000 年实施的农业综合开发中长期融资项目是直接针对农业基础设施改善、技术装备提高和产品结构调整而展开的，这三个方面又形成相互作用，取得了较好的综合效果。而且，这种综合效果不仅仅停留在产能、产出和收入增加的意义上。例如，作为农户获得贷款的一个附带条件，他们有在所开发的土地上每英亩种树 10 棵以上的义务，这对土地改良和环境改善都产生了积极影响；在可能的条件下（主要是具备担保能力），尽可能向妇女发放贷款和提供关键技术，在促进农产品调整和农业生产的同时也促进了妇女能力与社会地位的提高；另外，2001 年的 100 户调查还反映出，农业活动的扩大增加了农村劳动力需求和雇佣量，农家的就医者人数、受教育人数有显著增加，农舍与居住环境也有所改进。

巴基斯坦农业综合开发中长期融资项目的成功，进一步鼓舞了该国政府计划部门和政策性金融机构及相关方面增加农户中长期贷款以促进农户、农业、农村发展的信心。该国政府把缓解对中小农信贷供给不足作为 2001～2011 年农业部门七大课题之一。而且要求在 2001～2004 的会计年度，贷款要重点向占农户总数 93% 的小农（土地面积 10.2 公顷以下）倾斜。

（三）日本的土地改良——国家、地方和农户的共同事业与职责分担

日本在农业现代化过程中，非常重视强化农业基础设施，其中的一个关键是土地改良事业。长期以来土地改良的投资始终是农业投资的重点，20 世纪 60

年代到 21 世纪初，其在每年的农业固定资本形成中持续占有 50%～60% 的比重；土地改良方面的贷款也是日本农业政策性金融机构农林渔业金融公库信贷供给的核心部分，期限为 25 年（参见第二章第一节）。1975 年、1985 年、1995 年的土地改良贷款分别占其贷款总额的 48.7%、56.3%、56.8%；截至 2006 年 7 月，由实施土地改良项目而建设的大坝、引水和储水设施等共 7100 处，水路 40 多万公里，资产存量超过 25 兆日元，1964～2002 年累计整治土地 150 万公顷以上[①]。

日本土地改良法制定于 1949 年，其后多次进行修订。根据该法，土地改良被定义为促进农业生产率提高和农业结构调整的土地的改良、开发、保护和集约化，包括水利设施、交通设施的建设与管理，区划与整治，农用地的开发、恢复、休耕、交易、分割与合并等。土地虽然是农户的私有财产，但是这些分散的私有土地却具有空间上的连续性，在这一空间中的水利、交通、病虫防治乃至农户自身的经济行为都具有外部性，物质上的空间关系使得农户之间必然具有利益上的空间关系。在市场经济国家，水利交通设施等公共产品的形成一般是依靠政府出资，但由于这些公共产品与所在地域的农户及地域团体之间有密切的利益相关，而且这些公共产品的正外部性能大大提高私有土地的价值，因此，政府与农户、农村经济组织之间在特定地域有着土地改良带来的共同利益关系，从而可能构建在特定地域内的这类公共产品建设与管理上的费用分担、共同管理模式。

日本土地改良事业的操作有如下特点。

第一，"申请主义"与"同意主义"。一个地域性的土地改良区至少要有 15 个具备申请资格的人组成。农户、民间团体按土地规模大小，向不同级别的政府及其分管部门提出申请，主要是市町村的农政事务所、县（相当于我国省级行政单位）的农政局、中央的农林水产局，这些部门经过审查批准后，还要得到相应级别行政长官，如都道府县的知事、市长、村长等的认可，项目才得以实施。

第二，关于资金供给和信贷资金的风险防范。从事土地改良的农户、团体等除获得政府补助金外，其资金不足部分主要由农林渔业金融公库和"农协"

[①] 別所俊一郎. 2007. 日本の農業金融の現状と変遷（日本財務省財務綜合政策研究所与中国国务院发展研究中心共同研究最終報告書）. http://web.keio.jp/～bessho/paper/06/Bessho07Agri.pdf [2011-07-20]；斉藤由理子. 1999. 財政投融資改革と農業金融—問題点と改革の方向. 農林金融, 52 (5)：16-33.

提供低利率长期信贷，"农协"经办农林渔业金融公库此种资金的转贷业务。这种贷款也是需要抵押或担保的，如果借款农户、团体自身缺乏抵押资产，可申请政府系的担保机构或民间担保机构的担保。实际运行中，主要由各县的农业信用基金协会提供担保，而农业信用基金协会又将其提供的担保向经营保险业务的农林渔业信用基金投保，进一步转移此种风险。同时，借款人缴纳的担保费也积少成多成为风险补偿的一部分。这在日本称为农业信用保证保险制度。

第三，多数人同意原则。即一个地域的土地改良事业必须有 2/3 以上的人同意才能申报、批准和实施，土地改良的计划与变更也必须由 2/3 以上的人同意才能进行，这体现了决策过程的民主化。

第四，决策过程的科学化。项目预期效益和费用的合理性都必须由各实施主体进行事前的精密研究，还要反复听取所在地域的农户、民间团体的意见才能进行修改、调整。

第五，土地改良设施的建设、管理、维修、更新的制度化与责任划分。如水利事业：一般来说，大型设施和主干线水路由国营机构建设、管理，也可委托地方管理；支线水路及相应设施由县营机构建设、管理，也可委托地方团体管理；末端设施由民间团体建设、管理，农户也可直接参与。

关于土地改良事业的划分标准，以及国家、各级政府和农户的经费负担率，详见表 3-5 与表 3-6。由两表可见：在国家级项目中，国家的负担率高达 66.7%以上，市町村政府和农户的负担率相当低；在县营和团体经营的项目中，国家仍然承担了 50%，而市町村级政府和农户的负担率随着层次的降低而有显著增加，且占有相当比重；县级政府在国家级和县级的负担率大体相当，约为 25%，但在团体机构经营的项目中只承担了约 11.2%。

表 3-5　日本土地改良事业的划分标准和国家的经费负担率

事业	实施主体	国家负担率	受益面积	末端覆盖面积
水路设施	国营机构	70%	5000 公顷以上水田	5000 公顷以上水田
		66.7%	2000 公顷以上耕地	2000 公顷以上耕地
	县营机构	50%	200 公顷以上水田	100 公顷以上水田
		50%	100 公顷以上耕地	20 公顷以上耕地
	团体	50%	5 公顷以上	
区划整治	县营	50%	20 公顷以上	
	团体	50%	5 公顷以上	

资料来源：别所俊一郎. 2007. 日本の農業金融の現状と変遷（日本财务省财务综合政策研究所与中国国务院发展研究中心共同研究最终报告书）. http://web.keio.jp/~bessho/paper/06/Bessho07Agri.pdf [2011-07-20]

表 3-6　日本土地改良经费分担的一般标准：以水利设施为例　　（单位:%）

实施主体	国家政府	县级政府	市町村级政府	农户
国营机构	66.7	23.4	8.0	1.9
县营机构	50.0	25.0	10.0	15.0
团体	50.0	11.2	21.7	17.1

资料来源：同表 3-5

注：农户负担的资金除自筹外，主要依靠农林渔业金融公库和农协（合作金融）提供的低利率长期贷款解决。县营机构和团体、单个的土地改良区团体和联合的土地改良区团体及农协等都可以向农林渔业金融公库申请用于土地改良事业的低利率长期贷款。而农林渔业金融公库的土地改良方面的贷款主要是"生产基础整治"方面的贷款

日本土地改良事业的这种运作模式，把农户、各级政府共同关心的问题和共同的利益联系在一起，在政府的主导下，形成费用分担、共同建设、共同管理的模式。这在提高土地创造价值、增加农业产出、提高产品品质的同时，也能调动农户和各级政府的积极性，在保证特定地域开发中金融创新的针对性和效率性的同时，也有助于提高金融创新的风险管理水平和风险消解能力。而且，还产生了促进特定地域人居环境改善和保护与发扬地域传统文化等社会效益的作用。正因为如此，政府才非常重视、积极参与和大力支持这一事业。所以，土地改良事业及其相关的金融创新在促进特定地域经济社会综合能力的形成与提高方面，所发挥的作用和效果是不可低估的。

四、中国新农村建设与地域经济社会综合能力的提高

中国新农村建设是在总结世界各国经验的基础上提出来的，可以说，它的特点是以村寨作为分布在农村的关键点进行综合建设，在各个村域经济社会综合能力提高的基础上，形成以一般村寨为基本支撑点、乡镇为重要支撑点、县城为县域中心支撑点的网络结构，促进农村经济的发展，并力求与城市发展形成功能互补与生态平衡的格局。新农村建设对经济社会综合能力的重视和突出，已由"生产发展、生活宽裕、乡风文明、村容整洁、管理民主"的指导思想形象地反映出来，具体来说是要协调推进农村经济建设、政治建设、文化建设、社会建设和党的建设。显然，新农村建设所要借助的不仅是市场机制，还要在很大程度上借助政府对经济的指导、支持和调控，以及重视各种社会功能与经济功能形成相互促进。

在我国经济体制市场化的背景下，农村经济和农村金融的改革与发展总对政府的地位和作用存在争议。一般来说，政府对经济的作为主要是弥补市场缺陷，其政策是在尊重市场主体独立性的基础上实施的。然而，对农村，尤其是

贫困地区农村而言，市场是更为不健全、不完善的，缺陷也更大，所以对政府的作为应该有更大的期待。况且，自我国改革开放以来，理论界和实务界受西方新古典经济理论的影响很大，把"市场无所不能"的"市场浪漫主义"情结不断地向农村经济领域灌输，对政府的作为过分排斥。然而，发达市场经济国家实际上在农村经济领域非常重视政策的支持，结果是我们在起步本来就晚的状态下又贻误了很多时间和机会。其中最为严重的，也许就是我国农村长期以来缺乏能够在区域综合发展中起重要作用的开发性、投资性的长期大额融资，尤其是政策性长期融资。同时，我国也缺乏发达市场经济国家那样的在农业生产经营中起重要作用的政策性农业保险。因此，我国的农业现代化不能大范围实现，相应地，农产品市场、农产品生产资料市场、农产品衍生交易市场也不能全面地成熟化，结果又限制了我国农业生产经营及相关金融活动对市场机制的利用。近年来的种种现象还表明，这些与农业有关的市场如果缺乏政府的有效管理，其自发的运行常常出现诸如囤积、抛售、价格操纵等投机行为，对一般农户常常造成巨大伤害。可见，农村市场需要政府进行有效管理。当然，这需要科学的管理，尊重市场规律和自然规律的管理。同时，也需要各个村寨和农户的广泛参与，在农户发展、村寨发展、县域发展，以及地区、省域的发展之间形成实实在在的利益关联和利益机制。

第四章

贫困山区农村金融的创新实践及经验总结

第一节　农村合作金融机构农户小额信用贷款的创新意义

一、真正实现本土化、充分体现普惠价值、提高区域综合能力

20世纪80~90年代，小额信贷刚刚被引入我国，不少实践者和学者热衷于在我国复制孟加拉乡村银行模式、非洲村银行模式等。他们主要以社会团体、民间组织、非政府组织和事业单位组建的小规模信贷机构，来利用联合国援助资金、国外捐款或自筹资金进行小范围试点。当时，这些小额信贷运作的核心目标是扶贫，但也有的相对注重生态恢复、资源保护、收入结构调整及综合开发等目的。总的来说，其公益性比较突出，同时也强调实现扶贫和机构可持续发展的双重目标。例如，1993年中国社会科学院农村发展研究所与河北易县政府合作创建的扶贫经济合作社就是以扶贫为目的、全面学习和借鉴孟加拉乡村银行的一个典型模式。在贵州，1995年威宁草海管理处利用国际鹤类基金会和美国渐进组织两项国际援助资金，以及政府少量配套资金成立的村寨发展信用基金，则是所谓的非洲村银行模式。1998年成立的兴仁乡村发展协会是联合国开发计划署和中国国际经济技术交流中心联合实施的西部扶贫援助项目，这个类型在贵州有四家，在邻近的云南、四川还有好几家。到20世纪末，全国公益性小额信贷机构已有好几百家，其中有不少运行得相当不错。但总的来说，规模都太小，远远不能满足农村扶贫和发展的需要。而且这些机构由于难以达到金融机构流动性充裕、分散信贷风险和实现规模效益所要求的规模，要实现长期持续性发展，大多是相当困难的。

其后，为实现扶贫攻坚目标，由政府指定的农业银行、农业发展银行以国内的政府扶贫资金作为主要资金来源，在贫困地区的较广范围内，推广了小额贷款。这种扶贫小额贷款具有缓贫、脱贫的特点，在很大程度上是维持农户的简单再生产，也有一定的扩大再生产和调整生产经营结构的意义。而且，不少获贷农户享受了政府贴息。后来，一些地方的农业银行在此基础上开办了覆盖面较广的农户小额贷款，但是还款率相当低，出现了极大风险。据调查，20世

纪90年代中后期,我国扶贫贴息贷款的按期回收率普遍低于50%[①]。例如,据业内人士介绍,从农行贵州省分行开展扶贫小额信贷以后到2003年4月,小额贷款余额达到17亿元,覆盖120多万农户,但是能够按期收回的只有1/3,最终损失至少过半。造成这种现象的原因主要是:第一,农户及基层政府组织认为这种贷款具有福利分配性质,或至少是软贷款,信用观念没有真正建立起来,还款意识弱化,形成最终由政府兜底的预期,有的地方甚至出现普遍不还款的"羊群效应";第二,农业银行因为当时大力发展商业性业务,对这块政策性业务的管理有所松弛;第三,农业银行一度大势从乡镇以下撤离网点,所以难以深入农村基层,了解农户经济情况和实际需要,管理和服务跟不上,贷款清收不力。

  90年代中期以后,农村合作金融机构基于自身在基层农村相对有利的经营基础和借鉴国内外小额信贷的经验,在推进产权制度改革和经营机制改革的背景下,依靠农村基层政府行政力量建立和完善农村征信制度,开展了商业化构架下的、信用意识与市场规则都清晰明确的农户小额信用贷款及小额联保贷款。这种贷款的一项基础性工作是对农户进行信用评级和建立经济档案,以此为基础又将信用评级扩展到村、乡镇乃至县域。其对农户贷款的操作程序大体上是:信用评级、授信额度、随借随还、周转使用(贵州省农村信用社农户小额信用贷款实施细则的表述为一次核定、余额控制、随用随贷、周转使用)的运作方式。结果,农村合作金融机构的农户小额信用贷款,迅速发展为中国规模最大、覆盖农户最广泛的小额贷款。自2000年以来,农村合作金融机构和县乡政府及农村基层政府组织合作,借助人民银行的信用信息基础数据库及相关信息服务,在全国大部分县(市、区)开展了农户信用档案建设。截至2010年年末,共为1.34亿农户建立了信用档案,评定出8300多万信用农户,其中有7400多万农户获得了信贷支持[②]。而在贵州这样的贫困山区,截至2010年7月,全省共有754.6万农户建立了信用档案,其中有651.8万农户被评定为信用户,分别占全省农户总数的95.5%和82.5%,获贷农户在2006年已达到170多万户,目前估

---

① 中国人民银行农村金融服务研究小组.2010.中国农村金融服务报告.北京:中国金融出版社:26.
② 中国人民银行农村金融服务研究小组.2010.中国农村金融服务报告.北京:中国金融出版社:32.

计超过 200 万户[1]。关于平均授信额度，根据贵州省经济体制改革研究会组织专家进行调研的结果，2009 年 10 月，全省平均每户授信额为 1.99 万元，最高的贵阳市为 2.94 万元，最低的黔东南州为 1.3 万元[2]。关于农户小额信用贷款在涉农贷款和总贷款中所占的比重，以 2010 年全省农村合作金融机构的数据统计，分别为 30.3%、22.9%[3]。

农村合作金融机构的农户小额信用贷款不是专门针对扶贫的贷款，其目标客户没有指定为贫困户，而且还强调了支持当地农村中等或中等偏上经济水平的农户，因为信用评级本身就意味着对农户经济条件的评价和择优。然而，孟加拉乡村银行的小额贷款也并不是专门针对最底层的贫困人群的，他们在贷款时也是有选择条件的。如基本居住条件、按周分期还贷的能力、子女教育和基本医疗费用的承担能力等。孟加拉乡村银行也对一些经过考察的贫困底层的极少数人提供无息和期限限制较宽的贷款，但这类获贷者仅相当于其获贷总人数的 1% 左右[4]。而具体到贵州山区来看，人均 GDP 和农户人均纯收入处在全国最低水平，无论按过去或现在的国家扶贫标准线，大多数农民总是处在相对贫困状态下。而按 2011 年公布的最新国家扶贫标准线，正如第一章第一节关于贫困地域的说明中已提到的，贫困人口约占农村人口的半数，贫困地域涉及武陵山、乌蒙山、滇桂黔石漠化三个国家重点扶贫开发片区，覆盖全省 80% 以上的国土面积，涉及 75% 左右的县域，是中国农村贫困面最大、贫困程度最深、贫困人口最多的省份。所以，农村合作金融机构的小额农户贷款对贵州这样的贫困山区来说，又确实具有扶贫意义，而且具有前面所分析的普惠性地促进特定地域经济社会综合能力形成与提高的重要功能。

二、农户小额信用贷款运行机制的主要经验与创新

农村合作金融农户小额信用贷款在贵州山区乃至中国之所以取得如此之大

---

[1] 刘斌，罗石香. 2010 - 07 - 13. 信用工程破解农贷困境. 贵州日报，第 10 版；贵州省农村信用联社人力资源处. 2008. 贵州省农村信用社第五期高管人员培训资料. 贵阳：贵州农村信用联社人力资源处编印（内部资料）.

[2] 贵州省经济体制改革委员会. 2010. 关于贵州省农村信用社联合社实施信用工程破解"三农金融难题"的调研报告. 贵州省人民政府办公厅情况通报，2010，(10)：1 - 33.

[3] 贵州省农村信用联社. 2011. 改革与发展工作图表 2003—2010. 贵阳：贵州省农村信用联社编印（内部资料）.

[4] 引自笠原清志 2007 年 7 月 11 日在日本立教大学授予穆罕默德·尤努斯名义学位的讲话：グラミン銀行とマイクロクレジット。

的成功，是由于其在借鉴国外小额信贷实践经验的基础上充分发挥了自身的基础条件和特有的地域优势。现将其主要经验与创新意义总结如下。

（一）充分满足了大数法则和分散原理转移风险的条件

农户小额信用贷款不仅适应了贫困农户或低收入农户要求发展经济、扩大现实消费选择的需要，也适应了中上收入水平农户要求发展经济、扩大现实消费选择的需要（第二章第三节中的统计数据已反映，农户借贷中消费性需求通常要占一半，有时超过半数），从近年来的发展看，它还适应了城镇个体户乃至微小企业要求发展经济的需要（目前城郊结合部的农村合作金融机构和城市商业银行、城市信用社已经在大力开展此类业务）。这些情况意味着此类小额信用贷款的实施有着更大的覆盖面。我们对这种小额信贷性质的认识与农村信用社贵州省联社制定的《贵州省农村信用社农户小额信用贷款实施细则（暂行）》（简称《细则》）所界定的农户小额信用贷款性质是一致的。该《细则》第二条规定：农户小额信用贷款是指农村信用社（含农村合作银行）以调查农户基本情况为基础，通过评定农户信用等级，给农户一定授信额，以农户信誉为条件，发放满足农户农业生产、生活资金所需要的小额信用贷款。可见，小额信用贷款的可用于生产和消费两个方面，有着更为广泛的适应面。另外，由于农村合作金融机构进行改革试点以后，县、乡法人合并，组建了县联社，这意味着在一个更大的法人体系内有着为数更多的小额贷款户，导致其总规模在扩大而贷款被进一步细分，依据大数法则和分散原理，单笔贷款的风险相应减少。即在一个系统内，贷款对象越多，资金运用越是多样化和细分化，它的收益和损失就越会趋于某个概率，少数人造成的损失可由多数人提供的收益来弥补。因此，在贵州乃至中国的由农村合作金融机构开展的农户小额信用贷款的这个系统中，对于满足大数法则和分散原理转移风险的覆盖面和规模来说，都是比较充分的。

按照金融学原理，对多个项目的预期收益公式可写为：$E(X) = \sum_{i=1}^{n} P_i x_i$，即预期收益 $E(X)$ 等于收益的概率 P 乘以可能收益 X 之和。而对项目收益概率分布的波动性（相当于风险程度），可用标准差 σ 来量化。而标准差等于风险概率乘以可能收益与预期收益之差的平方之和的平方根：$\sigma = \sqrt{\sum_{i=1}^{n} P_i [r_i - E(r)]^2}$。这样，在一定的风险概率和收益率条件下，如果投资组合中的项目进一步增加，投资额进一步均分，则其预期收益不变，但标准差降幅与项目数量 N 的平方根成正比。即投资组合的标准差＝预期收益/$\sqrt{N}$。也就是说，项目数量越多，风险程度越低。分散化的投资组合还可以降低金融机构的资本金要求。例如，BASEL 新资本协议就提出了针对贷款集中度调整资本要求的"粒度调整"问题。所谓粒度是表示资产组合均匀度，即对资产组合风险多样化程度的描述。即使资产规模完全一样，敞口集中度较低、规模分布均匀度较高的资产组合，其风险分布状况也较优。相应地，对资本金的要求也可以随资产组合均匀度的提高而降低。那么，在一个典型的同质组合（信用评级、抵押安排、敞口规模、对系统性风险的敏感度都一样）中，剩余的特定风险（非系统性风险）应该随组合中敞口个数的增加而减少。正因为如此，BASEL 新资本协议为剩余特定风险的资本要求设定了一个简单的函数：$VAR[L_n] \approx VAR[L_\infty] + \beta/n$。其中：VAR 即通常的风险价值概念，L 表示损失，n 为债务人，$VAR[L_n]$ 也就成为风险价值的函数形式，即在一定的目标区间收益和损失的预期分布的分位数；β 即粒度调整因子，是一个常数的比例系数，它取决于组合中敞口的风险驱动因子、违约率、预期损失率及系统性风险敏感性因子等。这个函数表明，如果将同质组合剩余的特定风险的经济资本表示成全部敞口的百分比，其与债务人个数则呈线性反比。这个理论对于解释农村合作金融机构小额信用贷款的风险管理特点是比较适合的。

（二）充分体现了预期收入贷款的特点、明确利用了其风险管理的机制

前已述及，罗伯特·J. 希勒在《金融新秩序》一书中将收入相关贷款列为 21 世纪风险管理的六大制度性创新并大力推崇，这种贷款以借款人预期收入为还款保障，通过改变收入在生命周期中的时间配置来转移风险，加之贷款人可根据借款人收入指数来确定和调整额度、期限及利息，在预测基本可靠的前提下，此种贷款可降低担保条件甚至取消担保。美国等市场经济国家对一般耐用消费品，甚至对汽车、住房等都提供消费者信贷，其实正是将还款基础建立在预期收入上。如果未来预期收入能够可靠实现，自然就有还款保障，因此预期的准确性是放贷人必须具备的技术。然而，预期也可能因不可预计因素而失败，这时，如果贷款人是分散（风险独立）的，且有足够的数量，那么大数法则和分散原理就产生了风险转移的功能。而且，一个相对稳定的社会体系中，多数人的收入会接近并趋稳到一个平均值，预期收入贷款的额度与这个平均值保持某一比例关系，随着贷款人的增加，单个贷款的预期风险（风险暴露）也会下降。

贷款用途可以扩展到生产与生活各个方面，说明预期还款保证已不仅仅是

个别生产项目，更大程度上是未来综合性预期收入。实践中，《贵州省农村信用社农户小额信用贷款实施细则（暂行）》中有关农户信用等级评定的量化，主要是与预期收入相关的。即：掌握农业种植、养殖技术并从事农村商品经营活动，占40分，学历（潜在收入能力）占5分，家庭总资产（变现收入的还贷能力）占10分，家庭人均收入（考虑到打工等综合性收入）占10分，以上合计65分，反映了取得预期收入的能力；另外，开户与结算情况各占5分，诚信记录（无不良贷款情况）占25分（有逾期贷款记录扣15分，有呆滞贷款记录扣10分）。以上合计100分。90分以上（含90分）为优秀信用等级，授信限额在3万元以内（最高3万元）；70～89分为较好信用等级，授信限额在1万元以内（最高1万元）；60～69分为一般信用等级，授信限额在5000元以内（最高5000元）。贷款实行"一次核定、随用随贷、余额控制、周转使用"的授信管理原则，还款采取"整贷零还、整贷整还、零贷零还、零贷整还"的方式。

2007年，银监会在《关于银行业金融机构大力发展农村小额贷款业务的指导意见》中，进一步增加了小额信用贷款的经营机构，拓展了小额信贷的用途与借款对象，放宽了小额信用贷款的额度、期限限制和利率浮动范围等。具体包括：①发放机构扩展到所有银行业金融机构；②发放对象扩展到农村的传统种养户、多种经营户、个体工商户及各类微小企业；③发达地区小额信用贷款额度可提高到10万～50万元，欠发达地区可提高到1万～5万元，其他地区视情况而定，联保贷款可在信用贷款基础上适度提高；④期限可根据农业季节特点、生产项目的不同周期和贷款用途及借款人综合还款能力等合理确定，允许用于传统农业生产的小额贷款跨年度使用，对生产经营周期较长的贷款，期限可延长至三年；⑤金融机构可综合考虑借款人信用等级、贷款额、期限、风险水平、资本回报预期及当地市场利率水平等来自主确定贷款利率。这些措施实际上都体现出，小额信用贷款是把还款保障建立在预期收入基础之上，并借助大数法则和分散原理进行风险转移，这种认识进一步得到深化，从而也增强了将该种贷款运用于各个方面的信心。

由于预期收入贷款的特性，可以免除或者简化担保要求，所以也特别适合贵州山区乡村农户借款频繁、零碎、缺乏抵押担保能力、但借贷需求普遍存在而旺盛的特点（详见第二章第三节），从而使农户小额信用贷款很自然地适宜贵州山区农村的借贷需求，近年来得以长足发展。有关贵州山区农户家庭人均纯收入持续增长的趋势及它与农户储蓄存款之间存在着相对稳定的函数关系，在本书第二章第三节中已有详细的分析。

（三）始终重视商业化的运作机制，强调对市场规则和诚信的尊重

由于推广农户小额信用贷款优化了其资产结构，从孟加拉乡村银行和其他发展中国家实行小额信用贷款的经验来看，要维持小额信贷机构运营的财务平衡和可持续发展，必须使提供小额信贷服务所产生的收入能够覆盖其资金成本和运营成本，这一点主要是依靠灵活的利率政策和适度的政府及民间的补贴来保证。此外，是强调了信贷资金还本付息的特性，强调了诚信，这就是我们常说的实施商业化经营和尊重市场规则。许多国家的情况都表明，民间运营模式一般都能取得比"官办"或"公益性"模式更好的业绩。

在我国，农村信用合作社的农户小额信用贷款之所以大多运行较好，正是由于它们有比国有银行或扶贫组织更明确的自负盈亏、自谋发展的要求，从一开始就把运行建立在农户信用评级、村镇信用评级的基础上并强调了农户小额信用贷款的商业化运作，坚持了信贷资金的还本付息原则。过去将小额信贷局限于扶贫，而且借贷双方和关联的政府机构、乡村组织过度夸大它在历史阶段中的适度补贴性质或转移支付性质，淡化它的信贷资金的根本属性，甚至认为发放它是分救济款、分福利。这些观念认识渗透到小额信贷制度体系中，演化为一种导致资金难以回收、贷款失败的制度障碍。而当时的农业银行等金融机构又难以深入基层农村进行管理和提供咨询服务，甚至认为小额贷款形成的呆坏账可以挂账处理等，所以造成一些地方小额信用贷款大面积形成呆滞。

关于农村合作金融机构通过推广农户小额信用贷款进一步优化其资产质量的现象在 21 世纪初已经较充分地展现出来。在贵州山区，一个典型的事例就发生在中西部第一家农村合作银行的前身——贵阳花溪农村信用社身上。该社在改革试点前按县、乡分别设立法人，过去一度盲目与国有商业银行攀比，贷款大量投向乡镇企业和用于垒大户，造成 43% 以上的不良资产，亏损面达 54%，资本充足率为 −1%，辖内半数独立法人机构处在高风险状态。20 世纪 90 年代后期，全社的信贷投放改为以农户小额信用贷款为主，21 世纪初期，新增存款 80% 用于这方面。结果那几年的到期本息回收率达到 95% 以上，不良贷款率降低到 15% 以下，不但消除了高风险社，还实现了辖内社社赢利，资本充足率上升到 5% 以上，抗风险能力显著提高，存款也增长 2 倍多。这些，为 2003～2004 年该社实施产权制度改革打下了较好的基础，由于其按县合并后资产规模、资本充足率、不良贷款率等都达到了相应要求，从而组建为农村合作银行。即使在农信社改革试点前夕的 2002 年，从有关报表看，全省各县农村合作金融机构

的农户小额信用贷款的还款率大多能达到80%~90%，呆坏账很低，全省统算不到1%，远低于其他各类贷款。又如，农村信用社六枝县联社在2003~2005年，以产业化项目配合农户小额信用贷款，结合政府规划兴建的3万亩茶叶基地、20万头商品畜基地、10万亩优质米基地、10万亩经果林基地、10万亩经济林基地的项目，引导农民生产投向，初步形成了"一村一品一协会"的农业产业化经营及产业结构调整格局，农民收入有了较大的增加，联社也得到发展壮大。还有，盘县、湄潭、普定、平塘、印江、普安县的农村信用社在投入不少资金建立农户经济档案和评定信用户、致力于改善农村信用环境的同时，以农户小额信用贷款为重点解决种养业中基本生产资料的资金缺口问题，取得了较好的效益，保证了较高的回收率[①]。

（四）发挥了农村合作金融机构的相对优势

农户小额信用贷款是农村合作金融机构市场定位的一个必然选择。而且客观上农村合作金融机构也具有经营这种业务的优势。因为它具有社区性合作金融机构的性质，容易深入村寨，了解农户，对农户和村寨进行信用评级与建立经济档案，减少信息不对称的程度，减少信用风险与道德风险；它能够上门服务、承担繁琐工作并利用地缘、人缘的便利来克服成本压力及降低某些交易成本；它容易贴近农户，帮助农民树立现代金融观念和信用意识及法制观念；它也容易对农户提供技术服务与信息服务。在目前其他金融机构纷纷撤离农村市场的情况下，也只有它能够更好地担负这个任务。这种客观现实决定了它只有发扬挎包精神，走千家、串万户，不怕繁琐、不怕辛苦、兢兢业业搞好这项主要业务，才能确保其生存之基。做大银行所不能做的或难以做到的，这正是农村信用社独特的生存之道。正如六枝特区农村信用联社领导所认为的那样，农村合作金融机构比起其他金融机构在许多方面还处于劣势，但作为最贴近"三农"的金融企业，立足于农村的广阔天地，背靠众多的"衣食父母"，面对国内外大市场，这恰恰又是其得天独厚的优势[②]。

在贵州这样的贫困山区，由于农村人口相对稠密，农民们一般对土地有长

[①] 花溪农村信用社的数据来自笔者在贵州农村信用社改革试点领导小组办公室专家组工作期间对花溪农村信用社的实地调研；其他情况来自贵州农村信用社业务状况表及各县农村信用社参加省农村信用社改革试点工作会议的交流材料。参见：辛耀.2007.欠发达地区农村信用社改革与发展研究.北京：光明日报出版社：259，260。

[②] 贵州各县农村信用社参加省农村信用社改革试点工作会议的交流材料。参见：辛耀.2007.欠发达地区农村信用社改革与发展研究.北京：光明日报出版社：259，260。

期依附性，交易的长期性有利于约束借款人行为。前已述及，村民们长期固守在一起、朝夕相处，而且普遍存在农村社区特有的村寨聚合力、礼治秩序、伦理规范和民族、家族、宗法、宗教等因素形成的制约与影响，农民相互之间的诚信关系和身份承诺是极为重要的，甚至是立命之本，所以对借款人容易形成较高的社会抵押机制，即形成较强的惩戒约束机制和激励机制，从而有利于保证较高的还款率。但如果引导不好，也容易出现大家都不还款的局面（羊群效应）。实践还证明，村支部、村委会对于协调农村借贷和维护借贷秩序有着重要作用，我们在小额信贷搞得很好的贵州省印江县坪峨村调查时，发现那里的村支书和村主任对农户借贷金额、还款期限、结息情况了如指掌，他们的流水账与农村信用社的台账之间能够沟通衔接，能够反映每月、甚至每周农户资金借入、还本付息的情况。他们还及时向农村信用社提供了有关农户方面的翔实信息，以便农村信用社动态调整农户调查表的数据资料。前已述及的分散原理和大数法则，作为一种经济活动的内在机理，对于化解分散独立的非系统性风险虽然比较可靠，但却不能保证对由社会多种因素导致的系统性风险的化解。如果说某个地区因社会原因造成信用环境恶劣、农民普遍不还贷，或者是出现大面积自然灾害，分散原理和大数法则就不一定管用。因此，健全的征信体系和良好的信用秩序是保证小额信用贷款正常运营的外在必要条件。

国内外的不少非政府组织或民间小额信贷组织的运行模式大多要靠小额信贷本身来消化利息成本和经营费用，这些小额信贷机构的借款人本身往往要承担较高利息负担。所以，在引入小额信贷的早期，我国不少实践者和学者主张利率市场化和利息收入应该覆盖成本。在一般的情况下，与其他信贷比较，由于小额贷款单笔金额小、经营笔数频繁，加之受农村交通闭塞及基层网点设施落后的影响，其单位成本较高、经营费用较大。而且我国传统农户贷款本身也存在分散、量小、风险相对大、规模效益相对小的特点。很自然，农村合作金融机构会要求利用利率杠杆来解决这些问题，同时央行对农村合作金融机构弥补此种成本费用的必要性也给予了充分的理解与支持，较早给予了农村信用合作社50%以上的利率浮动权，并对欠发达地区的农村信用社提供了低利率的支农再贷款。

由于农村信用合作社产权制度改革中坚持了互助互利的合作性质，而且农村合作金融机构仍然是承接和分配诸如央行低利率再贷款等国家支农业政策的载体，同时考虑到农户小额信用贷款的普惠性，在贵州农村信用社改革试点的方案中，曾明确规定了农村合作金融机构对农户小额信用贷款不予上浮利率。

但对传统农户贷款中的加工、储运、大户种养业、建房、治病等贷款和中小企业贷款却经常上浮50%～60%，对非社员（如城镇工商户）的贷款上浮更高。这说明农村合作金融机构可以利用多种贷款组合来保证成本回收并避免增加小额信用贷款农户的负担。在农村，资金的缺乏使其具有较高的边际效用和回报率，从而使农户有可能接受利率较高的民间借贷去从事一些"短、频、快"的生产经营项目或满足生活急需，但这往往是牺牲借款人自身劳动的货币报酬而换来的。所以农户小额信用贷款尽可能不上浮利息能够起护农、惠农作用。而在传统农户贷款和城镇工商贷款方面又实行较灵活的利率浮动，以弥补其经营小额、零碎贷款业务造成的单位成本较高的负担。近年来对小额贷款也要求其利息覆盖风险，在央行农村金融服务研究小组《农村金融服务报告2008》和《中国农村金融服务报告2010》中得到肯定，这更有利于小额贷款实现财务平衡。

由于农村合作金融机构在基层农村已经形成了较好的经营基础，而且按县合并法人，业务迅速扩展，其规模效益明显增长，因此比一般小额信贷机构更容易实现财务平衡和可持续发展。据中国人民银行贵阳中心支行对贵州农村金融服务成本的测算与分析：2006年，农村信用合作社县级联社的贷款服务成本为5.88%，存款服务成本为4.64%；乡镇信用分社的贷款服务成本为3.08%，存款服务成本为2.39%；农业银行县级支行的百元贷款成本费用额为4.93元，百元存款的成本费用为4.82元。但非政府组织的百元贷款服务成本高达平均16.15元，该中心支行据此判断，即使放宽农村金融市场的准入条件，考虑服务成本和市场竞争因素，其他农村金融机构要对农村信用社产生竞争压力，其贷款规模的盈亏平衡点至少要达到1110万元，小额贷款公司市场准入的最低资本金至少在1000万元左右[①]。以后的实践表明1000万元左右资本金小贷公司的运行也非常艰难。

第二节　近年来的重要金融创新及相关问题

一、传统农户贷款的现状及其创新

传统农户贷款（农户生产经营贷款）一直以来在农村合作金融机构的信贷

---

① 中国人民银行货币政策分析小组. 2007. 2006年中国区域金融运行报告. 北京：中国金融出版社.

资产中占有很大比重，而且与农户小额信用贷款形成了互相补充。2010年，在贵州全省农村合作金融机构农户贷款余额中，传统农户贷款约占70%，农户小额信用贷款占30%；而在各项贷款余额中，全部农户贷款余额的比重超过了77%[①]。

传统农户贷款的特点是：由于其额度较大，能够更好地满足农户为实现更大发展、为进行生产经营结构调整、为实现更大消费等的资金需求；农户贷款大多为一年期以内的短期贷款；农户贷款一般要求借款人提供抵押担保或信用担保。传统农户贷款的创新主要体现在以下方面：第一，2000年以来，随着农村金融改革的推进，其利率市场化程度大为提高，表现为其适用利率受资金供求关系影响较大，利率浮动范围较大，而且其利息成为农村合作金融机构的重要收入来源。第二，市场选择原则有更为充分的体现。农户小额信用贷款的创新在于克服市场选择不利于农户的现状，普惠性地满足农户基本的生产消费需要，而农户贷款则适宜满足农户谋求更大发展、调整生产消费结构的需要。第三，近年来，不少地方将农户贷款与项目贷款、农业产业化龙头企业贷款、农村专业化合作组织贷款等形成组合，以提高这种贷款的综合效益，并利用这种组合降低担保抵押要求，开展联保，配合农村信用工程建设，创新风险管理机制。第四，近年来，借助推行农户小额信用贷款而实施的农村信用工程，实际上也为传统农户贷款提供了较好的信用环境，或者说，农户评级等农村信用工程建设所形成的信用环境资源，实际上也是两种农户贷款可共享的。

二、与农业产业化、技术品种推广有关的金融创新

（一）农户贷款与经济组织、中介组织、政府及相关项目的组合

农户贷款往往与农业产业化项目、技术品种推广组合在一起，实际上形成与某个利益联结体的利益关联的贷款，有时会加入政府或中介机构。就目前来看，常见的有以下几种运行模式（其中有些模式近年来已广为人知，这里就不专门解释，但会提供适当的案例来加深理解，有些是最近才出现的，故稍作解释）。①农户小额信用贷款与产业化或技术品种推广项目的组合。②农户贷款与项目的组合。③联保贷款（包括农户联保贷款与信用互助联合体贷款）与项目

---

① 贵州省农村信用联社.2011.改革与发展工作图表2003—2010.贵阳：贵州省农村信用联社编印（内部资料）.

的组合。④公司＋农户（运行中，这一模式有可能是公司项目贷款与农户小额信用贷款、或农户贷款、或联户贷款的三种组合或综合组合，从而综合利用公司的抵押、资产或收入质押、信用担保、预期收入与获取授信的能力等融资条件，与各种农户贷款的预期收入、大数法则与分散原理、农户自身资产抵押或担保、联保等风险对抗机制进行组合，运行中可能以合作组织、龙头企业为载体统一贷款，也可能是合作组织、龙头企业与农户分别贷款）。⑤公司＋协会＋农户（在以上可能形成的组合基础上加入了协会等专业合作组织，从而利用其专业优势和对农户、市场及其他外部环境的协调沟通能力）。⑥保险＋合作社＋信贷（把农户组织到合作社等合作组织中，引入政策性保险及商业保险机制而提供信贷的组合）。⑦信贷机构＋农户＋龙头企业＋保险公司＋政府（所谓五位一体综合服务方式。其运行特点是政府协调整合资源、依托龙头企业，信贷提供项目贷款和农户贷款组合，保险公司提供风险转移保障。不少地方的运行是由龙头企业与农户签订购销合同，农村信用社负责提供贷款，保险公司承保，保险费由当地政府和农户双方按一定比例支付）。⑧政府＋财政专项资金＋龙头企业＋担保系统＋农户（即所谓五方联动模式。其运行特点是政府协调整合资源，财政专项发挥杠杆作用，依托龙头企业，打造担保平台，配合农户贷款，实施体内循环，实现互惠共赢）。⑨产业链中的金融联合支持贷款及服务（其典型是所谓粮食产业链联合贷款，即将涉农金融机构的金融资源进行整合，实行大组合、小分工，围绕粮食种植、收购、加工产业链条，以订单农业中心会员、粮食收购加工企业、食品企业为支持重点，开展产业链支持战略合作，实现对粮食生产链各环节信贷支持的无缝连接，促使农业良性循环发展）[1]。

  就国内各地的实践来看，关于农业产业化项目、技术品种推广项目与农户贷款的组合运行，除借助了项目实施企业、相关专业组织与中介组织的风险对抗机制外，一般还具有减少农户与市场之间的信息不对称程度及其风险的作用，加上前述农户贷款本身的风险对抗机制，组合则将多样化的风险管理机制综合起来，所以普遍能够增强风险对抗能力。而金融机构对这类利益联结体系的贷款运作，一般是在基层政府、专业组织、涉农企业的支持、配合下，围绕项目实行集中授信、连片放贷。其流程通常是公开的，管理往往借助多方面的力量。

  贵州、云南、四川三省，早在20世纪90年代后期，就在烤烟种植到烟叶收

---

[1] 中国人民银行农村金融服务研究小组.2010.中国农村金融服务报告.北京：中国金融出版社.

购的产业链中利用农户小额信用贷款来解决资金需要，而且这个产业流程中的农户小额信用贷款一般都安全回收了。其原因主要是：第一，有连接消费市场的卷烟加工业，形成了规模巨大的需求，这相当于是一笔很大的订单，所以未来的预期收入比较确定；第二，发放的农户小额信用贷款笔数多而额度小，适合利用大数法则与分散性原理进行风险管理；第三，从提供种子到烟叶收购，实物运行和资金运行都有相当成型的产业组织系统如农资供销系统和烤烟收购系统进行保障和监督管理，借款可直接保证用于种子、化肥等生产资料的供销采购，还款可从对农户的烤烟收购款中扣划，进一步确保了资金借贷安全运行；第四，有政府在其中进行组织、协调和指导。不过，上述烟叶种植、烤烟、收购、卷烟生产等环节的信贷风险管理比较简单实用，产业链的利益联结机制与其他农业产业化组织可能存在差异，所以不能把这个系统的运行方式照搬用于其他农业产业化组织系统。在贵州山区，这样的例子并不少。例如，德江县的波尔山羊改良项目是一个农户小额信贷资金与产业化发展相结合、养羊业与生态环境相结合、产业化发展与扶贫攻坚相结合的综合性项目，产生了重大组织创新效果，1995~1999年，养羊产值的增长速度远高于粮食产值和财政收入的增长速度，对县域经济结构调整产生了重大影响[1]。还有前面提到的六枝县联社配合政府规划的茶叶、畜牧业、优质米、经果林、经济林等产业化项目配合农户小额信用贷款的发放取得较好经济效益的实例，等等。在贵州的大多数县域，涉农金融机构都开展了小额信用贷款与农业产业化项目组合的信贷业务。

　　关于一般农户贷款与项目贷款的组合也在贵州山区的涉农金融机构较为广泛地开展着，而且起步较早。例如，21世纪初赫章县古达乡"公司＋农户"发展黑山羊的产业化项目。它的做法是在地方政府规划和组织协调下，用项目贷款支持公司开拓市场、搞活流通，抓好技术服务，甚至支持技术人员带职带薪进入公司；用农户贷款支持选定的专业户进行散养，通过公司进行销售。这是对企业项目贷款与对农户贷款有机组合产生综合效益的一个典型。其经验主要是：①政府统一搞好规划，并积极组织协调；②企业明确战略目标，重点抓好市场及流通；③注重良种引进开发，技术服务深入到位；④严格选择专业户，强调以遵纪守法、诚信务实、劳动力强、能够接受技术指导并具有一定经营头脑，以及遵守计划生育政策等为贷款选择条件；⑤资金供给及时到位，贷后管

---

① 贵州省农业厅．贵州农业结构调整50例．贵阳：贵州省农业厅编印（内部资料）：64-70．

理严格。草养羊目前也是贵州山区对石漠化进行治理的一种尝试，前面已经提到德江县的波尔山羊改良项目。还有晴隆县，2001 年起实施波尔山羊产业化扶贫试点项目，将种草养羊和生态治理结合起来，10 年来种植人工牧草近 30 万亩，改良草场 2 万多亩，项目区的农民人均收入由 2000 年的不足 630 元增加到现今的 4000 多元，每年治理水土流失面积达 20 平方公里左右，据该县农村信用社介绍，这个项目也得到了农户贷款的支持[①]。

据贵州日报报道，最近几年，在遵义地区茶产业迅速发展的过程中，涉农金融机构、尤其是农村合作金融机构综合性地采用以上金融创新方式，将农业产业化项目贷款与农户小额信用贷款和农户贷款进行组合，而且在运行中综合采用了过去常用的"公司＋农户"、"公司＋专业组织＋农户"等模式，和最新的五位一体综合服务、五方联动等模式，并利用担保方式的创新，积极开展融资促进茶叶产业化发展和创立名茶品牌，产生了相当显著的经济社会效益[②]。由于贵州山区茶叶产业发展中金融创新的多样性和综合性比较突出，而且多发生在近些年，故在此特将贵州日报记者罗石香 2012 年 6 月 13 日关于遵义市农村信用社大力支持茶产业发展的报道，结合笔者调研了解的情况，整理介绍如下。

2012 年，遵义市（地区）茶园面积已超 110 万亩，投产茶园 71 万多亩，近 14 万农户种茶，约占农户总数的 8%～10%。截至 5 月底，该市农村合作金融机构各县联社已发放涉茶贷款近 1.5 万笔，贷款余额近 8 亿元。如正安县 2006 年以来由政府制订茶叶发展规划，通过财政捆绑投入、种植户及加工业主自筹资金、金融机构信贷支持等多渠道筹资，对茶产业投资 3 亿多元，形成了以高端产业品牌"白茶"为代表的茶叶品种的多元发展趋势、合理种植布局、严格品质控制，使茶叶种植户、加工厂和销售公司均得到丰厚回报。目前，全县已有 4.5 万户小规模种植户（约占农户总数的 30%～40%）。农户小额信用贷款能满足大多数农户的信贷需求，而一些大户要求的金额大，可通过对茶园评估后按其价值抵押贷款。

湄潭县的茶叶产业发展在遵义地区是历史更为悠久的，其茶产业链也相对完整、茶农的收益也相对可观。目前全县茶园面积已达 36 万亩，七成农业人口

[①] 赫章养羊案例来自：贵州省农业厅．贵州农业结构调整 50 例（内部资料）；晴隆养羊案例来自：朱邪．2012．智伏"石魔"——看我省如何通过石漠化治理实现生态效益双丰收．http://gzrb.gog.com.cn/system/2012/06/17/011492156.shtml［2012-06-17］．

[②] 罗石香．2012-06-13．遵义市农村信用社大力支持茶产业发展．贵州日报，第 10 版．

吃上"茶饭",号称"西部生态茶叶第一村"的湄江镇核桃坝村的812户农家全部都种植茶叶。该县农村合作银行针对茶叶种植户、个体加工经营户及生产经营企业,从茶叶种植、生产加工到销售各环节,进行全方位支持。自2007年以来,通过农户小额信用贷款方式累计发放茶农种植贷款近4亿元,支持农户近5万户;通过抵押或担保公司担保方式对企业累计发放贷款80笔、1.4亿元。目前,兰馨茶业有限公司、黔风生态实业有限公司、陆圣康源科技开发有限公司等已经成为省内著名的茶产业龙头企业,创立了在省内外有较高知名度的品牌。

凤冈县茶园面积达28万多亩,涉及4万农户,约占农户总数的一半。该县农村信用社针对茶叶企业、茶叶加工农户、培育茶苗苗圃农户各自的融资问题,积极调整和改变金融服务方式、创新信贷产品。例如,采取加工设备或茶园经营权抵押或担保、保证贷款、联保贷款的办法解决相关企业和加工户的融资担保难问题;通过小额农户信用贷款,解决种茶农户的资金需求;通过农户大额信用贷款方式,解决种植加工大户的资金需求;对相关企业、农民专业合作社生产经营和资金运营情况进行指导与监督,与较大的公司加强合作交流,初步形成"银企合作"、"公司+农户"、"公司引导农户"的茶叶产业发展及其融资的模式;通过对资源确权、评估把资源转化成资产,而资产又可以抵押借贷进一步转换成资金,即用所谓"三资"转换突破"三农"融资的抵押担保制约。该县田坝村在新农村建设试点中投入资金1453万元,其中中央和地方财政引导性资金53万元,银行贷款200万元,社会融资1200万元,大力促进了茶叶产业化发展,目前田坝村茶园面积已达全村耕地总面积的35.2%,人均茶园2.2亩,建成国家级农业标准化示范区[①]。

在遵义市,道真、余庆等县的茶叶产业也有较大发展。道真县农村信用社基于茶叶产业贷款季节性强、时间短、周转快的特点,深入细致地对全县的"涉茶企业"、农户进行调查摸底,弄清种植、加工、销售及资金需求情况后,实行每笔贷款面谈、面签、限时办结、阳光操作的办法,开辟信贷"绿色通道"。余庆农村信用社针对本县茶资源虽然丰富但产业规模较小、茶农较为分散的特点,开展对相关农户的走访调查,及时掌握茶农生产经营情况和茶叶市场价格变动情况,在及时为茶农、茶业专业合作社提供市场信息和加强指导的同

---

① 贵州省农业委员会新农村建设与社会发展处.2010."十一五"全省社会主义新农村建设百村试点经验总结报告//贵州省农业委员会.百村试点 百尺竿头——贵州省社会主义新农村建设经验交流集.贵阳:贵州省农业委员会编印(内部资料).

时，利用小额信用贷款的方便、快捷特点，适当扩大对种茶大户、农民经纪人授信额度，进行放贷，扩展茶业企业、茶农、茶产业经纪人等生产对象的融资渠道。而对无法提供有效抵押担保，又不符合小额信用贷款要求的相关企业、客户，除积极协调本地担保机构提供担保外，还针对借款人和行业实际情况，积极创新抵押方式，如采用茶园抵押、信用授信加抵押担保、其他组合担保等方式提供信贷支持。

（二）从建立长期客户关系到实施社会化、市场化、组织化战略

金融机构与涉农企业建立长期客户关系，可在信息较为对称、借款人收入预期比较明确的基础上采用授信、额度与利息协商调整等方式提供信贷服务，其金融交易注重维持产融间的长期稳定关系。贵州山区农村经济与金融发展虽然滞后，但已在不同程度上开展了以上创新。

关于与大型龙头企业建立长期客户关系，构建大额度、长期限的授信关系，这是全国性大型商业银行的优势。例如，农行贵州省分行及相关县支行与同济堂中药制药公司的长期合作关系，通过省分行、市营业部、修文县支行三级机构联合支持，把一个县域内的一般龙头企业发展为我国首家在纽约证券交易所上市的中药制药企业。又如，农行省内机构与贵州汉方制药有限公司通过十多年合作，建立起长期客户关系，把该企业从作坊式经营企业发展为通过国家GMP认证、拥有国家高技术产业化示范工程项目的大型现代医药企业集团。近年来，农行贵州省分行支持中药现代化行业客户已有40～50家，大多建立了长期客户关系。贵州信邦中药发展有限公司原先是一家以中药材基地建设和收购为主的农业产业化小企业，农行贵州省分行根据该公司资金需求"短、频、快"的特点，通过每笔金额200万元的小企业简式快速贷款向其滚动投放，并延伸支持对实现规模化具有重要意义的种植基地，促进了公司迅速发展壮大。药材规范化种植生产基地由最初的1个县扩展到5个县市，面积由500余亩发展到3300余亩，同时公司通过与其他县域的农民签订合同，带动15个县的近万户农民种植中药材共44 800余亩，人均增收300多元[①]。

在综合性的农产品生产、加工、销售的产业化发展方面，农行贵州省内机构也有不少建立长期客户关系的案例。例如，与国家级龙头企业永红食品有限

---

① 王新伟.2009.农行贵州分行：助推"三农"产业化发展成效显著.http://district.ce.cn/zg/200911/23/t20091123_20486354.shtml［2010-01-04］.

公司利用"公司＋基地＋农户"模式进行长期合作，提供上亿元的资金进行重点扶持，使该公司通过公司带基地、基地带农户的形式建成大型天然牧草培育优质肥牛基地。并依靠科学和严格的生产工艺技术及现代企业管理制度组织生产，有效提高和稳定产品质量，增强产品核心竞争力。近年来，该公司在"牛头牌"牛肉系列产品的主导下，形成了卤制系列产品、"黔牛牌"辣椒系列产品及其他 40 多个品种、近 100 多个规格的庞大产品阵容。而且，其产品系列已覆盖全国各大商场、超市并远销俄罗斯、新加坡、中国香港等国家和地区。再如笔者到六盘水地区调研时了解到，农行系统近年来对当地省级重点龙头企业水城姜业发展有限公司及时提供资金支持，建成小黄姜种植基地 2 万余亩，直接带动相关农民成为"产业工人"；对当地水城县茶叶发展有限公司、钟山丰瑞达食品工业有限公司等，在收购季节提供简便快速的流动资金贷款，直接带动上千农户"因茶而富"，或因经营加工、销售马铃薯、干姜、半夏等农副产品而增收。而这些信贷活动都是在与客户之间建立了较长期的关系、相互了解到一定阶段的基础上开展的，因此能够灵活地开展授信业务，有针对性地发放大款和进行管理，较好地保证项目效益和信贷资金的安全回收。

　　从发达市场经济国家的经验来看，与大型企业建立长期客户关系是加强银行信贷风险管理的重要手段。德国、日本的主银行制度曾经在这方面提供了重要经验。主银行制度表现为某一个企业或企业集团长期以来主要与某一特定的银行保持信贷往来，而这一特定银行就被称为主银行。主银行制度是指包括工商企业、各类银行、其他金融机构和管理当局间一系列非正式惯例、制度安排和行为在内的融资方式和治理体制，核心是主银行与企业间的关系，也称为"产融结合"。在这个体系中，金融机构除了向企业提供一般贷款、特殊信贷、信托、担保等服务之外，还有金融机构与企业的相互持股、相互提供管理资源、互派管理人员等主体间的渗透。新近的业务又扩展到承销证券发行和资本运营方面的结合。产融结合的作用：第一是减少了信息成本；第二是节约了搜寻、谈判、签约、监控等其他交易费用；第三是比较有效地克服了逆向选择风险和道德风险；第四是促进了经济活动的时空结合；第五是实行风险的分担。而在农村金融方面，日本的农林渔业协同组合（农协）提供了很值得借鉴的经验。日本农协始终保持其"公益性法人"性质，发挥着政府末端组织的职能，它们在对农村提供优惠金融服务的同时，还兼营农产品和生产资料的供销、农业生产技术服务，以及与生产经营、生命健康有关的各类保险。我国的农村合作金融机构虽然不是日本那种综合性组织，但可以在农户与合作经济组织、农业产业化龙头企业及基层政府组织之间发挥信息咨询服务和牵线搭桥的作用，创造利益联结机制和风险化解机制，从多个领域探索与扩展合作金融和其作为政策载体的价值。在目前农业项目普遍缺乏有效担保条件的现实中，为了促进农业产业化发展，缓解涉农企业、尤其是涉农中小企业担保难和贷款难的难题，一个比较现实有效的办法就是建立产融间的长期交易关系，减少信息不对称、节约交易成本。从而也有可能依据实际情况实施保证、抵押、质押或授信等多种形式的贷款，降低苛刻担保条件。

值得注意的是，近年来国家开发银行由于其政策性银行的特殊地位、特殊视角和实力、规模等，不但在发挥其提供中长期项目贷款的优势与现代农业要求规模化、集约化和产业化等特征相结合，通过项目贷款在农田水利建设、扶持龙头化企业等方面有了较大的动作，而且在与客户建立长期合作关系方面形成了自己独特的做法，特别是在融资活动中借助了政府及有关社会组织的作用，从而在增加融资的同时形成了特有的风险对抗机制。《求是》杂志记者对国家开发银行董事长进行专访，了解到近年来该行涉农项目贷款运作与风险管理的显著特点[①]，即：与当地政府合作，由政府搭建融资平台，融资平台选择当地优势产业，把分散的企业与农户组织起来，成立行业协会或信用协会，建立会员贷款联保互保机制，贷款实行民主审议，全过程公示；针对农业比较效益低、风险相对大、融资缺乏担保的特点，按照金融社会化的理念，建立"以市县合作为基础，以平台与合作机构建设为手段，以多级风险分担和补偿为保障"的融资机制，来解决传统模式下银行不能解决的融资难题。这种风险多级分担和补偿的机制，基本能够控制住风险，实现银行、企业、农户多赢的目标。同时，在与客户建立联系后，主动性地提前介入项目规划，帮助客户制订融资方案，设计贷款品种和期限，整合信用资源，搭建信用结构，力保投资成功与贷款安全。近年来，国家开发银行在金融支持农业大项目的同时也注重做好经营分散、风险较大的小项目，而且保证了很低的不良贷款率，其原因是在开展基层业务上重点实施了以下三个战略。其一是社会化战略。力争在把握市场建设主动权的前提下，以政府合作为基础，以助贷机构（如行业协会等非经营性地方机构）和平台建设为手段，以风险分担和补偿为保障，推进基层社会金融机制的建设。其二是市场化战略。即实施银团融资，拓宽资金来源渠道，逐步降低本行资金比

---

① 王兆斌.2009.创新融资方式　支持现代农业发展——访国家开发银行党委书记、董事长陈元. http://www.qstheory.cn/zxdk/2009/200906/200906/t20090609_1752.htm [2012-03-25].

重，以发挥资金"种子"作用；吸收先进的金融文化、技术和创新产品，建立满足不同层次客户需求的金融产品和服务体系，并着力提高权益保护能力。其三是组织化战略。即加强市县合作，激发政府的组织协调优势，不断创新金融产品和服务，加快推动基层金融发展。2012年4月，国家开发银行贵州分行授信2.5亿元支持石阡茶产业发展，探索连片特困地区扶贫项目贴息贷款融资的"四台一会"（组织平台、融资平台、担保平台、社会公示平台和信用协会）新模式。紧接着，这一模式又推广到江口、正安、息烽、思南等其他县，共授信8.39亿元[①]。

以上情况表明，对于培育和提高经济社会的综合能力而言，实施社会化、市场化、组织化战略，比一般性的建立长期客户关系、实施产融结合更进了一步。这说明，在我国也能够发现长期信贷创新与提高特定地域经济社会综合能力的好经验，今后应该很好地推广这些经验。我们也看到，目前国家开发银行这方面的运作主要局限在几个省，在贫困山区还有待试点和推进。

除了国家开发银行之外，农业发展银行由于其实力、规模和政策性银行的特殊身份，在近年来开发了农业产业化龙头企业贷款、农业科技贷款、农村小企业贷款、农村流通体系建设贷款等。该行在客户竞争方面也有相应优势，从而有可能在近年来迅速发展客户并逐渐建立其长期客户关系。

三、与新农村建设直接相关的金融创新

前已述及，新农村建设不是简单的村寨形象建设。按照"生产发展、生活宽裕、乡风文明、村容整洁、管理民主"的要求，要协调推进农村经济建设、政治建设、文化建设、社会建设和党的建设。也就是要形成和提高村寨经济社会的综合能力，包括引导村寨、地方产业和农民融入市场，实现农业现代化，形成工农业协调、城乡协调和区域协调发展。所以，与新农村建设有关的金融创新包括以下比较宽泛的内容。

第一，前述的与农业产业化、技术品种推广有关的金融创新，实际上也是与新农村建设有关的金融创新，而且是其中的重要部分。这里就不再累述。

第二，农业发展银行、国家开发银行、农村合作金融机构、农业银行即其他商业银行近年来针对新农村建设中的硬件建设开发的各种信贷产品。其中政策性银行有：农业发展银行的农村基础设施建设贷款、农业综合开发贷款、县

---

① 胡丽华. 2012. 打好集中连片特困地区扶贫攻坚战 创建"全国扶贫攻坚示范区". http://gzrb.gog.com.cn/system/2012/07/26/011564879.shtml［2012-10-04］.

域城镇建设贷款、新农村建设贷款、农村土地整治贷款等；国家开发银行迅速扩大投向农村公路网络、电网、饮水、排污与垃圾清理、农户用沼气与大中型沼气工程等基础设施建设的项目贷款，新开发了农林水利贷款、新农村建设及县域贷款，支持农村教育与医疗卫生的基础设施建设贷款，支持农产品市场建设、升级改造和物流体系建设的贷款等（第二章第二节中已有介绍）。而农村合作金融机构、农业银行等，在农村电网改造、农田水利、交通、能源等基础设施建设，小城镇建设，农村及城镇的个人住宅建设与农村危房改造等方面也积极开发了相应的信贷产品。

第三，在新农村建设的人力资源开发及软件建设方面的信贷产品创新，有农村合作金融机构生源地学生助学贷款和国家开发银行发放的助学贷款。尤其是国家开发银行发挥其长期融资优势，迅速进入了学生助学贷款领域（有关情况已在第二章第二节中作了介绍）。另外，农村合作金融机构开发了为农民工量身定做的外出创业贷款、返乡创业贷款，以及支持大学生回乡创业、担任村官的贷款，都体现了对人力资源开发的意义。

第四，在农村金融服务方面的创新，以贵州山区为例主要有：农村合作金融机构突出社会效益，利用法人社的内部调剂盈亏与合理配置业务人员，采用新增常规性网点和设立灵活便民服务点等方式，大力填补服务空白点，实现了全省各乡镇基础性金融服务全覆盖；针对外出农民务工者多和他们保管、汇兑现金的客观需要，在全国率先开发了农民工银行卡特设服务，提出了金融服务跟着农民工走的口号；推出"信合惠农一卡通"，实现了中央、省级财政涉农补贴资金业务直接代理兑付，而且将小额信贷自助、小额信贷循环使用、缴费、生活消费支付等业务纳入银行卡业务；迅速推广了现代支付结算系统在农村的覆盖；通过营业网点的信息工程建设，基本实现全部营业网点联网和通存通兑、农民工柜台业务受理等业务。此外，农行贵州省铜仁市支行拟配合农村金融服务"村村通工程"，在该市的10个县（区）的1850个村设立助农取款服务点（占该地域行政村总数的71%）。取款业务以银行卡为载体，依托POS终端功能完成，能提供账户查询、小额现金支取、转账等金融服务[①]。

近年来，我国农村金融服务出现了关注手机银行的设立与推广的动向。手机银行是银行业金融机构与移动通信运营商之间通过跨行业合作，整合货币电

---

① 姚忠云. 2012. 农行铜仁分行年内建设1850个助农取款点. http://gzrb.gog.com.cn/system/2012/08/16/011595814.shtml［2012-08-16］.

子化与移动通信业务,借助移动互联网络平台,以手机作为终端,向客户提供银行服务的一种金融服务方式①。手机银行的创立应该说也与孟加拉乡村银行有关。穆罕默德·尤努斯发现现代信息和通信技术缩短人们的距离感且在瞬间完成交流的作用,可以作为一种重要的反贫困手段而加以利用。1996年,当时孟加拉的农村连固定电话都没有普及,而乡村银行却超前设立了手机公司,向贫困人群、尤其是其中的妇女提供手机和购买手机的贷款,开展信贷等商务活动,十年后乡村银行就拥有了1000万以上的手机客户②。

从各国的发展经验来看,由于手机对固定电话的替代,地处农村和偏远地区的居民反而成为使用手机银行的一个主要群体,而手机银行则正好可以解决农村银行网点少、金融服务不足等问题,尤其是解决一些偏远农村网点可能达不到盈亏平衡规模,而且业务零碎、单位运行成本过高,基层网点运行艰难的问题,因为手机银行可以覆盖大量客户而减少不必要的网点设置费用,从而能形成规模、节约成本,获得提供金融服务的可持续性。所以,除孟加拉乡村银行以外,不少发展中国家在农村金融领域迅速发展了手机银行。相反,传统银行账户的普及率依然很低。例如,据有关方面的测算:在菲律宾,传统银行完成一笔业务的成本为2.5美元,而手机银行完成相同一笔业务的成本仅0.5美元;在秘鲁,传统银行完成现金交易的成本为0.85美元,而手机银行完成现金交易的成本仅为0.32美元;在巴基斯坦,建立一个实体银行网点的成本是建立一个使用手机交易的零售代理点的30倍③。

在中国的贫困山区,由于电信网络已覆盖大多数村寨,所以推行手机银行业务是大有可为的。目前,据笔者的了解,一些县的农村合作金融机构正在积极探索开发类似手机银行交易特点的农村金融业务。有趣的是,农业银行已率先在修文县试点推广手机支付通,成为全国17家农村手机支付试点金融分支机构之一,使用手机支付通的农户可在家中查询账户余额、养老金明细、新农合信息,支付手机话费、交通罚款,办理内转账与跨行转账等④。

---

① 中国人民银行农村金融服务研究小组.2010.中国农村金融服务报告.北京:中国金融出版社:60.
② 穆罕默德·尤努斯.2006.诺贝尔经济学奖授奖演说.http://historia-del-sueno.blog.so-net.ne.jp [2010 - 02 - 02].
③ 中国人民银行农村金融服务研究小组.2010.中国农村金融服务报告.北京:中国金融出版社:60,61.
④ 罗丽华.2012.贵州省农行在修文推出手机支付通.http://gz.people.com.cn/n/2012/0810/c222173-17343874.html [2012 - 08 - 10].

第三节 担保、订单、保险及衍生交易方面的创新

一、抵押担保与其他担保的创新

关于贫困山区农村信贷抵押方式的创新，以贵州为例，也实施了目前受到各地农村普遍重视的林权抵押贷款。贵州山区一些县域森林覆盖达30%以上，此类资源的利用价值还可挖掘。目前，当地政府也在推进此项融资担保的利用，鼓励金融机构森林资源资产抵押贷款给予利率优惠等。贵州山区的在林权抵押贷款创新特点还突出表现在茶园资产确权评估后的抵押融资上，这在本章第二节中关于遵义市各县农村信用社支持茶叶产业化的案例中已经介绍过。另外，相应的还有经果林的权益抵押等。一些在此基础上产生的收入权益，也被用于质押。

关于土地融资，据最新消息，从2011年8月开始，贵州8个地区共13个县市启动农村土地承包经营权和宅基地使用权抵押贷款试点，截至2012年6月末，试点的"两权"抵押贷款余额已达7700万元[①]，说明这种需求是相当旺盛的。

改革开放以来，贵州山区的湄潭县最早开始在中国实践土地金融业务。湄潭县是曾经以首创"增人不增地、减人不减地"这项我国农村土地制度的基本政策而闻名的农村综合改革实验区，早在1988年，为实现以土地抵押做担保、解决中长期融资的目的和促进土地合理流动，就开始设计土地银行，并在同年成立了土地金融公司，以承包土地的使用权和地面附作物为担保条件进行融资，受到了贷款户的普遍欢迎。具体做法是：在土地所有权和使用权确定以后，以土地使用权抵押担保，借款方如不能履行合约还款，收款方可将抵押担保的土地使用权收归自己，并通过对土地整治、开发、集中后出租或拍卖。但是由于多种原因，湄潭县土地金融公司没能发展起来。据研究，失败的主要问题是缺乏相关的制度安排和法律保证，尤其是土地流转制度滞后、管理部门干预不当和"官办化"，以及公司运行中的职能错位。而且，贷款担保方式的逐渐多样化，也降低了土地使用权抵押担保所占比重，增大了公司资产风险。再加上不

---

① 靳斯慰. 2012. 人行贵阳中心支行积极解决金融热点难点. http://gzrb.gog.com.cn/system/2012/07/30/011569623.shtml [2012-07-30].

同时期的政策变化影响，其资金投向偏向一些风险大的项目，导致公司运行最终搁浅。

在贫困山区农村，土地融资的主要困难还表现在以下方面：第一，由于城市还不能完全接受和有效消化农民工，大多数农民工仍然把土地作为其基本生存保障，这种担心客观上制约着土地使用权流转；第二，农户承包的土地规模小、过分分割，且由于单笔业务量小、但参与者众多，金融机构、中介组织对土地进行价值评估、变现和办理相关手续的成本比城市高得多，经办相关贷款和进行管理会造成繁杂的手续和人员往返耗费、物资耗费，尤其是办理个别贷款业务可能缺乏规模经济；第三，对于集体所有的同一所有权证或使用权证下的、面积较大和价值量较大的土地、林地等，其分割抵押也比较困难；第四，土地的级差价值、级差收益和相应的流动性差异使得边远地区的土地较难实施土地融资。

尽管如此，贵州山区仍然有着较强的土地流转、土地集中与调整生产结构的需求。例如，沿河自治县就在各乡镇开设了"土地银行"，农民可将手中闲置的土地存入政府组织设立的"土地银行"，再由政府采用招租的方式，把土地按一定的价格承包给种养殖大户或前来投资的客商，以推进产业化发展，同时又把承包费付给存入土地的农民。据报道，该县 2011 年通过土地流转等形式完成产业结构面积 23 万余亩，引进商户多家，涉及蔬菜、烤烟、茶叶、草地生态畜牧业、经果林等产业，共占该县重点产业规划任务的 64%，而这 23 万余亩流转土地预计会给该县增加 2 亿元以上的综合收益[①]。又如，凤冈县 2007 年以整合财政支农资金为契机，以发展茶产业为平台，用财政补助鼓励全县农村土地流转。凡通过土地流转扩大茶园规模的，按面积大小给予一次性递增补助，使通过土地流转规模种茶的面积达全县茶园总面积的 65%，促进了茶园基地面积快速扩张，并吸引了大量省外客商，延长了加工、营销产业链，培育了一大批农村能人大户。再如，德江县采用财政补助土地流转费、农户土地"入股"、大户带动建设、产生效益后"分红"的模式。既解决了农户无技术、无资金投入的困难，又增强了他们种茶的积极性，更重要的是取得了种茶的规模经济效益和促进了茶的产业化生产经营。前述正安等县的茶产业发展也有类似的做法。

以上情况表明，一方面土地金融的客观需求是存在的，而经过整合的土地

---

① 孙蕙. 2011. 土地流转 点泥成金——沿河自治县通过"土地银行"模式调整结构发展高效农业. http://gzrb.gog.com.cn/system/2011/05/21/011094314.shtml［2012-06-05］.

资源及其基础之上的产业化收益，又进一步为土地及其相应收益的抵押、质押、担保融资创造了条件，因此政府相关部门也注意到应鼓励和促进对这类资产的确权估值，为农村提供更多的抵押、质押及经济担保条件。关于土地融资的技术性问题，发达市场经济国家和我国相对发达地区已有一些成熟经验可供参考。例如：将土地流转与农民的社会保障、社会保险统一起来考虑，合理制定土地流转价格；对不同级差的、分散的土地，可以"存款"、"入股"等方式集中到土地金融机构手中，经过合理评价或适当整治后的评价，使之证券化，销售给开发商进行集中开发；对于同一所有权证或使用权证下的、面积较大和价值量较大的土地也可以用证券化的方式分割销售给不同的投资者。其实，证券化正是土地金融取得流动性和发展的重要机制。

关于融资担保体系的建设，贵州这样的贫困山区也有积极动作。不少县和地区一级都设立了政府系的农业担保机构。有的地方还以政府注资为引导，涉农企业及农户参股，成立股份制担保公司。而且对担保额一般都采取了10倍左右的放大倍数，注重保护担保债权的优先受偿权。有关部门还积极鼓励和创造条件实施再担保、联合担保等以形成风险分担机制。相应地，也积极考虑配套政策、管理办法，建立专业化评估机构，改进评估方式等。另外，涉农金融机构也积极想办法扩大有效担保品的范围。如将大型农用生产设备、运输设备、农户住宅、集体非农建设用地使用权等纳入抵押品范围，将农产品和农业经营的预期收益和应收账款、仓单、可转让股权、专利权、商标专用权等财产收益权纳入担保或质押范围。再有，是鼓励农户、个体工商户、涉农中小企业之间开展联保。更有趣的是一些县的政府机构鼓励公务员、事业单位的工作人员将个人可以享有的城镇小额信用贷款额度组合起来为农民提供担保。

近年来，我国涉农金融机构在流通环节和市场体系中开发出来的担保抵押方式也引人注目。例如：①仓单质押贷款，即涉农金融机构在取得仓库货物进出控制权的基础上，对仓库货物进行评估和保险，按照其总价的一定比例，发放仓单质押贷款。②涉农金融机构将涉农中小企业的存货、收费权益等作为抵押担保物，按评估价值的一定比例发放贷款。③用箱式信用共同体贷款解决农村分散经营主体贷款难的矛盾。即在商户较为集中的大型批发市场、物流中心、贸易货站等固定场所，通过市场管委会开展信用工程建设，对集聚的商户、中小企业等进行信用评级、确定授信额度、提供小额贷款等信贷服务。一般由金融机构、市场管委会、商户及中小企业三方承诺各自的权利和义务，组建成箱式信用共同体。④伞式信用共同体贷款。即以商会等民间组织为载体，联络行业内分散的商户、中小企业等组成信用共同体，金融机构对共同体内的商户、中小企业进行信用评级乃至提供贷款。由于"箱式"和"伞式"信用共同体扩大了相对稳定的总体资信度和担保能力，可以在相当程度上减免对个体商户、微小企业的抵押、担保要求。有些地方的市场管委会、商会、金融机构还从入会的企业中选出经营状况和资信较好的行业骨干企业，组建担保基金，为被评定的商户、中小企业提供贷款担保。以上这些运作方式，在贵州山区的烤烟、辣椒、药材、蔬菜和一些特色粮食产品的市场体系、流通环节也不时可以见到。

二、利用订单、保险、衍生交易等进行风险管理的创新

（一）关于订单农业质押贷款

一般来说，订单农业质押贷款是指金融机构向农户发放的以订单农业购销合同的收款权为质押担保的贷款。此项业务近年来在农村信用社开展较多，按其一般的产品设计：贷款对象为年纯收入在 2 万元以上的种养殖大户；贷款期限与订单农业合同期限匹配，一般为三个月、六个月、一年等短期流动资金贷款；贷款额度每笔原则上不超过按订单农业合同金额的 70%，每个农户贷款额度为 1 万～10 万元；贷款利率执行中国人民银行规定的统一标准，对特级和一级信用农户实行优惠利率[1]。

在贵州山区，过去的农业订单产品主要有烤烟、油菜子等。近年来，与一些龙头企业的成长壮大有关，辣椒、蔬菜、水果、家禽与畜牧产品、药材等，还有优质米、薏仁米等特色粮油产品的订单农业发展较快。而在这些产品生产环节中，已有采用类似订单农业质押贷款进行融资的，此种贷款的开发空间还将很大。

（二）关于农业政策性保险试点

2007 年，中央财政投入 10 亿元补助金首次对农业保险给予补贴，并选择了吉林、内蒙古、新疆、江苏、四川、湖南六个省（区）的五种主要农作物开展试点，对我国农业保险的发展产生了很大推动作用。当年，全国各省区的生猪与"能繁母猪"保险在政策支持下得到迅速发展，共承保"能繁母猪"3070 万头，超过存栏总量的 60%；截至年底，涉及"三农"的险种迅速发展到 160 余

---

[1] 中国人民银行农村金融服务研究小组．2008．中国农村金融服务报告．北京：中国金融出版社；24．

种，保险服务网点基本覆盖县域①。

作为贫困山区的贵州山区，2007年8月，在人保财险贵州分公司在政策支持下开展"能繁母猪"保险试点。当年累计承保"能繁母猪"152.3万头，承保率为93.23%。2009年，人保财险贵州省分公司又推出了奶牛、"能繁母羊"、水稻、烤烟、蔬菜、林木、生猪、森林等10余种政策支持下的农业保险，提供了超过33亿元的风险保障。然而，据人保财险贵州省分公司反映，尽管有政策的支持，在不到三年的时间，该公司农业保险的亏损额已达到1900万元②。

除前述一般原因外，农业保险在贵州难以发展起来还有自身的一些特殊原因。其一，生态条件脆弱造成的自然风险因素相对多，如洪灾、雹灾、凝冻等，据有关部门反映，近年来每年因自然灾害造成的农业产值损失为80亿～100亿元，大约占农林牧渔总产值的15%，而因灾造成的农业贷款损失大约要占农村合作金融机构不良贷款的1/3③。而现有的减灾、救灾、救济等措施对农业灾害损失补偿的程度很低，农民"几年脱贫，一灾返贫"的现象比较多。其二，由于贫困面大、收入水平低，农户有支付能力的投保需求更低，而且与发达地区比较，由于生产规模小、经营结构单一、组织化程度低、收入水平低，也制约了农户的投保意愿。其三，一般的涉农企业实力较弱，在分担保费上难以主动承担较多的份额。其四，保险公司方面，不仅在农业保险方面面临的风险相对大、成本相对高、赔偿相对大，其他保险产品的开发与发展也受到贫困山区经济落后的制约，不易形成对农业险种亏损或薄利的调剂，因此进一步制约了其经营农业保险的积极性。其五，更重要的也许还在于财政实力很弱，政策支持力度不足。贵州省政策性农业保险的试行，在很大程度上正是因为上述原因而造成了农户、涉农企业、保险公司、财政等几个方面出力不足和相互制约。

早在2006年，有关部门起草了《贵州省政策性农业保险试点实施方案（草案）》。当时考虑到省情，选择了以下运行模式和管理办法：①政府组织，对保费给予补贴，政府、农户、涉农企业及保险公司共同分担风险。具体来说，保费的80%由省、地、县三级财政按5:3:2的比例给予补贴，农民自行承担保费的20%，另外鼓励涉农企业参保（当时建议政府每年补贴700万元，可承

---

① 中国人民银行农村金融服务研究小组.2008.中国农村金融服务报告.北京：中国金融出版社：18.

② 李庭明，曾明.2009.亏损1900万背后的社会责任.http://gzrb.gog.com.cn/system/2009/12/16/010700181.shtml [2012-07-07].

③ 数据来自课题组对贵州省农业厅、农村信用社贵州省联社的访谈。

担最大风险损失限额 1 亿,仅约为农业因自然灾害造成损失的 1%)。②发挥财政补贴的导向作用并与商业保险运作相结合,先试行再逐步推开(试点时期为 2007 年 3 月～2010 年 2 月,各地区自行选择 1～2 个县参加试点,险种的产品采用具有一定规模的、是当地财政和农民收入重要支柱的种植业、养殖业产品)。③建立政策性农业保险风险基金并委托管理,用于超过保险公司承担部分的政策性农业保险赔付(当时建议的风险基金规模仅为 1000 万元)①。然而,这个方案一直没有在省内全面试行。而且,在这个制度框架下,政策性农业保险的覆盖范围、风险转移与补偿能力仍然很小(政策性农业保险的创新,还将在第五章讨论)。

(三)关于衍生交易

近年来,从中央到一些地方,都已经注意并积极推动利用期货等衍生交易来进行农产品的风险管理。而且,各方面也看到,这与订单农业、农业保险等也可以形成相互促进的发展。所以,人民银行和金融监管高层曾多次提出:要培育农产品期货市场和农业保险市场,促进订单农业发展,加快发展农产品期货市场,开发农产品期货新品种,完善市场品种结构,适时推进期货期权,试点设立期货投资基金,研究引入期货市场的 QFII 制度,鼓励农产品生产经营企业进入期货市场开展套期保值业务。鼓励发展以农业订单为依据的跟单农业保险,鼓励商业性保险公司开拓农村保险市场。进一步完善农村地区的信贷市场、保险市场、期货市场,建立功能完备、分工合作、竞争适度的农村金融市场体系②。《2010 中国农村金融服务研究报告》又进一步提出:加快发展农产品期货市场,对已上市的农产品期货品种做深做细,完善市场品种结构,充分发挥期货市场价格发现作用,分散农产品生产销售过程中的市场风险。不断完善农业保险体系,创新农业保险品种,探索建立农村信贷与农业保险相结合的银保互动机制③。

尤其值得注意的是,除了大连、郑州等主要农产品期货市场外。在西南山区,以重庆为中心已经建立了农畜产品交易所。重庆农畜产品交易所(CACE),

---

① 有关部门提供的《贵州省政策性农业保险试点实施方案送审稿》及其起草说明。
② 中国人民银行农村金融服务研究小组.2008.中国农村金融服务报告.北京:中国金融出版社:44.
③ 中国人民银行农村金融服务研究小组.2010.中国农村金融服务报告.北京:中国金融出版社:52.

是重庆市政府为贯彻落实《国务院关于推进重庆市统筹城乡改革和发展的若干意见》，在国务院支持下，由重庆市多家大型国有企业共同出资组建并在国家商务部备案，于2009年7月成立的大宗商品远期交易市场。交易所以生猪、金银花等大宗农畜产品为主要交易品种，依托现代网络资源，运用场外远程报价、场内公开竞价的价格发现机制，采用中远期交易、要约交易和竞拍交易等多种交易模式，为上市交易品种提供充分竞价和即期、中远期电子交易的平台。其主要功能及作用有：为相关产品的生产供销环节的各方参与者创造合理配置资源的机会；通过市场价格发现功能，平抑价格波动，稳定产品价格，促进农牧业可持续发展；通过合同锁定价格，或利用套期保值，提供避险工具，稳定农民的生产和收入；通过交易集中化，推进农畜产品生产规模化；通过交易商品的标准化，引导农畜产品生产标准化[①]。

以上市场的开发和发展，都为贫困山区农产品生产经营中的风险管理提供了重要机制和重要工具。不过，由于贵州等贫困山区农户生产规模小、经营结构单一、组织化程度低，以及农户和涉农企业基本素质等因素的影响，对农产品衍生市场的利用还需要设法推动。

第四节 当今贫困山区农村金融创新中值得重视的两大问题

一、诚信建设问题

以上情况表明，即使是贵州这样的贫困山区，农村金融创新在近年来也不断涌现，一定程度上也呈现出区域性、多层次、系统性创新的局面，对这一区域经济社会综合能力的形成与提高产生了重要推动作用。但是，再好的金融创新，再好的规避风险的经济学意义上的技术手段，如果面对一个诚信缺失的社会环境所带来的系统性风险，它们也是束手无策的。所以农村金融领域在大力促进服务"三农"、服务县域发展的同时，也必须大力整治和改善农村信用环境。在农村信用社改革试点阶段，地方政府曾出台各种政策，采取各项帮助农村信用社清理旧债、打击逃废债、剪断地方干部的胡乱干预等手段，使信用环

---

① 张宗益.2011.中国金融发展的重庆实践.重庆：重庆大学出版社.

境得到了很大改善，加上农户经济档案的建立和信用评级的开展，农村信用环境总体呈良好发展趋势。近年来，贵州在全省范围，由地方政府与农村合作金融机构联手，大力推进很有地方特色的农村诚信建设，努力打造诚信政府、诚信企业、诚信农户，进一步提升了全社会对市场经济社会的基本原则——信守合同的尊重，进一步提高了全社会对金融风险、其他违约风险的管理能力乃至更为全面的社会管理能力，而且对社会和谐与农民增收，对营造良好的政治生态环境等也产生了重要促进作用，这些都大大促进了贫困山区经济社会综合能力的提高。

2006年前后，贵州启动诚信建设，最初主要是从清镇市开始并以该市为一种典型向全省推广的。2011年4月又在清镇市召开了贵州省诚信农民建设推进会，省领导和《求是》、《学习与研究》等重要杂志的领导到会并作了讲话。清镇市作为贵阳的市郊型农业市（农业人口占70%以上），具有毗邻贵阳中心城市的市场大力发展农副产品产业化经营的条件。但在该市一些地方，一度因为一些农民不讲诚信而导致龙头企业出走、农业产业链解体、农产品基地被破坏、金融机构不良贷款率急剧上升。在相关地方，诚信缺失一度成了当地发展的桎梏。

中共贵州省委政策研究室2010年第3期《决策参考》报道了一个典型案例：2004年，清镇市新店镇引进龙头企业大发公司发展养鸡项目，免费向农民提供鸡苗、饲料、防疫、技术培训、技术管理和市场回收，农村信用社贷款给农民建设鸡舍，市政府贴息。但由于该镇少部分农民不讲诚信，如在企业提供鸡苗、饲料的同时，悄悄从市场买回鸡苗，利用公司提供的饲料喂养，以获取额外利益等，导致该企业另谋发展之地。后来该公司受清镇市百花湖乡邀请，该乡的农民以诚信留住了企业和项目，实现了项目的稳定发展和农户普遍增收。

为此，清镇市委市政府紧急出台政策，全力推动诚信建设。清镇市的领导认识到，农村诚信建设的主导是政府，在信用危机已成为经济建设快速发展的瓶颈、成为影响社会稳定的突出问题的时候，选择诚信、建立诚信、巩固诚信、完善诚信，已经成为社会发展的必然。诚信是农民脱贫致富、发展经济、改变人生、创造辉煌，以及乡村社会和谐发展的基本条件。具体做法是：围绕诚信于党和政府、诚信于法律法规、诚信于市场准则、诚信于金融支持、诚信于合同约定等"五大任务"，细化为15项100条标准，开展"诚信农民"的评定。相应地，也开展了诚信企业、诚信政府的量化考核。而且，实行"加分晋级、扣分退出、失信惩戒"机制。农民分为1星到5星五个等级的诚信度，企业分为

1A 到 5A 五个等级的诚信度，诚信度越高，享受的优惠扶持政策越多。在建设中，政府坚持示范指导、优质服务，以政府诚信带动农民诚信、企业诚信，密切干群关系和政企关系。而且力求建立政府、企业、农户三位联结的诚信机制。示范指导的具体做法是，以示范性小区、基地为载体，打造诚信经营的样板和亮点，抓出实实在在的成效，让广大农民看到实际的效果，以点带面，广泛推进。截至 2010 年年底，评出 4 个省级信用乡镇、180 个信用村、97 626 户诚信农户、20 家诚信龙头企业。清镇诚信建设实行的结果是使市场环境和社会环境迅速向和谐、诚信、高效方向转变，产业化步伐迅速加快，农村生产生活条件迅速改善、收入水平显著提高。而农村合作金融机构的不良贷款率也迅速下降，例如，2010 年仅为 2.3%，比 2005 年下降 4.3 个百分点[①]。

近年来，诚信建设已经在贵州全省推广，并取得了较为显著的成效。例如，凤冈县曾一度因为一些不法商贩搞"灌食土鸡"（用重晶石粉灌食鸡以增加其重量）欺骗消费者的违法行为造成恶劣影响，直接导致该县绿色生态产业的发展受阻。后来该县政府深刻认识到，为了纵深推进绿色战略，发展生态经济，培育有机产业基础，首先要确立基本的诚信制度体系，要用法律的、经济的、行政的手段根治信用缺失的顽症，着力打造廉洁高效的政务环境、公平公正的法制环境、规范守信的市场环境、健康向上的人文环境、安居乐业的生活环境、可持续发展的生态环境，树立凤岗开放、诚信、文明、和谐的新形象。由于全县大抓诚信建设，2011 年，该县被评为全省首家"农村金融信用县"[②]。

又如关岭布依族苗族自治县，虽是国家级新阶段扶贫开发重点县，但也克服困难狠抓诚信建设维护农村金融秩序和促进产业发展。自 2006 年启动农村信用工程建设工作到 2011 年 9 月末，已为 56 626 户农户建立信用档案，评定信用组 912 个、信用村 144 个、信用乡镇 10 个，建立起自下而上的农村型信用工程组织体系，具备了申请"农村金融信用县"的条件；相应地，当地农村信用社的存贷款业务也稳定增长，农户普遍获贷面迅速扩大，信用农户不再缺钱用，而不良率从 30% 下降到 4.9%，资产质量显著提升，经营风险得到有效的控制；

---

① 刘爱，蒋英，张英. 2011. 清镇市：大力建设诚信体系 营造良好市场环境. http://gzrb.gog.com.cn/system/2011/04/21/011067671.shtml [2011-06-22]；袁小娟，罗石香. 2011. 诚信是种生活态度. http://gzrb.gog.com.cn/system/2011/06/15/011114843.shtml [2011-06-22]；罗石香. 2011-06-22. 诚信是种社会责任. 贵州日报，第 10 版；杨明晋，罗石香. 2011. 诚信是种社会资本. http://gzrb.gog.com.cn/system/2011/07/20/011145238.shtml [2011-07-22].

② 廖海泉，袁小娟. 2011-07-20. 大力营造诚信社会氛围. 贵州日报，第 10 版.

而农村信用工程建设的开展和信贷资金的有效投入又服务于该县养殖业与特色种植业的发展战略，促进了无公害蔬菜、优质米、生姜、花椒及火龙果等生产基地的建设，促进了农业产业发展走上市场化、专业化、协会化和龙头化的道路[①]。

再如，印江自治县缠溪镇湄坨村是铜仁地区首家信用村。长期以来，湄坨村的村民普遍恪守诚信、勤劳务实。现有信用农户 515 户，建档评级面达 100%。2002~2011 年，该县信用联社累计向湄坨村投放信用贷款 6396 万元，而农户由于诚信度好而获得贷款利率优惠，少付利息 103.29 万元，占获贷额的 1.6%；2002 年 11 月，温家宝总理到湄坨村视察时曾特别嘱托大家要把有相当基础的茶业产业做大，带动群众增收致富，10 年后，该村已在当年 400 亩茶园的基础上发展为拥有高标准无公害茶园 2000 多亩，茶叶产值达 900 多万元，农户人均纯收入从当年 1340 元增加到 5400 元，实现脱贫增收[②]。

二、创新区域性、开发性、投资性的长期融资工具及建设相应制度

由以上分析可见，即使是贵州这样的贫困山区，农村金融创新也迈出了很大的步伐，涉及了不同的层次，在制度创新、产品创新、服务创新等方面都做出了不懈的努力，并取得了引人注目的成效，尤其是将金融创新与社会诚信建设结合在一起，有效地减少社会信用缺失造成的系统性风险等做法，对这个区域的金融稳定发展和经济社会综合能力的提高产生了巨大推动作用，而且形成了金融发展、金融创新与经济社会发展的相互促进。也可以说这些金融创新在很大程度上适应了区域金融、经济和社会发展的需要与特点。

然而，我们也必须看到，这些创新尽管产生的功效是巨大的，但主要是在支持农户和涉农企业利用现有经济条件去发展的层面上发挥作用。对于制约贫困山区经济社会发展的金融方面的顽疾，并没有从根本上得到解决。即没有解决好农村基础设施建设、生态环境改善、农业产业化、新农村建设等仍然受阻于大额度长期性资金缺乏的问题。迄今为止，贵州等贫困山区的金融创新还远未达到第三章所主张的那种"具有战略高度的区域性、多层次、系统性金融创

---

① 姜冰. 2011. 来自贵州省农村信用社"农村信用工程建设"的启示. http：//www.cs.com.cn/yh/05/201111/t20111111_3125024.html [2012-06-24].

② 刘大波，成嘉廷. 2012. 湄坨：信用村里茶飘香. http：//gzrb.gog.com.cn/system/2012/06/28/011510640.shtml [2012-07-13].

新"的状态。总之,区域性、开发性、投资性的长期融资工具仍严重缺乏,相应制度也有待建立与完善。这种工具的缺乏及其相应制度的缺陷,仍然是贫困山区金融发展与创新的关键性制约和最难以攻克的障碍,正因为如此,它也是今后贵州等贫困山区农村金融发展与创新的主攻方向。

第五章

贫困山区农村未来的重要金融创新

第一节　贫困地域综合开发贷款

一、贫困地域综合开发贷款的性质、功能与风险对抗机制

现将笔者所设计的贫困地域综合开发贷款的基本情况列入表 5-1 进行阐述。

表 5-1　贫困地域综合开发贷款的基本情况

贷款类型	贷款机构	借款人	借款用途	最高贷款额度与债务分担比例	期限	利率
贫困地域综合开发贷款Ⅰ	农业发展银行、国家开发银行	特定地域的政府扶贫投融资机构＋农户组成的农村合作组织（一般以村级为基础逐级组建）	(1) 农村基础设施建设 (2) 生活环境与生态环境的改善 (3) 新农村综合建设 (4) 劳动力培训与转移	(1) 省级项目10亿元以内 债务分担比例：省级扶贫融资机构＋县级扶贫融资机构＋村级扶贫融资机构＋合作组织为50%＋25%＋5%＋20%； (2) 县级项目5亿元以内 债务分担比例：县级扶贫融资机构＋村级扶贫融资机构＋合作组织为60%＋20%＋20%； (3) 村级项目8000万元以内 债务分担比例：村级扶贫融资机构＋合作组织为40%＋60%	20年	2%及以下
贫困地域综合开发贷款Ⅱ	农业发展银行、国家开发银行	特定地域的涉农企业＋农户组成的合作组织	(1) 土地流转、整治 (2) 农业产业化 (3) 新技术、品种推广 (4) 设备技术投资	省级项目3亿元以内 县级项目2亿元以内 村级项目5000万元以内 债务分担比例：省、县、村三级涉农企业＋合作组织的相应比例均为70%＋30%	农业发展银行为15年，国家开发银行为10年	2%及以下
贫困地域综合开发贷款Ⅲ	农业发展银行、国家开发银行	特定地域的政府扶贫投融资机构＋涉农企业＋农户组成的农村合作组织	(1) 土地流转、整治 (2) 农业产业化 (3) 新技术、品种推广 (4) 设备技术投资	(1) 省级项目5亿元以内 债务分担比例：省级扶贫融资机构＋县级扶贫融资机构＋村级扶贫融资机构＋涉农企业＋合作组织为30%＋10%＋5%＋35%＋20%； (2) 县级项目3亿元以内 债务分担比例：县级扶贫融资机构＋村级扶贫融资机构＋涉农企业＋合作组织为25%＋5%＋50%＋20%；	农业发展银行为15年，国家开发银行为10年	2%及以下

续表

贷款类型 贷款机构	借款人	借款用途	最高贷款额度与债务分担比例	期限	利率
			(3) 村级项目 5000 万元以内债务分担比例：村级扶贫融资机构＋涉农企业＋合作组织为 10%＋60%＋30%		
贷款的审查、评估与协调及贷款的最终评估与批准机构		由各级的农委、扶贫办、财政、发改委、金融办组成贷款审议委员会负责贷款的审查、评估与协调，最终评估与批准机构为贷款银行			
备注：政府扶贫投融资机构以整合政府体系扶贫资金和其他来源（如公益性组织）资金为基础，并有政府预算及其他运作方式形成的可支配的预期收入为背景进行投融资的专门机构；特定地域的农户组成的合作组织不一定是某一产品和服务的专业化组织，其农户数必须达到该地域的 2/3 及以上，从而确保项目形成和融资决策具有民主基础和广泛参与性；涉农企业必须达到金融机构贷款条件，从而保证其融资规模与经济实力、预期收益能力相符合。政府扶贫投融资机构和农村合作组织不要求抵押，担保与否酌情考虑；涉农企业按其债务分担额度提供相应的抵押与担保					
关于风险的补偿、转移机制与管理：第一，该贷款在制度设计上考虑了对中央政府和地方政府扶贫资助金的先期垫付，所以中央政府与地方政府的扶贫支出预算是其潜在的风险补偿能力；第二，也考虑了对当地经济社会发展常规预算投入的先期垫付，所以该部分形成的预期收入也是其潜在的风险补偿能力；第三，涉农企业、农户的预期收入是风险补偿的重要基础；第四，政府、企业、农户的组合可能放大它们单独形成的收入预期和风险转移能力；第五，罗伯特·J.希勒的宏观市场机制要求风险损失应控制在地域总体经济成长所能补偿的范围；第六，涉农企业提供的抵押与担保也应该作为基本条件之一；第七，此外，还要加强贷款的评估与管理					

贫困地域综合开发贷款，是针对贫困地区特定地域经民主决策程序提出并具有社区主导性的综合开发项目而提供的长期大额低利率信贷。第一，它是面向贫困山区或者其他贫困地区某一特定地域的，如村域、乡镇、县域、省域等；第二，它是经民主决策程序产生的并具有社区主导性，而且是由与地域综合开发密切相关的各级政府组成的扶贫融资机构、农户及其合作组织，涉农企业组成共同利益体进行项目开发与筹措资金；第三，它是用于综合性开发的，包括农村基础设施建设、生活环境与生态环境的改善、新农村综合建设、劳动力培训与转移、土地流转与整治、农业产业化、新技术与品种推广、设备技术投资等；第四，它是政策性的长期大额信贷，期限最长可长达 20 年，额度根据项目级别而有不同，村级项目最高可达 8000 万元、省级项目最高可达 10 亿元，其政策性主要体现在低利率和各级政府对项目的组织、指导及相应配套政策上。

关于贫困地域综合开发贷款Ⅰ的说明如下：①该贷款主要用于农村基础设施建设、生活生产环境改善、新农村综合建设（包括村容村貌的整治、科教文卫硬件与软件建设）、劳动力培训与流动等方面的项目，总体上看，这些项目的公共性较强。②贷款人主要考虑农业发展银行和国家开发银行这两家政策性银行，它们除了可利用现有的金融债等工具融资外，还可考虑像第二章第一节所介绍的德意志农林金融公库利用国际金融市场融资的方式。由于我国在国际经济中的地位日益提高，中央财政实力增强、外汇储备充裕，这两家银行借助财政担保应能在国际金融市场上获得较好的融资资格和机会，这也可能转换外汇储备效能。③借款人为特定地域的政府扶贫投融资机构＋农户组成的农村合作组织；政府扶贫投融资机构是以整合政府体系扶贫资金和其他来源（如公益性组织）资金为基础，并有政府预算及其他运作方式形成的可支配的预期收入为背景进行投融资的专门机构，今后一段时期我国各级政府的扶贫资金都将面临整合、简化、集中使用与统一管理的改革，因此建立各级政府扶贫投融资机构是有客观条件和潜在可能的，而配合此种贷款的推出，也许还能促进各级政府扶贫资金的统一管理与合理分配；农户组成的农村合作组织是围绕综合开发项目组建起来的，以村为单位组建比较适宜我国农村现有基层的行政划分和组织状况。④特定地域农户所组成的合作组织不一定是某一产品和服务的专业化组织，但是其户数必须达到该地域的 2/3 及以上，这种设计就是要确保项目形成和融资决策具有民主基础和广泛参与性；乡镇政府可以根据其对村级项目的认识评价，考虑支持与否，其支持的资金、实物、政策可以用于补助村级，或者参加县级的支持盘子，这样做可以减少乡镇一级的平衡难度，充分调动村级的积极性，并使县级调控更有弹性；跨村、跨乡镇可组织县级的综合开发，跨县可组织省级综合开发；特定地域农户的广泛参与应该有客观基础，关键在于组织和正确引导，因为这种贷款给他们提供了民间借贷和金融机构短期小额借贷所不能实现的更高层次的发展机会；特定地域农户的广泛参与还会促进地域间的竞争与互补。⑤关于债务分担比例，如果是评审合格的村级项目，表明基层政府组织和农户都有足够的信心且项目评审可行，那么村级扶贫融资机构与合作组织的债务分担比例分别为 40％和 60％；如果是经过评审的县级项目，表明从农户到村、乡镇、县级机构都有足够的信心且项目评审可行，那么县级扶贫融资机构、村级扶贫融资机构与合作组织的债务分担比例分别为 50％、20％和 20％，县级占 50％体现了县级的引导性与综合性，也体现了该种贷款的政策特性，而相关乡镇级的扶贫支持可以加入上下级别中；如果是经过评审的省级项目，表明从农户到村级、县级、省级都有足够的信心且项目评审可行，那么省级扶贫融资机构、县级扶贫融资机构、村级扶贫融资机构与合作组织的债务分担比例分别为 50％、25％、5％和 20％，省级占 50％体现了省级的引导性与综合性，也体现了该种贷款的政策特性。⑥期限为 20 年、利率为 2％以内正是此种贷款的长期低利率特点，这明显有别于过去农村的传统贷款。⑦各级机构提出贷款申请后，由相应级别的贷款审议委员会进行审查、评估，并向贷款机构推荐和开展组织协调工作，农业发展银行和国家开发银行是此项贷款的最终评估与批准机构。

关于贫困地域综合开发贷款Ⅱ的说明如下：①该贷款主要用于土地流转、整治，农业产业化，新技术与品种推广，设备技术投资，总体上看，这些项目属于与实施主体的直接经济利益关系密切的开发与投资。②贷款人主要考虑农业发展银行和国家开发银行这两家政策性银行。③借款人为特定地域的涉农企业＋农户组成的合作组织。④省、县、村三级的债务分担均为涉农企业占70%，农户组成的合作组织占30%。⑤申请、审议及最终评估与批准和Ⅰ相同。

关于贫困地域综合开发贷款Ⅲ的说明如下：该贷款主要针对贫困地域综合开发贷款Ⅱ可能具有的局限性而设计。因为Ⅱ可能忽略了其实施项目的公共性、外部性及"搭便车"心理（私人企业一般不愿意自己的投资被他人利用和分享利益）造成的投资障碍，也可能排斥政府扶贫政策的引导性、协调性及综合性。所以，在其基础上增加了各级政府扶贫融资机构作为借款人。考虑到市场规则为主、经济主体决策为主的原则，涉农企业的债务分担高于各级政府扶贫融资机构，具体比例如表5-1所示。

关于风险对抗机制：第一，在制度设计上考虑了对中央政府和地方政府扶贫资助金的先期垫付（这实际上是提高了扶贫资金的时效性），所以中央政府与地方政府对该地域的扶贫支出预期是其潜在的风险补偿能力；第二，也考虑了对当地经济社会发展常规预算投入的先期垫付（这也能提高预算资金的时效性），所以该部分形成的预期收入也应该视为潜在的风险补偿能力；第三，涉农企业、农户的预期收入（关于预期收入贷款的风险对抗机制第四章第一节已有阐述）；第四，政府、企业、农户的组合可能放大它们单独形成的收入预期和风险转移能力；第五，罗伯特·J.希勒的宏观市场机制的原本意义是在宏观市场提供一个以总体经济为交易对象的金融工具，其风险和定价就取决于总体经济成长性和风险概率，按这个原理，将特定地域的风险发生率控制在总体经济成长并能够覆盖和补偿这些风险损失的范围内，将有利于我国政策性金融机构在国际及国内资本市场上持续性融资[①]；第六，本设计坚持涉农企业必须提供抵押

[①] 罗伯特·J.希勒.2004.金融新秩序.郭艳，胡波译.北京：中国人民大学出版社：145-161.

与担保，是为了确保进入企业的资质合格和项目实施的可靠性，而涉农企业的抵押与担保只能限于它们所分担债务的风险，其他的风险补偿还得依靠其他方面的特有机制；第七，贷款的评估与管理，要确保借款人按民主决策程序认真组织项目的筛选、申报与运作，要充分发挥政府扶贫融资机构引导、组织、协调等作用，要对项目实施者的经营管理能力（如技术水平、经营管理理念、产品的效益与品质、生产成本）、资产状况、财务状况及筹资能力、运行中的可能的风险问题等进行认真评审。

我们注意到，与下面将要介绍和讨论的世界银行在我国实施的扶贫项目的贷款比较，本书主张采用的贫困地域综合开发贷款是纯粹的长期大额贷款，没有把小额信贷内在地组合在一起。其实，这并不等于排斥小额信贷，而是要更为灵活机动地利用小额信贷和提高小额信贷的功效。因为正如前述，我国贫困山区农村的小额农户信用贷款的覆盖面已经相当广泛，只要农户讲诚信，这种贷款的获得并不困难。此外，还有由扶贫系统推行、农村金融机构承办的以贴息为主要政策支持的扶贫小额到户贷款可供利用。所以，在某一特定地域利用贫困地域综合开发贷款这种长期大额信贷的同时，如果需要配合专门面对农户的小额信贷，一般是容易机动灵活地进行配合的。而且这种配合将使小额信贷的功效突破农户个体的局限，从而提到一个新的高度。这样，国家政策性银行与地方农村合作金融机构之间也将形成更好的相互补充与促进。

二、贫困地域综合开发贷款的可行性与实践意义

在我国贫困山区启动本书设计的贫困地域综合开发贷款，当然要考虑其可行性、可操作性。首先，我们对政府设立专门的扶贫投融资机构来组织、协调并参与这种贷款及相关项目的运行是有信心的，这有深厚的理论和大量的实践所支持和证明。简单来说，它类似于发达市场经济国家的财政投融资（详见第二章第二节）。笔者认为，财政投融资的基本作用有二，其一是弥补包括金融市场在内的市场缺陷，其二是提高公共政策的时效性和效率，引导市场更好地运行。我们的贫困地域综合开发贷款就是依据财政投融资的这两个基本作用来设计的。

本书第二章、第三章已经介绍了印度、巴基斯坦、德国、日本等国的一些区域性、开发性、投资性的长期大额贷款情况，尤其是日本的土地改良贷款与我们设计的贷款极为接近，都是把各级政府、民间团体、农户的利益相联结，并在民主投票、政府审批的基础上运作的。以上实践经验都证明了开发这种贷

款的必要性和可行性。

另外,在我国贫困地区已经成功实施的西南世行贷款项目、秦巴山区扶贫世行贷款项目、西部扶贫项目、贫困农村社区发展项目、贫困农村地区可持续发展项目等都是典型的区域性、由当地贫困农民广泛参与的综合开发项目。尤其是贫困农村地区可持续发展项目,其借鉴国际上社区主导模式的最新理念,在利用综合性贷款促进农村扶贫与发展的过程中对发挥农民的主体作用、尊重农民的首创精神、着力提高贫困人口自我发展能力等方面进行了积极的探索与实践。这些宝贵的经验对我们启动贫困地域综合开发贷款也很有借鉴与启发意义。为此,特将世界银行在中国的五个区域性扶贫贷款的大体情况简述如下。

中国西南扶贫世行贷款项目在广西、云南、贵州三省(区)的35个国定特困县(包括290个乡镇、1798个村)实施,涉及60多万农户和280多万贫困人口。贵州西南部13个县、117个乡镇、826个行政村进入项目区,涉及19.6万农户、82.7万受益人。其总投资由世界银行贷款和国内配套资金构成,世行提供1.286亿个特别提款权信贷(约2亿美元)及4750万美元贷款,国内配套2.389亿美元(其中,中央政府配套5000万美元,省级政府配套1亿美元,县政府及受益人投入5000万美元,北海、南宁、防城港三市投入3890万美元)。项目总体目标是:第一,探索和检验跨地区、跨行业、综合性扶贫项目的有效性;第二,大幅度降低项目区的绝对贫困程度;第三,促进剩余劳动力健康、有序地向较为富裕的农村地区和快速发展的中等城市输出;第四,强化扶贫机构,培养项目管理人才,提高扶贫项目管理水平和贫困监测水平;第五,实施土地改良及水土保持工程,遏制贫困石山地区的环境恶化;第六,让农户在项目设计和执行过程中发挥决定性作用,鼓励当地居民的广泛参与。项目建设内容包括教育、卫生、劳务输出、基础设施、土地与农户开发、乡镇企业、机构建设、项目与贫困监测(以上为软贷项目)及广西城市就业开发项目(硬贷项目)等。项目在1995~2001年实施,其直接效果如下:①项目区贫困状况得到极大缓解,农村贫困发生率从31.5%下降到12.9%,贫困强度由1.23%下降到1.04%,贫困深度由5.8%下降到3%;而人均粮食消费量从189公斤增加到209.4公斤,提高10.7%,人均纯收入由939.45元提高到1422.05元,提高51.4%。②项目区的基本生产生活条件得到明显改善,教育、卫生公共服务水平明显提高。③培育了项目区乡村社区和贫困农户的持续发展能力,提高了干部群众的综合素质。④促进了项目区生态环境的良性循环。其深远影响还在于它加快了我国"八七"扶贫攻坚计划的进程,推动了扶贫开发的体制创新。其中，诸如"一次规划，分年实施，综合治理，连片开发"和"村为基础，整村推进"、"参与式扶贫"等思路和可持续发展观念，以及建立科学的贫困统计、监测系统等，对今后的扶贫开发提供了有益借鉴[①]。

中国秦巴山区扶贫世行贷款项目在四川省、陕西省、宁夏回族自治区实施，获得世行3000万美元和临时信托基金1.085亿特别提款权（约1.5亿美元）的国外信贷，另有占总投资50％左右的国内人民币配套资金。项目执行期为六年（1997～2003年）。其主要目标是：第一，大幅度降低项目区绝对贫困程度；第二，验证以跨行业农村发展项目作为扶贫方式的有效性；第三，促进贫困地区向较富裕的农村和快速发展的城市输出劳务；第四，提高国家和地方的贫困监测水平。具体包括六个子项目：①劳动培训与劳务输出。即通过一种制度安排，鼓励山区绝对贫困农户自愿流出，向相关企业支付培训费以对劳动力提供技能培训，并建立一个针对相关市场和输出劳动力的安全、生活条件、平等待遇等的监督系统。②农村基础设施建设，包括道路、供水系统、小型灌溉系统、排水工程、沼气池和供电系统的建设。③土地改良与农户生产经营开发。主要通过修整梯田及水土保持，调整种植业、养殖业和林业的产品结构，推广新技术和提高管理水平活动等，来提高贫困山区农业生产力和扭转环境恶化趋势。④支持乡镇企业开发。主要为劳动密集型、具有商业可行性、脱贫覆盖面广、符合国家环保标准的农产品加工、采矿、服务业和手工业企业提供信贷。⑤开展小额信贷。主要是向以合作社形式建立的五人自愿联保小组提供贷款。⑥建立贫困机构监测与提高监测水平。这些子项目的实施效益是显著的，仅以项目开始前三年（1997～1999年）的情况来看：项目村的贫困程度连年减轻，贫困人口减少了近一半；农户人均纯收入增加了约1/5，生活质量明显改善；项目村的交通、通信、供水等基础设施条件大幅度改善；儿童入学率明显上升，教学设施合格率不断提高。秦巴项目的重要意义还在于它的创新性，即尽可能把促进社会发展和经济发展的各种条件综合考虑而采取相应措施，摒弃"单一的项目、单一的措施"的传统方式，用较为全面的、综合性的方式保证项目实施效果并重视效果的持续性[②]。

中国西部扶贫项目分别由青海子项目、甘肃子项目、内蒙古子项目组成，

---

① 贵州百科全书编辑委员会.2005.贵州百科全书.北京：中国大百科全书出版社；笔者对贵州省财政厅外经处的访谈。

② 贺昌信.2005.中国秦巴山区扶贫世界银行贷款项目报告.西安：陕西人民出版社．

于 1999 年全面启动，2006 年结束。该项目的总投资由世行贷款 1.6 亿美元的信贷和国内配套资金（约占总投资 50%）组成。其核心目标是为偏远农村的贫困人口提供卫生、教育、就业和农业生产方面的服务，以帮助项目区 170 万贫困人口脱贫。青海子项目涉及从该省东部水土流失严重的山区自愿移民 57 750 人的搬迁和在迁入区开荒种地、开始新生活及对迁出区和迁入区的环境影响进行监测。甘肃子项目的主要目标是通过作物与畜牧业开发、农村基础设施、乡镇企业、劳务输出、改善卫生服务和机构建设分项目来帮助人均收入低于 550 元（1997 年价格）和人均产粮低于 300 公斤的贫困人口增加收入。内蒙古子项目立足区内各地的资源现状，对贫困户集中进行资金扶持，以解决贫困人口的温饱问题和收入来源问题。该项目实施后，效益是显著的。以内蒙古子项目区为例：68% 的绝对贫困人口脱贫；项目村贫困发生率从 16.4% 下降到 6.1%；改变了单一的种植结构、增加了经济作物种植，提高了农民的生产技能；改变了牲畜饲养方式，提高了畜牧业的机械化程度、资源利用效率与产业化水平，减少了牧草场的压力，有利于生态环境改善；其中的灌溉开发项目极大地改善了项目区的基本生产和生活条件，打破了"靠天吃饭"的局面，促进了农牧业的发展。从长远意义上看，该项目不仅创新了扶贫方式，还创新了扶贫管理模式，如多部门、多成员的决策模式，村级扶贫开发规划的农户参与式模式等。但这个项目的实施也存在一些问题，例如，计划执行机械，一些受市场等不确定因素变化影响的计划不能及时得到调整，到户子项目过多，项目分散，实施程序繁杂，工作量大，管理成本高，由于财力有限、承诺的部分项目配套资金不能落实而影响了项目实施进度等，都是以后项目设计中需改进的地方[①]。

中国贫困农村社区发展项目由世界银行、英国国际发展部（DFID）支持，于 2005 年 10 月正式启动。投资总规模超过 1.7 亿美元，其中世行贷款 1 亿美元，英国政府提供赠款 3245 万美元，中国政府提供总额相当于约 4300 万美元的国内配套资金。项目区覆盖四川、云南及广西三省区的 18 个国家扶贫开发重点县的约 140 万贫困人口（包括彝、佤、瑶、苗、毛南等 10 多个少数民族）。该项目包括可持续山区农业、农村基础设施、农村卫生、基础教育、社区能力建设

---

① 关于中国西部扶贫项目的数据来自：陶光雄.1999.世界银行批准中国西部扶贫项目.http://news.sina.com.cn/money/9906/062602.html [2012-07-24]；赵永宏.2008.甘肃省西部扶贫世行贷款项目 社会和扶贫效益显著.http://cn.chinagate.cn/worldbank/2008-10/14/content_16610636.htm [2012-07-25]；内蒙古财政厅.2010.温暖牧民 润泽草原——世界银行内蒙古西部扶贫项目回顾.http://www.mof.gov.cn/zhuantihuigu/cw30/ZWC/201009/t20100906_337392.html [2012-07-25].

和项目管理监测六个分项目,在规划、实施、管理、监测各过程中都有受益群众的广泛参与。项目建设期为五年,中期进行了项目调整,主要是取消了部分国内已实施的项目、市场风险增加的项目;增加了能力建设、技术培训的投入,对农民收入有直接帮助的项目,以及边远山区贫困村特别需要的村组道路、人畜饮水等项目,并调整了一些项目活动单价;加上了汇率变动影响,减少项目总投资约10%。2011年3月,根据由世界银行、英国国际发展部组成的评估团的评估意见,项目总体达到了预期目标,且实施质量令人满意,特别是在贫困区域和贫困人口的确定、各级管理队伍能力的建设、参与式方法的运用等方面成效显著[①]。

中国贫困农村地区可持续发展项目是中国政府与世界银行在扶贫领域合作开展的第五个大型综合性扶贫项目。总投资为10.87亿元,其中世行贷款1亿美元,全球环境基金赠款500万美元,国内配套3.73亿元。项目覆盖重庆、陕西、河南的25个县的770个最贫困的行政村[②]。项目将通过新建或改造农村道路、饮用水供应系统、农村卫生设施、供电、通信设施、校舍建设、水窖和蓄水系统、灌排设施等小型农业生产设施、梯田修筑和农田改造、基本房屋修缮等,使农村贫困人口受益;还将提供职业培训以增加剩余劳动力在非农产业的就业机会,并帮助贫困农民学习掌握改善土地管理和实现环境可持续性的技术和手段。项目建设期为2010~2015年,目前还在实施过程中,有关效果有待最终评价。然而,该项目的一个重大的创新是借鉴了国际上关于社区主导型发展(community drived development,CDD)的最新理念,探索在项目区发挥农民的主体作用,尊重农民的首创精神,拓宽农民的参与范围,赋予自然村等特定社区在资金管理和项目实施中的直接管理权、决策权,以提高社区及当地居民自我发展能力的具体方法和途径。这对笔者主张实施的贫困地域综合开发贷款有着相当具体的参考价值,在此特作简介。就我国的CDD实践来看,主要有以下措施:①将项目决策权交给社区。具体做法是:在自然村民主选举成立项目实施小组,负责项目的申报、实施、组织、管理和后续维护等工作,并成立项

---

① 国务院扶贫办外资中心贷款处.2008.世界银行/英国国际发展部贫困农村社区发展项目顺利通过中期评估.http://www.fcpmc.org/news_cletail.asp?id=7[2012-07-24];国际合作处.2011.世界银行与英国国际发展部圆满完成中国贫困农村社区发展项目竣工评估.http://www.fcpmc.org/news_cletail.asp?id=628[2012-07-25].

② 彭红.2010."中国贫困农村地区可持续发展项目"正式进入实施阶段.http://news.xinhuanet.com/society/2010-10/20/c_13566900.htm[2012-07-24].

目监督小组，负责监督实施小组的工作；在行政村成立由村两委主要成员和各自然村代表组成的项目管理委员会，负责项目的评选和决策及制定相关制度，重大事项必须经全体村民讨论决定。②将资金控制权交给社区。即由村民自己制定资金管理办法、选举管理人员、建立社区项目资金管理账户和监督检查机制。③建立公开透明的公示和投诉机制及信息反馈系统。④建立为项目社区提供技术支持、信息传递、指导协调等的服务体系。例如，配备自然村与行政村的项目协助员、县乡的项目办公室及专业指导小组等[①]。

综上所述，我们从国外经验和世界银行在我国的扶贫开发项目的经验中已经证明，针对贫困地区特定地域的经民主决策程序提出并具有社区主导性的综合开发项目而提供的长期大额低利率信贷——贫困地域综合开发贷款，不仅是我国贫困地区极为需要的，也是具有可行性和可操作性的。我们还看到，国际援助的扶贫项目毕竟是很有限的，一般都要求国内资金配套，且配套比例大多要达到50%，因此，我们为什么不在充分借鉴世行扶贫项目经验的基础上，用自己的资金独立开发用于贫困地域综合开发的长期大额信贷工具呢？其实，当我国开发、创新出此类信贷工具和扶贫与促进贫困地区发展的模式后，世行在我国扶贫项目的深远意义更能得到充分体现，这也能充分证明中华民族是善于吸取和消化别国先进经验而实现创新、发展的，是既懂得感恩、也谋求自立发展的民族。

从世界银行在我国启动第一期扶贫贷款项目到启动第五期扶贫项目的1995～2010年，我国财政收入增长了12倍，然而正如第二章第二节中所阐明的，这期间包括扶贫资金在内的财政支农支出总量占农业总产值的比重大多低于10%，即使突破10%（据《中国统计年鉴》提供的2009年的数据，财政农林水事务支出占农业总产值的比重为11.1%），也仅处于发展中国家（10%～20%）的平均偏低水平，而发达国家的这个比重为30%～50%。由此可见，我国中央财政的整个支农力度还很小，其中的扶贫力度也是很不足的。如果将我国的这个比重提高到发展中国家的20%左右的上限水平、乃至发达国家的30%的下限水平，财政支农支出及扶贫支出在财政总支出中的比重将有很大幅度的提高。由此推测，今后财政用于农业、扶贫的预期支出的上升空间应该很大。如按本书设计的那样，贫困地域综合开发贷款有相当程度是对贫困地域财政预

---

① 国家发展和改革委员会社会司人口处.2007.社区主导型发展模式的经验及借鉴.http：//news.hexun.com/2007-12-03/101931229.html［2012－07－17］．

算支出、扶贫支出的先期垫付，那么这种贷款的发展空间应该是比较大的。

再看国内自主实施的扶贫贷款，我们注意到，扶贫贴息贷款自 2001 年实施以来，经过一系列改革，已把短期限为主到户小额贴息贷款与较大额度、较长期限的项目贷款结合起来[①]。过去是比较单纯地注重到户，现在是注重特定地域内到户贷款与产业项目贷款的结合，而且将管理权下放到县以强调县域内的整合调剂；过去的期限一般为一年，最长不超过三年，现在由承贷金融机构根据当地农业生产的季节特点、贷款项目生产周期和综合还款能力等灵活确定。但是，扶贫贴息贷款的总量和覆盖面还很有限，远未能与农村合作金融机构的农户贷款相比。以贵州为例，自 2006 年扶贫资金使用重点从"到户"转向"整村推进"和保重点项目后，到户扶贫贷款占全省扶贫资金投放的比重由上年的 36.3% 锐减到 1.4%，而近年来全省每年的扶贫资金合计还不到农村合作金融机构年度贷款总额的 3%[②]。

我们还注意到，整个扶贫资金的使用从注重"到户"，发展到注重"整村推进"，又发展到"县为单位、整合资金、整村推进、连片开发"，最近又出现"连片开发、区域综合治理、整县推进、整县脱贫"的新动向。例如，贵州将以区域综合治理为抓手，实施乌蒙山、武陵山和滇桂黔石漠化地区三大贫困片区的综合开发。计划在这三大片区农村人口相对密集、耕地相对集中连片、坡度在 10 度以上、20 度以下的坡耕地中启动"贵州省土地综合整治重大工程项目"。贵州省拟实施的"治坡造地、扶贫惠民"土地综合整治重大工程项目已被列入《全国土地整治规划（2011—2015 年）》，并确定为"西部生态建设区农田整治"重大工程项目。这三大片区占贵州 80.3% 以上的国土面积，涉及 70 个县，覆盖 85.4% 的贫困人口、87.6% 的贫困乡镇、84.3% 的贫困村、82.5% 的民族乡

[①] 我国扶贫贴息贷款的管理权限最初集中在中央，由农业银行承贷和管理。所需资金由农业银行在系统内统一调度及申请人民银行再贷款解决。每年的扶贫贴息贷款计划由国务院扶贫办商财政部和农业银行确定，层层下达到各地。政府扶贫部门负责提供扶贫贷款项目供农业银行选择，选定的项目按 3% 的优惠利率（仅执行一年）贷款，优惠利率与贷款基准利率的利差由财政贴息。现在的管理权限下放到省，到户贷款和贴息资金管理权限下放到县。承贷机构由当地金融机构自愿参与，所需资金由承贷机构自行筹集。贴息贷款分为到户贷款和项目贷款，前者年利率为 5%，后者年利率为 3%，贷款利率与人民银行公布的同期同档次贷款利率之间的利差，由财政贴息。

[②] 扶贫资金数据来自课题组对省扶贫办的访谈；农村合作金融机构贷款数据来自：贵州省农村信用联社.2011.贵州省农村信用社改革与发展工作图表报告 2003~2010.贵阳：贵州省农村信用联社编印（内部资料）。

镇[①]。仅以贵州的情况来看，我国目前扶贫资金的总量和力度都很小，远未满足贫困地区扶贫攻坚的需要。

就中央和地方投入的各类扶贫资金总量来看，贵州省自"十一五"以来，总计不过200多亿元，年均不过20亿～30亿元左右，不到当年全省贷款总额的1％[②]。以2009年为例，财政扶贫资金投入为14.8亿元，仅相当于当年预算支出的1％，而社会帮扶资金只有1.4亿元，约为财政扶贫资金投入的1/10。当年全省1582个贫困村实施整村开发，每个村平均投入资金仅为50万元（最初为20万元），实行"县为单位、整合资金、整村推进、连片开发"的正安、江口、长顺、织金四个试点县，每县安排试点资金为1000万元，整合部门项目资金13 955.16万元（不含信贷资金），整合资金比例为1∶3.5，规划总投资约17 955.16万元。规划总投资的67.8％用于基础设施建设，26.8％用于产业发展，5.4％用于社会事业[③]。2012年上半年，全省共投入财政扶贫资金14.5亿元；深圳、大连、青岛、宁波四个"对口帮扶城市"投入帮扶资金1.02亿元；另外，由31个省领导"挂帮扶"的32个贫困县，按照"党政领导、部门负责、群众主体、社会参与"的思路，对每个定点帮扶乡镇集中投入1000万元财政扶贫资金，按预计的1∶3比例整合其他资金，每个乡镇为3000万元；总之，全年各类扶贫资金有望突破30亿元，甚至达到40亿元，而平均到每个贫困县，还达不到1亿元（"十二五"锁定的十大产业示范县，每年为实现整县推进产业发展的财政扶贫资金也仅为8000万～1亿元，期望引导的10亿资金还不能确定来自何方）[④]。这对于贵州贫困山区解决脱贫与发展所需要的资金来说，简直是杯水车薪。例如，据有关方面介绍：仅就三大贫困片区生态移民搬迁工程来说，9年搬迁200万人大约需要1600亿元以上，这对财力薄弱的贵州来说无疑是一个严峻的考验[⑤]；再就70多个贫困县的水利、交通改善的建设资金来看也至少要以

---

① 胡丽华. 2012. 打好集中连片特困地区扶贫攻坚战 创建"全国扶贫攻坚示范区". http：//gzrb.gog.com.cn/system/2012/07/26/011564879.shtml ［2012-10-04］.

② 游明进. 2012. 创新资金管理机制为扶贫攻坚提供保障. http：//gzrb.gog.com.cn/system/2012/06/19/011495358.shtml ［2012-07-27］.

③ 国务院扶贫开发领导小组办公室. 2011. 中国扶贫开发年鉴——贵州扶贫开发. 北京：中国扶贫开发年鉴编委会编印（内部资料）.

④ 胡丽华. 2012. 打好集中连片特困地区扶贫攻坚战 创建"全国扶贫攻坚示范区". http：//gzrb.gog.com.cn/system/2012/07/26/011564879.shtml ［2012-10-04］.

⑤ 袁小娟. 2012. 9年200万贫困群众搬出深山. http：//www.gzyouth.cn/Article/Province/2012-08-14/7685.html ［2012-08-14］.

上百亿计。此外，自 2012 年以来，贵州省人民政府根据《国务院关于进一步促进贵州经济社会又好又快发展的若干意见》和与国务院扶贫办签署的支持贵州建设扶贫攻坚示范区战略框架协议，提出了"打好集中连片特困地区扶贫攻坚战，创建全国扶贫攻坚示范区"的新构想。其中所谓"双十工程"所需要的资金量之大就是难以估量的。"双十工程"即在产业发展与调整中，以突出重点、规模发展、推进产业化为主线，重点发展核桃、中药材、草地生态畜牧业、油茶、茶叶、烤烟、蔬菜、马铃薯、乡村旅游、农产品加工等十大产业，打造十大扶贫产业名片；同时，率先启动威宁、松桃、长顺、丹寨、江口、道真、紫云、水城、晴隆、修文、开阳、息烽 10 个产业示范县，探索整县推进的新路子。今后，将每年选择 10 个产业示范县，实施整县推进。综上所述，如果不在信贷方面，尤其是区域性、开发性、投资性的长期大额信贷方面，或者说不在地域综合开发长期大额信贷方面形成创新与突破，构建起更加完善的贫困地区农村金融制度，是不可能在较短时期内解决贫困山区的扶贫攻坚与可持续发展的资金供给问题的。

另外，根据相关部门长期以来的观察，由于贫困山区农村以水、电、路、气、房、科、教、文、卫、保和环境整治等为主要内容的公共基础设施投入和公共服务历史欠账多，目前少量的建设和投入也不能完全解决基础设施简陋与公共服务薄弱的问题，所以贫困发生率和返贫率相当高，贵州山区这两项指标目前均为全国第一。好在是现在贵州的扶贫开发战略已经有了很好的思路，即：以集中连片特殊类型贫困地区为扶贫开发工作重点，以"强基础、扶产业、提素质、保民生、创机制、探路子"为总体要求[①]；以区域发展、产业发展带动扶贫开发、扶贫开发促进区域发展与产业发展，积极创新扶贫开发体制机制，实施大规模、区域性、产业化连片开发和扶贫搬迁，实行整乡、数乡、整县、乃至更大区域的推进；政府主导、社会帮扶与农民主体作用相结合，扶贫开发与生态建设、人口控制相结合，扶贫脱贫攻坚与政府保障相衔接。按上述思路，本书所主张的贫困地域综合开发贷款应该是大有用场的。

进一步看，实施贫困地域综合开发贷款能够促进扶贫开发与地域发展中的决策民主化、平等化和透明化，促进农户之间、村寨之间、乡镇之间、县域之间的公平竞争和它们对市场规则、法律制度、决策程序的熟悉与了解。目前，

---

① 胡丽华. 2012. 打好集中连片特困地区扶贫攻坚战 创建"全国扶贫攻坚示范区". http://gzrb.gog.com.cn/system/2012/07/26/011564879.shtml [2012-10-04].

贵州省通过各个层次领导干部在村、或乡镇、或县域"挂帮扶",来组织当地农村居民发展经济、脱贫致富,这的确是一个现实可行的好措施,在不少地方产生了显著的效益,对全省扶贫攻坚也产生了推动作用。但是,这种做法也有其弊端。因为官大官小不一样,能量和作用也不一样,就是一般干部的"挂帮扶",也存在个人能力的差异。结果,村、乡镇、县等特定地域所获得的项目、资金及它们产生的效果,在很大程度上是因为有了特殊的"人"、特殊的关系和"公权"的特殊化。这可能会对正确引导特定地域经济社会综合能力的提高,培育农户和基层干部对市场规则、经济规律、科学决策、科学管理等的认识与了解等,造成一定程度的误解和障碍;还可能造成一些地域喜从天降、政绩斐然,而另一些地域自认命苦、只怨无贵人相助。所以,本书提出的这种贷款,其重要意义之一,在于能够促进农村经济社会发展决策机制的改革和维护农民的公平权益,能够更为根本性地调动贫困农民的主动性、创造性和平等竞争精神,从而更广泛地促进农民和基层政府积极参与扶贫攻坚与发展经济、更成熟地利用市场规则与法律制度,并增强他们讲诚信与自觉维护社会公正的信心。

再进一步看,实施贫困地域综合开发贷款能够促进解决目前扶贫资金使用与管理中存在的一系列问题。第一,由于政府扶贫投融资机构是以整合政府体系扶贫资金和其他来源(如公益性组织)资金为基础,并有政府预算及其他运作方式形成的可支配的预期收入为背景进行投融资的专门机构,所以,为了建立这个专业性的具有独立融资资格的扶贫投融资机构,政府必然要采取相应措施清理、整合各个渠道的财政扶贫资金,而且要使政府扶贫投融资机构未来的活动与预期的财政扶贫资金的下达与使用紧密配合,并在各级政府设立的扶贫投融资机构之间建立一条较为顺畅的通道,其结果有利于扶贫资金的渠道统一、整合使用、集中管理和减少中间环节,从而避免项目多头申报、重复审批、资金重复分配,部门之间的扯皮、推诿,一些环节出现的资金拨付满、到位晚、挤占、挪用等弊端。第二,目前各级地方政府、尤其是基层政府的事权和财权不匹配问题相当严重,因为地方各级政府承担公共管理和提供公共服务的任务与责任越来越大,而满足其履行职能的财力却很有限,因此,设立专门的扶贫投融资机构,发挥财政投融资的调剂与引导、放大作用,能在一定程度上和从数量使用、空间配置、时间安排上缓解这个尖锐的矛盾。第三,正如前面所述,财政投融资能够提高公共政策的时效性并放大其效率,引导市场资金更多更好地进入相关领域。

其实,贵州省的有关部门也正在考虑与我们的主张类似的扶贫资金使用与管理的思路。例如，审计厅方面就有一系列思路和建议：①建立"扶贫开发周转金"，通过预拨、有偿滚动、银行贷款垫支等方式使用扶贫资金，保证扶贫项目早启动、早建成、早见效，贫困地区群众早受益。②创新资金整合机制，放大资金使用效益。围绕大扶贫、大开发、大决战的总体要求，根据"渠道不乱、用途不变、各负其责、各记其功"的原则，按照统一规划，连片开发、突出重点、统筹安排，将扶贫资金和各种支农惠农资金，以县为单位从省里进行捆绑整合，将资金"打包"切块分配下达和拨付到县，由县根据整合方案统筹安排使用资金。③充分发挥财政扶贫资金"四两拨千斤"的"引子"、"黏合"作用，广泛吸引银行信贷资金、社会资金及村级互助资金等，投入扶贫开发，加快贫困地区脱贫致富步伐[①]。这些思路和建议，对建立各级政府扶贫投融资机构和实际推行扶贫地域综合开发贷款等，无疑具有重要的参考价值。

其实，我们所设想的各级政府的扶贫投融资机构既类似于发达市场经济国家的财政投融资机构，也类似是我国已经实践了多年的地方政府融资平台公司。下面，我们将从更广泛的意义上讨论地方政府融资平台的历史作用及其转型问题，并以此为基础，考虑如何利用这个平台的转型为区域性农村发展重大项目服务。

第二节 政府融资平台转型与区域重大项目实施
——以旅游业为例

一、地方政府融资平台的历史作用及其转型

正如本书第二章第二节所述，我国财政投融资体系发育不健全，现行的财政金融体制缺少地方政府举债融资的制度基础，而在分税制下，地方事权与财力严重不匹配、地方建设资金严重不足，所以，只能变相地由各个地方政府成立其融资平台公司来发挥财政投融资的作用，乃至发挥更为广泛的政府组织资源、引导与调控经济的作用。地方政府融资平台实际上可分为传统类型和近年来清理整顿后的转型类型。传统类型的地方政府融资平台指地方政府发起设立，

---

① 游明进.2012.创新资金管理机制为扶贫攻坚提供保障.http://gzrb.gog.com.cn/system/2012/06/19/011495358.shtml［2012－07－27］．

通过划拨土地、股权、规费、国债等资产,迅速包装出的一个资产和现金流均可达到融资标准的公司,必要时以财政预期收入作为还款保证,由财政担保、承诺财政补贴等,以承接各路资金运用于市政建设、公用事业等效益程度不同的项目。传统类型的地方政府融资平台取得的资金主要是银行贷款,尤其是国家开发银行在其运行的初期提供的大量贷款。而其还本付息预期主要建立在地方财政收入预期及借贷人持有的土地、房地产的收益预期等基础上。其主要形式是城投公司,如城建开发公司、城建经营公司等。

自21世纪以来,传统型地方政府融资平台在促进各地城镇化及经济发展中发挥了重大作用。尤其是在2008年前后,为配合中央实施强力经济刺激政策,以对付世界金融危机引起的全球性经济萧条,各地的政府融资平台急速发展,在缓解金融危机冲击、扩大内需、促进经济复苏中发挥了关键作用。然而,在这个空前强烈的刺激经济政策实施期间,2009年的10万亿巨额信贷中至少1/3以上流向地方融资平台。到2011年,地方政府融资平台已发展到万余家,县级平台占70%左右,其负债规模突破14万亿元。按此估计,我国政府债务率达到95%~100%(金融监管高层认为与欧美等高风险国家的政府债务率达200%相比,我国地方政府债务风险尚在可控范围)[①]。由于地方债务风险显现,金融机构从2010年以后就严格控制对其贷款,并采取"解包还原、重新评审、重新立据"及实行"名单制"等措施,对地方政府融资平台贷款的基本情况、结构、投向、风险性质与风险程度进行摸底、分类、排查和清理整治。在这种背景下,人们提到地方政府融资平台,又似乎有些谈虎色变,因为地方债务风险已经充分显现,金融监管部门正在大力清理整顿,社会各界也对此强烈关注。然而,无论从地方政府融资平台的客观历史作用还是未来的转型与发展来看,其生命力和作用仍然是不可低估的。

新型的地方政府融资平台今后仍然将作为市场经济条件下政府配置资源、强化基础设施建设和科研开发力度、促进我国经济战略性调整等的特殊手段而发挥其独特的功效。所以,我们面临的课题不是废止地方政府融资平台,而是要促进其健康有序转型,控制其债务规模,健全其法律法规、探索新的融资渠道等。我们注意到,地方政府也以企业债、中期票据等形式筹措资金用于城市建设和其他投资,但这些债券筹资过去在融资平台资金来源中比重很小(5%左

---

① 田俊荣. 2011. 地方政府贷款14万亿 普遍额度大用途监督难. http://news.sina.com.cn/c/2011-06-13/055122580218.shtml [2011-06-13].

右),这种筹措资金的方式目前得到了管理高层及理论界较多的认同。这种债券融资方式实际上是我国在缺少一般市场国家的地方债(市政债)制度条件下采用的一种变通方式,而这种企业债实际上是一种特殊的地方政府债或市政债[①]。管理高层认为,今后地方政府融资将可能规范到建立相关制度、利用地方债券融资的模式,所以在上海、浙江、广东、深圳四个地方,政府将实行自行发债试点。然而,各省(区)全面推行自主发债在短期内是不可能实现的,所以一般地方政府仍将组合国有资产、利用融资平台发行特殊企业债券来筹措其急需的资金,而证券市场监管方面也针对地方经济社会发展的情况适时放缓对这种债券的上市控制,可以说,地方政府融资平台以发行特殊企业债方式融资还将持续一段时间并有相当大的操作空间。

从政策面来看,2009年3月23日,中国人民银行和中国银监会联合发布《关于进一步加强信贷结构调整促进国民经济平稳较快发展的指导意见》,提出"支持有条件的地方政府组建投融资平台,发行企业债、中期票据等融资工具,拓宽中央政府投资项目的配套资金融资渠道"等意见。因而,一些地方创新发展理念,转变发展方式,由国资委统一协调,提供优质资源经营性资产进行市场化运作,打造出新形势下的统一的新型投融资平台。由政府主导,拉动民间投资、海外资本、居民参与等进入开发投资、创业投资、风险投资等领域,实施多渠道募集资金(包括银行贷款、信托融资、发行债券及股票、发行中期票据,还有与特许企业合作的BT、BOT、PPP、TOT、ABS等多种融资模式)[②]。也出现了盘活地方国资资产、实现整体上市、以进一步提高平台公司的融资能力和促进其市场转型与可持续发展的动向。由于与地方财政之间建立了防火墙,转型以后地方政府融资平台的还款付息预期主要建立在借贷人的土地及不动产

---

① 标准的市政债券是西方国家地方政府筹集地方建设资金的主要方式,分为由地方财政预算偿还的一般性市政债券和由地方公共项目特定收益偿还的收益性市政债券。在我国,由于市政债券的法律制度尚未建立,实际上近年来除中央代发地方债以外,地方政府还依靠市政债券的变型——"城投债"来解决自己建设资金不足的问题。由于"城投债"是在债券市场上以企业债券和中期票据等形式发行,所以它又是一种特殊的企业债。而中期票据一般是指期限为5~10年的票据。它的特点在于发行人和投资者可以自由协商确定有关发行条款,如利率、期限及是否同其他资产价格或者指数挂钩等,一次批准列入发行计划后可多次发行及改变期限,具有相对灵活的发行机制。

② 简单来说,这些方式是市场经济国家政府与私人资本合作提供公共产品与公共服务的方式。BT是由私人建设然后移交给政府有关部门,私人资本可发挥其融资、建设中的特有优势,并在工程款收付、利息差等方面获取收益;BOT是允许私人部门有一个经营时期,即建设—经营—转让;PPP也是建设—经营—转让,与BOT不同的是它在招投标阶段就进入项目;TOT是在一个时期将建好的项目交给私人部门经营管理;ABS是以项目所属的资产为支撑的证券化融资。

的收益和增值基础上,而举债人未来现金流能否覆盖其债务本息成为金融机构和资本市场关注的焦点。

贵州省的大型政府融资平台公司主要集中在省会城市贵阳,其所成立的10多家地方政府投融资平台公司大多数是在转型背景下组建的。另外,各地区(州、市)也各有本地的一两家代表性机构。自这些机构成立以来,一方面要贯彻中央扩大内需、增加投资的宏观调控政策,同时又要实现深化投融资体制改革,形成"借、用、还"一体化的市场投融资主体,带动社会投资的目的。利用本地政府可以左右的土地政策、资源政策及收益政策等,整合资源、优化结构,承担大量先导性、基础性、民生性和公益性的建设项目,促进各地的经济社会发展。但是,在目前的转型阶段,一些公司将来的定位和发展前景还有待探索。

二、旅游是有效促进贫困农村发展和需要政府投融资开发的产业

由于贵州山区的喀斯特地貌特征、多民族居住的特征(有苗、布依、侗、彝等17个世居少数民族)及气候凉爽的特征,其旅游资源丰富、特点突出。改革开放以来,经过近30年的发展,目前的主要旅游资源包括:世界自然遗产地2个(荔波、赤水)、人类非物质文化遗产1项(侗族大歌)、国家5A级旅游景区2个(黄果树、龙宫)、A级景区78个、国家级风景名胜区18个、国家级自然保护区9个、国家森林公园21个、国家地质公园9个、全国重点文物保护单位39个、国家级非物质文化遗产73项125处、国家历史文化名城2个、国家级历史文化名城(镇、村)7个、国际民族生态博物馆4个、中国优秀旅游城市7个、民族文化旅游村寨1.8万个[①]。贵州的旅游资源不仅有宜人的气候环境和丰富的自然景观,更重要的还在于这块土地充满了丰富多彩的民族文化元素。贵州山区多种民族聚居,和睦相处。有苗、布依、侗、土家、彝、仡佬、水、回、白、瑶、壮、佘、毛南、蒙古、仫佬、满、羌等17个世居少数民族,占全省总人口的38.98%。国内布依族、水族、仡佬族的95%以上人口和苗族、侗族50%以上人口居住在贵州,其丰富多彩的民族文化元素体现在民俗、建筑、古迹、民间工艺、民间音乐与歌舞、餐饮等各个方面,散布在一些古镇和各个乡村旅游点。2012年7月17日,"腾讯新乡村绿皮书发布暨保育乡村论坛"在贵

---

① 贵州日报.2012.多彩贵州·醉美之旅.http://gzrb.gog.com.cn/system/2012/07/02/011517190.shtml [2012-07-03].

州省黎平县肇兴乡举行,来自内地、香港、澳门、台湾的知名专家、学者和媒体人相聚在被誉为"人类疲惫心灵最后家园"的黎平肇兴,在具有浓郁民族风情的侗家鼓楼畅所欲言,以"探寻乡村文化保育,重估乡村价值"为主题,坐而论道,把贵州少数民族村寨具有美丽的自然风光和不可复制的民族文化提升到"是贵州的财富、中国的财富、人类的共同财富"这一认识高度上[①]。

这些人类财富的现实经济价值极为可观。且不说西江苗寨、肇兴侗寨、贵阳青岩、安顺屯堡、锦屏隆里等省内外乃至世界知名的村寨与乡镇,就是分布在贵阳乌当区内的"泉城五韵"(包括:醉美偏坡——布衣风情、花卉销售和特色农家饭;情韵阿栗——杨梅采摘、梅酒与美食品尝;美韵渡寨——农民簸箕画与书法、小河垂钓、布衣美食;福韵王岗——"袍汤"[②] 与米酒;古韵陇脚——古法造纸、峡谷栈道等)这五个村,2010～2011年,开村一年就迎客120万人次,创收5.75亿元[③]。又据报道,2010年全省有3000个村寨开展旅游业,实现旅游收入178亿元,"十一五"期间全省共有42万人口依托旅游业脱贫致富[④]。

不可否认,旅游业是有效促进贫困山区农村发展的重要产业,政府也已重视了它的作用。贵州省扶贫办对此已经提出了总体规划与具体目标④,现简述如下:"十二五"期间将安排5亿元以上的资金推进乡村旅游扶贫。具体目标包括:①实现"三个20%"。即农民人均纯收入的20%、农村就业人员的20%、全省旅游总收入的20%来自乡村旅游,由此全省乡村旅游扶贫总收入达20亿元,项目区贫困居民人均纯收入达8000元,年均增长幅度高出全省农民人均纯收入3个百分点以上。②打造"四个一批"。即建成一批乡村旅游扶贫示范区、打造一批乡村旅游扶贫品牌、发展一批乡村旅游扶贫示范县、培育一批乡村旅游扶贫示范县。③明确"八项举措"。即:高标准编制乡村旅游扶贫发展规划;制定具体政策措施;创新乡村旅游扶贫机制;塑造乡村旅游扶贫品牌;开发新型乡村旅游服务;开发新型乡村旅游商品;加强乡村旅游人才培养;加强对外

---

① 陈朝晖.2012.腾讯新乡村绿皮书发布暨保育乡村论坛在黎平举行.http://gzrb.gog.com.cn/system/2012/07/18/011549324.shtml [2012-07-18].

② 贵州农村杀猪时喜欢邀请邻居一起吃猪杂汤、喝米酒,称为喝"袍汤"酒。

③ 张齐,徐烨.2011."泉城五韵"开村一年吸金五亿.http://travel.gog.com.cn/system/2011/05/10/011083545.shtml [2012-07-31].

④ 叶韬.2011.描绘贵州乡村旅游扶贫新画卷.http://ms.gog.com.cn/system/2011/05/23/011095157.shtml [2012-07-28].

宣传营销。

然而，旅游业开发所需的投资是巨大的。由于旅游开发的公共产品性质与"外部性"特征非常显著，私人（民营）部门往往不愿意承担旅游产业开发初期的投资，而当旅游开发形成了可以引入经营性资本进行经营的基本条件后，私人（民营）资本又会纷纷"搭便车"，抢滩进入该领域[①]。例如，作为公众旅游目的地的公园、历史文物、文化设施、体育设施、自然保护区、江河、湖泊、水库等，以及相关的城镇与乡村的基础设施、交通设施、公共交通工具、通信服务等。其中，有些是完全免费提供的公共产品或公共服务，有些是收取一定费用的准公共产品或准公共服务。这些公共产品或公共服务一旦形成，可能带动很多企业和个人进入该领域从事经济营运活动，但这些公共产品或公共服务却往往是一般企业、个人无法提供或者不愿意提供的。可见，旅游产业的开发投资，尤其是重大项目的开发投资不能仅仅依靠民间资本，而农村居民的自身力量就更为有限，因此非常需要借助政府投融资的支持。

据有关贵阳市旅游管理部门有关人士介绍，2010 年上述"泉城五韵"的五个村实施了有关游客接待中心、村寨道路设施、村容村貌美化、旅游标志、旅游商品销售点建设等的升级改造项目百余个，直接有关的投资为 3826 万元[②]。然而，使这五个村产生 5 亿元旅游收入的总投资却不能仅仅理解为这 3000 多万元投资，它仅仅是很小的一部分投资，如果没有近年来耗资上百亿元的环贵阳圈公路网建设和村村通油路的交通设施改善，没有一些大企业在当地开发建成的几个温泉景点，以及政府相关部门耗资巨大的"打造"与推介，这五个村实现上述效益是绝不可能的。

再以蜚声海内外的雷山县西江苗寨为例，据黔东南州有关部门介绍，州政府对苗寨的新道建设及建筑物改造的投资至少 3 个亿，此外还有省里有关部门的投资，苗寨开发后对雷山县财政每年产生了几百万元的税收贡献，但是州财政的投资却几乎没有回收渠道，省里各部门的投资就根本没有回收渠道。但西江苗寨开发的直接经济效益却在当地居民身上得到了充分体现。2011 年，因为

---

① 公共产品（public good）是私人产品的对称，是指具有消费或使用上的非竞争性和受益上的非排他性的产品。外部性是指一个经济主体在自己的活动中对其他经济主体带来的利得（正外部性）或损失（负外部性），而这些利得或损失都不是生产者或消费者本人的行为所获得或承担的，是一种经济力量对另一种经济力量"非市场性"的附带影响。

② 张齐，徐烨.2011."泉城五韵"开村一年吸金五亿. http://travel.gog.com.cn/system/2011/05/10/011083545.shtml［2012－07－31］.

开发产生的轰动效应与品牌效应，雷山县接待游客 353.25 万人次，实现旅游综合收入 20.31 亿元，同比分别增长 101.57% 和 214.39%。西江村有 80% 的村民参与旅游开发，兴办农家乐 138 户，从事银饰、服装、摄影和出租苗衣等摊点的经营农户发展到 163 户，当地农民纯收入有 80% 来自旅游业。苗寨居民收入迅速提高不说，当地的房价、门面等的价格几乎上涨到与州府所在地凯里市差不多的价位，也就是说当地居民的财产迅速升值，而将房屋与门面转租他人经营的收入也相当可观。加上县政府及有关部门积极创新招商方式，以园区招商、以商招商、以资产招商、以亲情招商等，还专门组成小分队赴浙江、北京、上海、重庆等地开展招商活动。2012 年一季度，雷山县园区引进签约项目 65 个、签约资金 44.27 亿元、招商引资到位资金 12.75 亿元[①]。

  鉴于旅游产业所需投资巨大，加上"外部性"特征和"搭便车"效应，我们主张发挥政府融资平台的积极作用，让其在旅游产业促进贫困山区的扶贫开发和经济社会综合发展中做出应有的贡献。虽然政府融资平台最早主要是针对城市基础设施建设而产生的一个重大金融创新，但是在乡村和风景名胜景点（其周边也大多是乡村）的旅游开发投资，其实也和城市基础设施投资一样，大都具有公共产品投资性质或准公共产品投资性质。因为城市人群是乡村旅游的主要消费者，乡村居民是这些旅游的受益者，政府融资平台过去主要集中在城市，现在通过旅游开发投资延伸到乡村，其所进行的乡村旅游开发投资也相当于城市基础设施投资的延伸，而且还产生了巨大的扶贫和促进农村发展的作用。因此，旅游产业中的政府融资平台很适合在当前的市场化转型中，通过对旅游产业链各个环节的开发、投资和营销管理，把城市人群消费与乡村旅游发展有机结合起来，把城市开发投资与乡村开发投资有机结合起来，在城乡之间进行资源有效配置和构建利益联结机制，从而在提高城市人群消费水平和城市区位价值、城市辐射与集聚能力的同时增加贫困山区乡村居民收入水平、提高旅游乡村的区位价值与对外影响力，相应地，这种融资平台也能获得巨大的现实发展机会和潜在的发展空间。

  尽管目前政府融资平台面临清理整顿，但它在融资上的优势仍然是显著的。一方面是政府预期收入的背景，另一方面是政府对土地资源的调动、开发、整合与运用的前景仍然可观，再一方面是转型融资平台自身的经营收益预期增长，

---

  ① 潘国雄，邱成双. 2012. 巧借外力谋跨越——雷山在"经济洼地"中奋力崛起. http://finance.gog.com.cn/system/2012/06/11/011482962.shtml [2012-06-12].

加上土地、房地产、潜在的国有资源的不断划入及重新整合。我们还发现，即使在贵州这样的贫困山区，也有在旅游文化产业方面的、面临着转型的政府融资平台公司，如果让其进一步明确定位、优化资源组合、增加现金流与提高资产质量，并形成与乡村发展关联的投资效应和利益联结机制，有可能促成这样的公司达到债券市场融资的条件、乃至股票市场上市的条件。如果债券融资或股票上市成功，又将进一步促进城乡之间关联效应的形成和互动发展，迅速提升扶贫力度和加快乡村发展。下面，我们以 LWJT 公司为个案来具体探讨这一问题。

三、明确定位、整合优良资源与资本市场融资——以 LWJT 公司为例

LWJT 公司是贵阳市为了贯彻《中共贵阳市委、贵阳市人民政府关于抢抓机遇进一步加快生态文明城市建设的若干意见》，并按照中央和省委、省政府关于深化投融资体制改革的精神，由贵阳市人民政府国有资产监督管理委员会作为出资人，于 2009 年正式挂牌成立的旅游文化体育产业投融资平台。按照成立初期的设想，该公司力争在 3~5 年逐步健全"全市统一规划、区（市、县）协力互动、整合资产资源、资本多元投入、部门行业指导、属地行政管理、企业自主经营"的运行机制。与这一运行机制相联系，LWJT 公司在相关产业进行资产管理及运作、投融资运作、项目开发与经营、土地一级开发等。与这些职能相关的经营范围涉及酒店及餐饮业、旅行社业、景区景点业、旅游交通、旅游节庆、会展、体育赛事、休闲运动开发，相关项目的规划、策划及广告，文化艺术服务，旅游商品及文化体育用品的研发、投资与生产等。

公司成立两年后，迅速组合了价值 10 多个亿的资产。公司在清理、整合盘活划入资产、增加效益、利用信贷和信托融资方面取得了很大成效，资产融资率达到 50% 以上。相应地，公司也对贵阳市几个重要的旅游景点进行大规模的开发性投资，总投资额超过 5 亿元。公司的资产主要是酒店、进入开发程序的土地，主要集中在城市。而公司通过这些资产抵押及担保筹措的资金主要集中在地处县域、农村的旅游景点。这些投资有的可以直接形成收入，如景点门禁系统的门票收入、空中索道和游船的票价收入等；有的只能间接形成收入，如景点附近的公路、公共场地、公共建筑的投资；有的纯粹是为宣传和推介旅游资源进行的没有收入补偿的公共支出，如赞助电视剧拍摄、举办地域性避暑季的大型演出活动、印制宣传资料、开展联谊活动等，这方面的投入也有上亿元。重要的是，这些投资对贵阳圈（包括三个县、一个县级市、三个以农村地域为

主的郊区）的乡村旅游发展和农民增收的带动和促进作用是很显著的。仅以下面几个开发中的项目就可说明这种作用。①天河潭景区改造升级项目。天河潭景兼有黄果树瀑布之雄、龙宫之奇、花溪之秀，将贵州自然景观三大代表浓缩在一处，在国内外已有相当知名度，客源也相当稳定。今后将建成集休闲娱乐、观光度假、民族采风为一体的生态型国家 5A 级景区，以大大提升影响力和综合效益。本期规划投资超过 10 亿元，远景投资规划为 20 亿元，目前已投入 3 亿元左右，对当地农民已经产生直接效益，如用工、开山采石、蔬菜食品消费等，将来还会形成与邻近几个民族村寨乡村旅游的互补性影响，将自然景观旅游与民族风情村寨旅游有机结合起来。②桃源河漂流改造升级项目。通过改造升级，实现景区与村寨的道路连接，景区本身就可直接增加上百农民就业，如船工、景区服务员等，还可拉动临近村寨的集餐饮、休闲、民族风情采风为一体的农家乐等。③王阳明文化产业园项目。以我国著名哲学家王阳明先生"龙场悟道"的场所为核心，以海内外影响广泛而深远的"阳明心学"的文化背景为支撑的阳明文化产业园区项目的实施，直接关系修文县域 400 亩土地的开发、增加当地农民用工，该项目与所在县域的乌江流域水系资源相结合，还能带动沿江水产业、旅游服务业的发展，从而建成一个国家级文化产业示范区和国家 5A 级旅游景区相融的典范，使修文县整个旅游文化产业发展上一个新台阶。

然而，由于近年来清理整顿政府融资平台公司，LWJT 公司依靠传统的银行信贷融资已经相当困难。该公司曾利用资产抵押、门票收入质押等手段运作并购融资类信托理财产品融资，在近两年维内系了资金链的链接，但目前此种类型的融资也受到了控制。加上公司项目开发所需资金量很大，必须寻求新的融资渠道，采用新的融资工具。因此，公司希望发行债券融资或成为上市公司，利用股票上市融资。

从资本市场融资条件和结合乡村发展的需要来看，LWJT 公司面临着一系列需要解决或改进的问题。其中最主要的是：①公司定位不清晰，不利于资产优化和现金流增长，从而达不到债券市场发债融资和股票上市融资的条件。目前公司受行政干预过多，也缺乏明确的债券融资或股票融资目标及具体程序安排，所以，相关部门划转资产时并没有充分注意资产、项目的优化组合，对时效性也不够重视，结果资产组合的质量不高，项目组合的预期效益也不够理想。而这样的资产组合和项目组合也不能带来充裕的现金流，但充裕的现金流则是公司目前扩大融资的最核心的条件之一。②在贵州这种经济发展严重滞后的地区寻找有实力的担保人为其举债融资担保，也比较困难。③公司内部企业之间和项目之间的关联效益不够显著。公司内部有旅行社、酒店、活动中心、旅游景点等，但除了融资担保之外，相互之间尚未充分形成利益上的联动关系和衍生新的价值链，其关联效益不显著。④乡村发展与公司发展之间，如何通过旅游产业链上的各个环节形成利益联结点，形成利益相关、相互促进的发展机制，也还有待探索。公司目前已经注意到，旅游业是目前国家重点支持和扶持的产业，在资本市场融资方面也得到政策的支持，旅游业同时也是扶贫和促进贫困山区农村发展的重要产业，能够得到扶贫政策、支农政策的一些支持，但如何将公司目前转型中的政府融资平台的今后发展与乡村发展有机结合起来，从而获取更大的发展与效益，尚有不少具体要考虑和解决的问题。

针对这些问题，本书认为，如果在以下方面采取措施、积极推进，有可能使LWJT公司迅速达到在资本市场上发行企业债券融资的条件，从而在5～10年实现较大规模的投资，构建城乡协同发展的基础和利益联结点，在取得一定规模和效益后，进一步向上市公司发展。这些措施包括：①政府进一步优化LWJT公司的资产组合与项目组合。由于LWJT公司进行了大量的公共产品投资，政府在近期提供相关的土地资源和土地开发项目，也可视为一种补偿（可在LWJT公司发展到一定阶段后，取消这样的操作）。②充分发挥中心城市贵阳的聚集、辐射功能，让城区与郊区、市辖县之间形成资源功能互补、相互促进，甚至与省内重要旅游景点形成资源功能互补与相互促进，构建起更为广泛和稳定的城乡联动发展机制。将自然资源（如黔山秀水、温泉）、民族乡村风情资源（如民族村寨的建筑、环境及生活、饮食、歌舞等方面的特色文化要素）、历史文化（如文物、古镇、非物质文化遗产、地方饮食文化等）、地方精神（如与当地有关的知名思想家的思想、所倡导的品性及地域风貌、民风、民俗、村规、家训等）这几个方面的要素发掘和组合起来，构建"食、住、行、游、购、娱、学"上下游产业链，形成"产业群集"、"企业群集"和特色旅游线路、精品旅游线路，即能适宜市外游客又能适宜本市游客，尤其是拉动市民的周末短期、近距离外出旅游，从而提升大贵阳圈内旅游文化资源的价值。③要充分注意在项目开发中形成形式多样、规模可观的现金流来源。如门票、房地产销售、门面出租、酒店、餐饮、旅游产品、运输、其他旅游服务收入等。④要积极在项目开发中形成自己的土地资源和房地产资源，赋予这些资源文化内涵，改造这些资源的外部环境，提升这些资源的评估价值与现实价值，从而为公司构建更好的发展基础和融资基础。⑤要充分突出贵阳的"爽"字，即气候优势、生态优势。"爽"是人们对贵阳生态环境的概括总结，它包含贵阳气候凉爽，山清水秀、空气清新和适宜人居，以及老百姓朴实的幸福观、安居乐业的状态等含义。因此可以围绕避暑、养生、探幽、归隐、调整身心等概念形成土地及房产开发，修建酒店、活动中心，甚至避暑别墅、特色商品房，从而发掘和提升圈内旅游文化资源的价值。⑥积极开发地方饮食文化，注重打造贵阳小吃品牌和黔菜品牌，改善公司目前经营性资产不足、效率不高的局面。在此基础上将开发"黔菜"与乡村旅游、农家乐和城市酒店、旅行社的业务发展结合起来，形成饮食文化产业链，从城乡各个饮食经营网点上增加新的现金流来源。

近期内，LWJT公司要抓好三件大事。第一，进一步明确公司债券市场融资目标和相应调整、优化公司资产状况、组织结构。第二，建立促进城乡发展之间、公司发展与乡村发展之间的具体的利益联结机制。例如，公司可以发挥其拥有旅行社的旅游组织专业优势和拥有城市酒店的食宿接待、提供交通工具等综合服务优势，精心组织线路，与乡村旅游形成利益关联；公司可以选择地理位置、气候与土壤条件等适宜的乡村建立地方特色原材料生产基地、地方特色餐饮产业原材料配供中心等，对城市餐饮店与乡村餐饮店统一配送地方特色餐饮的原材料，以确保货源、降低成本、提高效益，推进地方特色餐饮产业化；公司还可以通过城乡土地置换等办法，在气候凉爽、环境幽美的地方开发避暑别墅，面向省内外市场销售（随着我国居民收入水平与消费水平的提高，这种需求已经显现）。在利益分配上，可以考虑股权参与、利润分成、期权确认、分包及按收入提成等。同时要争取省、地（市、州）、县三级政府的政策支持与推动。第三，对照债券市场融资的有关条件，有针对性地进行努力。近期有必要确定净现金流增长目标、资产优化组合目标、项目优化组合目标、土地及房产价值总量目标。另外，公司在争取资本市场发债融资的同时，也可以考虑以私募方式进行融资。不管采用何种融资方式，关键是公司必须具备上述条件以实现债券融资目标。

第三节　贫困山区新型农业投资基金

一、基金的设立背景与组织结构

在介绍"贫困山区新型农业投资基金"的组织结构与基本运行机制之前，有必要简要介绍一下这种金融组织创新的历史背景与客观条件。

第一，农业的生产经营出现了以农户家庭经营为基本单位向以法人组织和农户结合的利益联结体，或者以法人本身为基本单位的转化。在这个转化中有两个显著的现象，一是农业生产经营的产业化趋势，二是伴随着农村劳动力大量外出的农户土地闲置或流出的趋势。即使在贫困人口和贫困地域最为集中、贫困问题最为严重的贵州山区，这样的趋势也很显著。

第二，与上述客观历史背景相联系，近年来"三农"发展的集中表现在与土地使用的规模化、集约化相联系的特色种植业产品、特色养殖业产品及乡村旅游等方面，相应地，也出现了大量与投资相联系的农地流转与整合的需要。

第三，分散在广大农村、尤其是边远山区的农户对市场、优良品种、农用技术、生产设备等缺乏了解，而城镇企业希望进入农村，对可能获取的土地资源、劳动力资源、生产条件、环境因素等也缺乏了解，这样就构成了一种信息断裂，从而需要一个对接双方的信息库，而基金的组建正是应对了双方的这些需要，它自然而然会发展成为一定地域范围解决此类问题的信息库。

第四，农产品的流通方式、市场结构等发生了重大革命，直销方式取代了过去的许多中间环节，直销店、超市、绿色超市、有机食品中心等将许多中间商逐出农产品销售体系，农产品及食品加工的供给方与消费者之间的距离大大缩短。在这种条件下，消费者越来越希望并可能将自己的消费欲求直接传达给生产者，甚至希望通过订货（订单）、指定生产地和产品载体（如树木）等控制产品质量与性能，与此相伴随的消费者直接向生产过程的投资也出现了。

第五，绿色农业、有机农业、食品安全、环境保护等意识不断深入人心，消费者对这方面的要求越来越高，除了依靠消费者协会来制约生产者之外，国外消费者还通过参与或委托非政府组织与非营利组织、或指定其存款用途的金融机构贷款等来实现自己的愿望，相应地，非政府组织和非营利组织及绿色银行、绿色基金等金融机构又组建基金，筹集资金投向他们选定的绿色、环保、安全食品生产基地，并组织直销式流通与销售，来实现他们的环境保护意图和消费者保护意图。

第六，就自然生态环境因素来看，一些贫困山区、发展滞后地区受到工业污染较小，自然成了此种基金投资的理想地域。而且，此类地域的农村剩余劳动力较多，可以转化为基金生产基地的雇工，他们承包的土地又可以流转、整合为基金生产基地的用地。此种要素的优化组合与价值提升，只等基金的组成而变为现实。

第七，过去的专业化合作组织、龙头企业在农业产业化过程中发挥了积极作用,由于资金有限,只好对一些有重大技术推广价值和市场开发价值、但投资需求巨大且周期较长的项目望洋兴叹。另外,专业化组织、龙头企业、农户、市场机构往往是相对独立的利益主体,所以经常有利益上的冲突与摩擦,相互之间不讲诚信、坑蒙拐骗的事情发生较多。但在基金的体系中,专业化组织、龙头企业、农户、市场机构之间有了更强的、内在化程度更高的利益联结,有利于维护相互之间的团结和诚信。况且,由于有非政府组织、非营利组织、消费者协会、绿色金融机构的介入,基金的运营并不完全是利润最大化,而是实现绿色环保意识的可持续发展及保护各类投资利益,因此有利于和谐发展与信用环境趋良。

第八,在政府方面,由于其具有的社会责任感更强烈,自然应该积极引导、鼓励此类投资基金的设立与发展,并通过此种基金的运行引导大量民间资本进入贫困山区的扶贫开发和推进农业产业化与农业技术进步、实现农业现代化的事业。而且通过绿色农业、生态农业的发展也能进一步实现新农村建设的目标及发展乡村旅游。正因为如此,政府系统的投资,包括发改委、扶贫机构、农委、科委、环保等各个渠道的资金投入,都可考虑拿出一部分来,按某一比例整合在一起,作为无偿的创业奖励金投入。相应地,也可考虑设立一个代理机构进入基金进行监督管理。

基于以上客观历史背景和为实现笔者研究的目的,我们提出了贫困山区新型农业投资基金的基本制度设计,现将其组织结构及基本运行机制(图 5-1),简述如下。

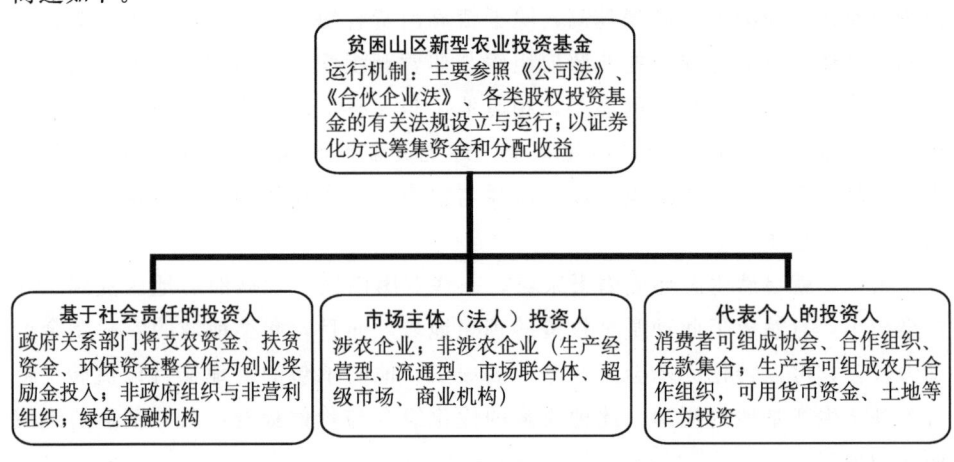

```
                    ┌─────────────────────────────┐
                    │   贫困山区新型农业投资基金    │
                    │ 运行机制:主要参照《公司法》、 │
                    │ 《合伙企业法》、各类股权投资基 │
                    │ 金的有关法规设立与运行;以证券 │
                    │ 化方式筹集资金和分配收益      │
                    └─────────────────────────────┘
                              │
          ┌───────────────────┼───────────────────┐
          │                   │                   │
┌─────────────────┐ ┌─────────────────┐ ┌─────────────────┐
│ 基于社会责任的投资人│ │市场主体(法人)投资人│ │  代表个人的投资人 │
│政府关系部门将支农资金│ │涉农企业;非涉农企业│ │消费者可组成协会、 │
│、扶贫资金、环保资金整│ │(生产经营型、流通型、│ │合作组织、存款集合;│
│合作为创业奖励金投入;│ │市场联合体、超级市场、│ │生产者可组成农户合 │
│非政府组织与非营利组 │ │商业机构)          │ │作组织,可用货币资 │
│织;绿色金融机构     │ │                  │ │金、土地等作为投资 │
└─────────────────┘ └─────────────────┘ └─────────────────┘
```

图 5-1 贫困山区新型农业投资基金的组织结构图

在我国，作为贫困山区新型农业投资基金的法律制度基础，可参照《公司法》、《合伙企业法》及包括私募股权基金、风险投资基金等股权投资基金在内的有关法规来构建。从发达市场经济国家的实践来看，新型农业基金比较接近有限合伙制的私募股权投资基金类型[①]。由于本书提出的这个基金具有扶贫、农业支持与保护、环保、食品安全等理念，不完全是以利润最大化为其经营目标，而且投资人或许涉及产业的供需双方，作为个人投资者的消费者、农户可能还要通过协会、合作组织而集中到一个法人名下再向基金投资，因此这个基金虽然在一定程度上类似于私募股权基金，也有风险投资或创业投资的因素，但又不能简单等同于这些基金。另外，基金业在我国发展的时间较短，我国有关法律法规也处在一个逐渐完善的过程之中，即使是欧美发达市场经济国家，由于近年来的国际金融危机影响，其有关基金运行和金融业监管的法律法规体系也面临修正与完善。所以，我们要以实事求是、大胆创新的态度来研究和运用我国的现有法律法规体系，在实际运行中也许要依据上述法律法规的相应条款进行必要的变通，还要考虑其他法律法规的适用性，以求在发展中逐渐完善贫困山区新型农业投资基金的法律制度和运行规则。

　　政府对具有促进"三农"发展、扶贫开发、环境保护、食品安全的这种特殊基金，不仅有积极性，更重要的是有责任感。即使是对主要遵循市场规则运行的一般股权投资基金，如私募股权基金、风险投资基金等，以及创业投资企业，政府也会考虑此类组织的特殊性而给予资助或奖励，这在境内外都存在。

---

① 私募股权投资基金（private equity fund，PEF）是在非公开市场对非上市公司进行权益性投资入股形成的资金集合。各投资人通过参与控制或管理使所投资公司价值获利，最终可能通过上市、并购或管理层收购等方式出售持股以获利。主要市场经济国家的实践大多表现为由基金管理公司控制的有限合伙制形式。根据我国《证券法》、《公司法》、《合伙企业法》等法律的规定，我国应该基本具备了设立公司型私募股权投资基金和有限合伙型私募股权投资基金的法律基础，更为规范和具有针对性的法律法规正在制定中。近年来，我国获得工商注册的"有限合伙制私募股权企业"已经逐渐出现，引起了人们的关注，很多这样的企业得到当地政府的认可或鼓励。有限合伙企业制度已经在我国的风险投资和中小型企业发展中显示出一定优势：第一，这种企业制度是在欧美国家的成熟资本市场从事创业投资企业的主要选择，有很多经验可以借鉴；第二，按《合伙企业法》，有限合伙企业的生产经营所得和其他所得不缴纳企业所得税，而由合伙人分别缴纳个人所得税，可避免重复征税；第三，运作机制比较灵活，信息披露义务比较宽松，退出机制比较便捷，对出资人具有相当的吸引力。有限合伙制一般规定的投资人数为2～50人，其中至少有一名普通合伙人和一名有限合伙人。普通合伙人对合伙企业债务承担无限连带责任，有限合伙人以其认缴的出资额为限对合伙企业债务承担责任。按我国新《合伙企业法》，自然人、法人和其他组织都可以作为合伙企业的合伙人，除国有独资公司、国有企业、上市公司之外的公司可以作为普通合伙人。

在我国，政府机构对有风险投资性质的私募股权基金和创业投资企业给予创业奖励已经比较常见了。就连贵州这样的贫困问题深重、发展严重滞后的省份，省发改委对项目落实、融资成功的私募股权基金也给予 2000 万元的创业奖励。因此，我们设想的让政府有关部门将资金整合用于对新型农业投资基金提供创业奖励，应该是可能实现的。

从国内外实践看，基于社会责任的投资人主要有非政府组织与非营利组织及绿色金融机构。这方面的投资人能否在我们设想的贫困山区新型农业投资基金中出现呢？为此，我们还得作如下分析。

所谓绿色金融机构，或者说环保关联金融机构，包括绿色银行、绿色融资、绿色基金等，早在 20 世纪 90 年代就在欧美国家出现并日益发展壮大、引人注目。其中比较有影响的是 Alternative Bank，可译为"替代银行"，也称"有别传统的银行"。即从负有解决环境问题及社会问题使命的存款人那里筹措资金，而对负有解决环境问题及社会问题使命的企业、项目提供融资的银行。其中，总部设在荷兰的翠欧托斯银行（Triodos Bank）因严格遵守上述社会责任而特别有名。1968 年，它在一些专家、大学教授组成的有关社会责任投资的研究会基础上产生，经过财团化改革，1970～1979 年参照银行方式运行，1980 年被正式批准为银行，其分支机构分布在比利时、西班牙、英国等国家。此外，类似的金融机构还有意大利的伦理银行（Banca Etika），日本的北海道绿色基金、市民银行等。

从过去运营的情况看，此类投资主要分布在以下领域：①社会经济方面，主要分布于风险投资、公众生活服务等项目；②自然环境方面，主要分布于风力发电、有机农业、环境保护等项目；③非营利活动方面，主要分布于社会福利、卫生与教育服务、艺术、传统文化保护等项目；④缩小社会与地域差距方面，主要分布于发展中国家投资、国际协力、扶贫开发等项目。

过去几年，由于受存款人指定的影响，在绿色食品、有机农业方面的投资已经相当活跃。例如，在英国，此类融资大量用于将一般农地改造为有机农地和建立有机食品的流通系统与销售系统；另外，此类银行把利息收入的一部分用于奖励那些为植树而借款的人（因为植树有利于改善环境生态），或者转为对这种借款人在购车、购房而贷款时的利息补贴。美国的此类银行开设了必须把贷款用于环保及相关项目的专用存款账户；笔者在加利福尼亚州看到，有机食品超市盛行，从生鲜品到熟食，品种非常丰富，购物和就地消费的顾客络绎不绝，生意相当火爆。在荷兰，甚至可用有机食品技术生产的鸡和蛋来替代存款利息。意大利伦理银行的经营管理注重经济活动中产生的非经济效果，注重对人权的尊重，然而其贷款却相当稳健，2006 年贷款 3.2 亿欧元，占存款的 76%，不良贷款率低于 2%[1]。在日本，一些地方银行对环境保护型信贷产品或理财产品的开发非常热心，自 2003 年以来，处于日本名胜琵琶湖周边地域中的滋贺银行，积极针对具有较高环保意识的客户展开服务，通过金融活动让这些客户参与到非营利组织保护琵琶湖生态环境的活动中来，例如，将这些存款人的存款及通过 ATM 机和网上银行交易所节约的费用存入非营利组织基金的定期存款账户，或通过非营利组织基金信托投资的方式支持环保，此外，长野县的八十二银行、三重县的百五银行都积极地开发了环保关联型的信贷产品或个人理财产品[2]。

　　除金融机构以外，民间的 Alternative Investment——"替代投资"也相当活跃。1998 年，在欧洲一些国家出现了地域性的"有机投资与绿色市场通道"——IOGTC。它实际上是一个信息库，有大量分散的中小生产企业、农户和流通与销售渠道的代表、商客、消费者把他们的意愿登录到这个信息库，由信息库进行配对，从而填补信息裂缝、减少信息不对称，这为投资者选择投资方向和消费者实现消费需求提供了极大便利。而这样的信息库就是由民间的"替代投资"来进行的。又如，美国加利福尼亚州的公共退休年金基金在美国此类基金中规模最大，在世界上也颇有影响，2004 年它就有 4.9% 的份额投向了"替代投资"方面，金额达 80 多亿美元[3]。非政府组织对绿色金融乃至绿色经济的一个重要贡献是在 2003 年 1 月发布的《关于金融机构和可持续性的科勒维科什俄宣言》提出了非政府组织希望金融机构遵守的六条原则，即可持续性、不伤害、负责任、问责度、透明度及可持续市场和管理。这一行动对全球金融领域"赤道原则"（Equator Principles，EPs）的产生具有重大的影响。从国际社会角度来看，联合国环境规划署发表了《金融业环境暨可持续发展宣言》，为了回应这个宣言，国际金融公司于 2003 年 7 月颁布了"赤道原则"，为商业银行从事项目融资提供了一个环境和社会风险评估的框架。

---

[1] 上山信一. 2007. 欧州で成長するオルタナティブバンク——弱肉強食の金融界に挑む. http://itpro.nikkeibp.co.jp/article/COLUMN/20070308/264223 [2012-07-30].

[2] 生田孝史. 2004. 我が国におけるオルタナティブバンク事業の萌芽. Economic Review, 8 (10)：128, 129.

[3] 据笔者在美国访问时收集的资料，资料标明原始出处为"2004 CalPERS：Annual Financial Report"。

所谓"赤道原则",简单来说就是在国际金融公司保全政策的基础之上创建的一套项目融资中有关环境与社会风险的指南。2003年,花旗银行、巴克莱银行、荷兰银行、西德意志州立银行等10家国际领先银行宣布实行这个原则,成为首批"赤道银行";2005年,这样的银行发展到35家,占据全球项目融资总额的约90%;截至2006年又发展到40多家,包括汇丰银行、JP摩根、渣打银行和美洲银行等国际性大金融机构也纷纷接受这些原则。"赤道原则"的产生是绿色金融在国际上取得的重大突破,成为国际金融史上的一个重大里程碑。它的实际影响力是强大和有效的。例如,计划投资200多亿美元、涉及几个大型跨国企业、拟在俄罗斯实施的萨哈林2号油气项目,由于遭到众多非政府组织的强烈抗议,加之,一些国际性金融机构也基于"赤道原则"而不愿提供融资,迫使该项目在完成80%工作量的情况下被俄罗斯有关法院判决撤销建设许可证并停止建设。

在国内,近年来与环保关联的非营利组织与非政府组织、金融机构及金融交易纷纷出现,2008年10月31日,兴业银行正式公开承诺采纳"赤道原则",成为中国首家"赤道银行"。2010年9月,由九家非政府组织评选出中国的"绿色银行创新奖"和"环境信息披露奖",获奖者分别是招商银行和兴业银行。另外,消费者的环保意识、食品安全意识也日益高涨。更为欣慰的是,即使在农村,除了绿色产业、绿色食品、绿色旅游等的发展出现高涨外,以能源技术和保护性耕作为代表的农业自身的节能减排也受到了重视,而且新兴的国际性"碳金融"交易项目也在我国农村出现。

基于以上的分析,我们认为,非营利组织与非政府组织、一些有环保理念和使命感的金融机构是有可能加入我们设想的基金中来的。况且,正如前面几章所分析的,环保与贫困山区的扶贫开发、新农村建设、农业现代化之间具有不可分割的密切联系,诸种因素的结合很可能会导致这些投资人向这个基金投资。

接下来,我们再来看市场主体类型的潜在投资人:一是原先的涉农企业,以比较大型的龙头企业为主;二是新进入的其他行业的企业,它们可能来自生产经营型企业、流通企业、市场联合体、超市及其他商业机构。基金的运行方式为后入市的主体进入农业生产经营领域提供了一种相对灵活、便利的途径。我国的《合伙企业法》对旧的法律规定的一个重要突破是增加了法人可以作为合伙人的规定,业界人士普遍认为这为我国有限合伙型私募股权投资基金的发展创设了有利条件。而且按照《外商投资创业投资企业管理规定》,外国企业或个人也有可能成为我国有限合伙私募股权投资基金的合伙人。在发达市场经济国家，大多允许法人作为合伙人。例如，美国《标准公司法》第 4 条第 16 款规定，公司可以充当任何合伙、合营企业、信托或其他企业的发起人、合伙人、成员、合作者或经理；德国《商法典》规定商事合伙的合伙人可以是法人，如股份有限公司或有限责任公司等；法国有关法律规定取得注册商人身份的自然人、合伙、法人都可以成为合伙成员①。总之，各类企业进入我们所设想的基金是有基本法律制度作保证的，也有许多发达市场经济国家的经验可供参考借鉴。

在图 5-1 中，作为最本源的第三类投资者，应该是广大消费者个人和本身就处在生产经营过程的农民。但是，假如采用类似合伙型私募股权投资基金方式，股权投资者被控制在 2~50 家，这样分散而为数众多的消费者和生产者就有必要组合到一个集合体中，由这个集合体对基金进行投资。在消费者方面可考虑对消费者协会及其协会设立的某种比较适宜的组织或已有的消费者合作组织进行投资；也可以考虑利用类似欧美国家的那种由负有解决环境问题与社会问题的存款人进行委托贷款、信托等，通过类似"替代银行"、"替代投资"的金融方式投资于基金。生产经营过程中的农民、管理者等很可能自身也是具有上述意图的消费者，他们可以通过合作组织投资于基金，其出资可能是货币资金，也可能是土地使用权。

由于食品安全意识和绿色环保意识日益强烈，城市消费者参与投资和农村生产者接受投资的现实需求是大量存在的，而公司法人进入农村的切入点也往往基于广大消费者、市场营销者、生产者之间的关于食品安全和绿色环保的共识。

例如，贵州都市报报道的湄潭县永兴镇茅坝村推出的茅贡米"田园直销"就是一个很说明问题的案例，现简介如下②。黔北高原的湄潭是典型的农业县，盛产优质大米，其茅贡米连续五年获得全国金奖，是贵州具有代表性的地方名牌农业产品。茅坝村土壤属富含铁、锌、硒等多种微量元素的油沙地，是得天独厚的大规模种植优质茅贡米的"宝地"。2010 年，该村农产品专业合作社成立后进行了一个重大创新，即向城里人推出茅贡米"田园直购"。其操作方式是在城里人认购生产茅贡米的土地亩分后，由农民按绿色环保方式种植，不用化肥，不施农药，待到收获季节，认购人直接到田间运米。最初，签约直购的稻田仅

---

① 姚琦. 2010. 中美私募股权投资基金法律浅析. http://www.civillaw.com.cn/article/default.asp?id=50986 [2012-10-08].

② 刘鸿. 2012-07-03. 大米田园直购论"亩"卖. 贵州都市报，第 A13 版.

为 150 余亩，随后，来自省内各地、甚至广东、上海、浙江的客户逐渐增多，在 2012 年 7 月 1 日的签约会上被认购的稻田面积达到 1500 余亩。而在 2011 年，农户被认购的稻田，多则 10 亩左右，少则也有三四亩，由此使农户纯收入大增，多则户收 10 万元左右，少则户收 3 万元以上。据客商介绍，2011 年的认购价格为每亩 5988 元，2012 年涨至 6720 元，按亩产 400 斤计算，大米价格已上升到每斤 17 元。但作为城市生活消费者来说，如果他们的食品安全意识与绿色环保意识强烈，就乐意接受这个价格。茅贡米能够取得这样的效益，也和龙头企业的运作和相关部门的支持与配合密不可分，早在几年前，在县政府、县财政的支持下，由龙头企业茅贡米业公司牵头实施的茅贡米"订单农业"、"公司＋专业合作组织＋农户"、"公司＋专业合作组织＋农户＋政策性保险"等产业化生产经营组织模式，都为打造茅贡米这个地方名牌农业产品创下了良好的基础。

从研究贫困山区农村金融创新的视角来看，我们还对茅贡米产业化组织模式中引入保险机制这点特别感兴趣。2008 年，人保财险湄潭县公司为服务"三农"、发展农村经济而寻求创新，积极与湄潭县政府、财政局、茅贡米业公司等进行沟通，签下贵州省首张水稻保险合同，共承保"大粒香"水稻 6972 亩，每亩保险金额为 800 元，保费收入为 44.62 万元，投保金额为 558 万元，保费由县财政和茅贡米公司各承担一半。这成为贫困山区发展政策性农业保险支持特色农业产业发展和综合金融创新的一个很令人鼓舞的尝试[①]。而这些情况都进一步说明食品安全和绿色环保的概念是一个能够牵动各个方面重视与关注、并能产生新经济活力与商机的概念。

还值得注意的是，我国东部发达地区的居民由于收入水平迅速提高，其食品安全和环保意识更为强烈，与这一背景相联系，东部企业对到西部贫困山区投资有机农业已经有了较大的动作。而贵州贫困山区的一些县域，如果有较好的自然生态环境和代表性的有机农业产品，就有可能形成东西部在有机农业项目上的对接。这不仅使东部资金、技术有了新的出路和远大前景，还能更好地满足东部居民的消费需求和增加西部的发展创业机会。例如，2011 年，贵州省长顺县与深圳市共建"东西合作"产业扶贫示范园区，打造了深圳·长顺"东西合作"有机农特产品集散中心，投资总额高达 4.5 亿元。自 2011 年春节开始，长顺县每个月都将其代表性产品绿壳鸡蛋、高钙苹果、小米核桃、紫王葡萄等

---

① 李庭明，曾明. 2009. 亏损 1900 万背后的社会责任. http://gzrb.gog.com.cn/system/2009/12/16/010700181.shtml [2012－07－07].

特色生态农产品，通过航空快递公司从贵阳运往深圳，直供市场[①]。

长顺县是我国新阶段国家扶贫开发重点县和喀斯特地形典型分布区，石漠化面积占其国土面积的77.9%，是典型的石漠化重灾区，耕地破碎贫瘠、地表水难以保持、生态相当脆弱。但是，该县政府和有关部门积极寻求发展对策，提出了适宜喀斯特地区"一业为主、多品共生、种养结合、以短养长"的发展思路，积极调整农产品结构、促进贫困农户增收。近年来围绕建成全国农产品主产区县、全国农产品加工基地创新县、"东西合作"扶贫开发核心示范区的目标定位，积极与东部进行资金技术对接，加大科技投入和山地农业转型升级，发展特色优势产业，逐步培育了一批以绿壳蛋鸡、高钙苹果、优质核桃、紫王葡萄等为主的特色品牌，相应地，形成了北部优质烟叶、中北部高钙苹果、中南部山地农业、南部紫王葡萄和中北部农副产品加工这五条核心产业带。产业扶贫示范园区的构想是基于在最原生态的地区生产有机农特产品卖给最高端消费群体的理念和连片扶贫开发的现实需要而形成的，它按照政府主导、市场牵引、供需互补的原则运行，目标是在长顺进行有机农特产品生产向深圳定点直供，共同打造深圳·长顺"东西合作"有机农特产品集散中心。该中心集农产品检测中心、批发市场、贸易市场、大型停车场、大型冷库等配套设施为一体，全面实行品种溯源数字化管理。中心建成后成立股份公司，由县政府控股，贵阳、深圳、广州各有一家股份公司入股。长顺县农业农村工作局负责控制生产环节。例如，从开始选育品种至鸡蛋生产，绿壳蛋鸡实现了品种选育、饲养方式、技术支持、价格认证、溯源管理的五统一，经营模式主要采用"协会＋公司＋农户"模式，产品通过检测中心统一认证贴牌后，经过物流中心统一配送到深圳等沿海发达城市。

随着贫困山区交通条件的改善，贵州省的不少县纷纷与东部大城市建立了此类经济合作。例如，榕江县政府抓住厦蓉高速公路贵州路段的建成和贵广高速铁路兴建的机会，依托其自然条件，制定了全力推动蔬菜产业标准化和规模化生产、着力打造蔬菜生产大县、力争成为珠江三角洲的"菜篮子"生产基地的

---

① 杨正平，李茂.2012.产业结构调整助石漠化地区群众走出"经济洼地".http://gzrb.gog.com.cn/system/2012/07/04/011522034.shtml[2012-07-05]；注：绿壳鸡蛋的卵磷脂含量为普通鸡蛋的18倍，营养价值高，被誉为"鸡蛋中的人参"，获国家农业部地理标志和原产地产品资源认证，为贵州省16个国家级地方品种之一；高原高钙苹果富含硒、多钙，产量受地域限制而稀有，被誉为"最佳补钙水果"，获贵州省"名牌产品"称号；小米核桃壳薄色浅、果仁饱满，获第二届中国核桃大会优秀奖；麻山油核桃，获首届中国核桃节核桃坚果及其加工产品评选银奖。

产业发展战略。其丰源绿色农业开发公司引进广东客商投资的 5000 多万元，建成占地 3000 亩的蔬菜标准化生产示范基地，种植的菜心、芥蓝等新鲜蔬菜每月有 300 吨运往珠三角地区，其中有 200 吨进入香港市民餐桌，2012 年又计划在该基地的基础上建设总投资为 2.18 亿元、规划建设面积为 5500 亩的"现代农业产业观光体验园"，预计用八年时间打造成集农业生产、科技创新、成果示范、生态旅游和科普教育等功能于一体的现代农业观光体验园[①]。又如，地处贵州五大名茶之一的云雾贡茶核心种植区域的惠水岗度乡与北京爱科深蓝科贸公司签订万亩生态有机绿茶茶园建设项目合作协议，以进一步推进该乡加快该乡茶叶的连片种植、现代化生产与科学检测、建立广阔的市场营销网络。

这种合作一般会涉及农户的土地流转、整治与集中使用。例如，镇远县依靠政府组织，成立县级土地流转服务中心、县镇土地流转工作组、村级土地流转服务窗口，来抓土地流转的合理规划和协调相关利益、处理纠纷、调整政策等，通过农户私人互换型、经营大户带动型、集体组织带领型、农业项目牵动型等模式开展土地流转，在大项目方面建成了江古现代烟草示范园、芽溪蔬菜基地、天印优质茶叶基地等，截至 2011 年，该县土地流转面积已经占到全县土地总面积的 11.9%[②]。

二、基金的金融工程学问题

上文阐述了贫困山区创新新型农业基金的客观历史背景和基金的基本组织构架，并讨论了在贵州这样的贫困山区农村设立这种基金的现实可能性、相对优势及可操作性。

下面，我们对设立这种基金的金融工程学问题，即基金的产品设计问题进行一些基本的讨论。金融工程的研究及其相关工具的开发，在微观意义上不外乎是确保投资人的利益和规避风险以促进金融交易及其最终经济目标的实现，所以它是资金供需双方的桥梁。从金融工程学的角度来看，基金能否筹集到投资，核心是解决基金的投资价值评价问题及相关的风险评价问题。这两个问题

---

① 杨成利.2012. 打造供应珠三角的"菜篮子"榕江蔬菜产业生机勃勃. http：//www.china.com.cn/city/zhuanti/dfzy/2012-06/14/content_25647189.htm［2012-07-30］.

② 阳南宁.2011. 镇远土地流转出现多种形式优势互补. http：//www.chinaguizhou.gov.cn/system/2011/04/11/011058311.shtml［2012-07-30］.

实际上都集中到基金的资产（股权）定价上，所以也可以说是一个问题[①]。而这个问题也正是解决基金按证券化方式筹集资金和分配收益的关键。当然，对预期收益和风险的评价又必然涉及生产经营过程，而在基金筹建阶段，生产经营过程可能产生的收益与可能发生的风险并没有现实地表现出来，所以必须有一个令人信服的评估，尽可能让投资人清楚收益程度与风险所在，他们才可能投资。而对这种收益与风险的评估，目前已经有相当多的工具。比较有代表性的是基于蒙特卡罗模拟模型的收益还原法[②]及风险评价法，还有各种基于不确实状况下的资源配置或项目评价的投资计划与投资策略等[③]。

例如，贵州贫困山区近年来的奶牛饲养出现了面向城市的规模化、集约化、标准化的生产经营，拟考虑今后采用贫困山区新型农业基金的方式筹集资金，进一步推进产业化生产经营规模和带动更多地域的脱贫与发展。为此，我们可以模拟一个投资组合（法人实体）在贵州山区某一特定地域进行这种生产经营活动的情景，包括生产经营的组织形式、投资、成本耗费、收益、风险的状况。例如，生产经营的组织形式可采用承包、订单、分工、协作、多角化等，投资包括土地、房屋设施、设备、技术等，风险来自市场和生产、加工、流通、销售过程，还有自然方面。接着，我们可考虑用蒙特卡罗模拟价值还原法来分析这个投资组合的收益与风险。模拟中有一个常用的工具是情景分析图，它将决策要素（如饲料价格、牛奶市场价格、运输成本、营销成本、政策因素等）、风险因素（如价格波动、市场供求变动、替代产品、气候等自然条件变化等）、价值因素（如经营管理能力、组织能力、融资能力、技术能力、降低成本与增加

---

① 资本资产定价的基本理论认为，资产的评估价值或者说资产的价格等于其无套利均衡价格加上风险溢价，无套利均衡价格可以理解为无风险也没有套利机会的预期收益，所以当知道无套利均衡价格和风险程度后，就应该知道资产的理论价格。

② 蒙特卡罗这个名字来源于1962年建立的位于法国南部（实际上是摩洛哥）的一个著名赌场，最初的蒙特卡罗模拟是为了解决随机抽签、随机博弈等理性赌博的问题。1942年，美国洛斯阿拉莫斯国家实验室从事原子弹研究的科学家使用了这种数字模拟方法。现在，蒙特卡罗模拟主要是指利用计算机模拟产生随机价格的过程、走势，以对复杂衍生的金融工具、尤其是投资组合进行估价的方法。它的基本思想是重复模拟金融工具变量、涵盖所有可能发生的情景的随机过程，如果这些变量服从预定的概率分布，随机模拟的过程就是重现价值分布的过程。而收益还原法本源意义上是估算土地、房屋、不动产或其他具备收益性质资产在未来每年预期纯收益的基础上，以一定的还原率，将评估对象在未来每年的纯收益折算为评估时日收益总和的一种方法。蒙特卡罗模拟收益还原法即是把这两种方法结合以分析金融工具、投资组合的价值。参见：菲利普·乔瑞.2005.风险价值VAR.张跃等译.北京：中信出版社。

③ 根据对不确实状况下的收益、风险评价而采取相应的投资计划与投资策略。例如，采取不同期限及利率的债务、一次购买与分期购买、可转换债券、贷款转换为基金股权购买的期权等的组合。

销售的能力等）的错综复杂的影响关系在图上形象地表现出来，包括所有因素的正负影响、最重要的影响因素、作用机制及关键点等。然后据此建立模型，模型建立时可能会舍去较小的、不太重要的影响因素，保留较大的、相对重要的影响因素，使模型反映最核心、最本源的作用过程和相对重要的变量间的关系。利用模型分析出未来生产经营可能的收益与风险后，在投资者这方面，还可以分析不同投资者在取得收益、承担风险方面的种种选择与组合。例如，如果我们的投资组合是一个有限合伙制，对于为数较多的有限合伙人的投资，可考虑采用期权投资方式，例如，最初以贷款方式投入，这种贷款附有按某一既定价格、某一比例、某种批次转为股权的权利，而这个权利是一种选择权，在投资人认为某一收益与风险状况可以接受时，他有权在规定的时间行使权利将贷款转为股权，而在期权到期日投资人认为面临的收益与风险状况不能接受时，可放弃权利，这时他的损失不过是购买这个期权的费用[①]。

以上，利用蒙特卡罗模拟收益还原法等工具计算出来的基金收益率及其风险影响，是基金证券化运行的基础，这个基础是微观主体角度的，不过由于农业基金的特殊性，很可能必须兼顾宏观角度及政策因素的影响。例如，日本的农业基金也基于全国农产品价格成本的调查统计及金融交易成本来估计证券化资产的回报率。在我国也有这样的统计，例如，国家发展与改革委员会每年编写的《全国农产品成本收益资料汇编》（中国统计出版社出版），以及国家发展与改革委员会（原国家计委）、住建部（原建设部）一定时期会公布一次各个行业的财务基准收益率，这些都是可能利用的资料。另外，各省农村固定观察点也对当地主要农林牧渔产品的成本费用及收益进行着持续性观察，其调查结果由该省农业厅（现在有些省改为农业委员会）编辑出版。

日本有一种特定地域的再生型农业基金，出资人中有"农业协同组合"、"信用协同组合"、"农林中央金库"的存款、定期储蓄等渠道的资金组成的信用事业体——"JA 银行"，还有政府有关行政机构。再生型基金的组建可以通过"出资＋具有新股认购权的公司债＋借款"方式进行。具体来说，是由某一地域的"JA 银行"和相关行政机构出资支持地域性农业基金的创立，让一个有实力的农业法人为主力对基金出资，且设立一个并购型公司收购农户（一般为破产和

---

① 这种工具类似于不动产证券化中的"不动产转换信贷"，该工具持有按约定价格购买某一标的物不动产价值部分所有权的选择权，当行使这个权利后，相应部分的贷款就转换为对该部分不动产的股权投资。

转产的农户）的土地。在收购过程中可以利用被收购土地向金融机构担保融资，包括从金融机构融入的资金，主力法人的出资总额为51%，另外49%利用发行具有新股认购权的公司债融资。利用这种特殊公司债融资的目的则是降低利息成本和风险程度，同时使投资者获得一个期权，在新股认购时可以根据市场行情、基金收益与风险的状况来选择是行使权利还是放弃权利（如果在上述程序中没有向金融机构申请贷款，则为"出资＋具有新股认购权的公司债"方式）[①]。

在我国，虽然没有类似日本那样的农户破产概念和土地私有制度，但正如前述，却有一般公司或专业合作组织购买土地使用权进入农业生产经营领域的大量现实需求和农户出让土地使用权的大量现实需求，土地使用权也可以确权、定值和进入交易程序，还可以用于抵押融资，因此上述的日本农业基金的组建方式也可供我们参考、借鉴。

第四节　因地制宜开展政策性农业保险

一、政府支持农业保险的主要方式

这里主要讨论政府支持农业保险的主要方式和这些方式及其经验在我国贫困山区农村的实用性。首先，从一般市场原理的角度来看，农业保险的运行依赖于投保人（需求者）和经营者（供给者）双方的风险估计与风险管理预期目标，以及对保费（保险价格）的形成与接受的某种耦合程度。经营者一般依赖对风险的大量观察和大数法则原理等来确定其需要收入的保费；而需求者也会基于他对收益、风险、费用的判断来确定其愿意支付的保费，但在需求者方面潜藏着逆向选择和道德风险的可能[②]。为了解决问题，供需双方通过博弈，实现

[①] 日本（社）農業法人協会.2008.地域農業再生ファンド.http://hojin.or.jp/pdf/topics/090703_tiiki_nougyou_fund.pdf［2012-07-07］.

[②] 从事农业保险的经营者不可能把每个客户理赔风险程度的差异全部准确弄清，它大多是基于客户群体平均风险程度来确定保费。而客户方面对自己的风险程度是更为清楚的，那么，平均风险程度以下的客户会减少保险的购买，而平均风险程度以上的客户会增加保险的购买，结果导致客户群体平均质量的恶化与经营者的财务恶化。如果经营者提高保费率，有可能导致新一轮的逆向选择。道德风险是指"骗保"或投保人采取某种行为来增加其预期赔款。在国外农业保险实施中，实施地域统一基准保险，或将那些自然条件很差、风险很大的地域排斥在保险之外并对当地农业生产者进行补贴、救济等，就是为了防止逆向选择；而在保险合同中规定免赔额与共保等条款，主要是为了防止道德风险的不利影响。

保险交易。而对同一农产品风险，可能选择对其产量、价格或收益进行保险。

而农业保险的特殊问题在于：供给方和需求方都缺乏积极性，不可能基于市场原理和商业机制发展起来；由于农业因自然因素导致大面积系统性风险的情况较多、巨灾比较频繁，尤其需要建立再保险体系，而由于农业保险的公共性、外部性和"搭便车"效应都很显著，私人保险公司一般不愿涉足这个领域（参见第二章第三节），因此政府必须提供支持、引导，建立政策性农业保险体系。

从各国政府支持和引导农业保险的方式来看，主要是补助保费、补助经营费用和建立再保险体系这三大方式。在商业性保险与政策性保险混合存在的情况下，对于包括自然、市场等复合风险为对象的农业保险，政府往往需要与保险经营者、农户、涉农企业等达成共识或合意，以推行其政策措施。总体上讲，发达市场经济国家的农业保险制度正是基于上述情况而形成，但具体到各国又有各自的特殊性，现对几个有代表性的制度及其大体运行情况作一介绍（表5-2）。

表5-2 市场经济国家的政策性农业保险的制度概要与运行情况

项目	法国	西班牙	希腊	美国	日本
制度设立时间	2002年	1978年	1961年	1938年	1947年
实施主体	私人保险公司	私人保险公司	政府机构	私人保险公司	共济组织
运行模式	商业化＋政策	商业化＋政策	政策保险	商业化＋政策	相互保险＋政策
政府补助保费	平均65%左右	平均50%左右	无	平均60%左右	平均50%左右
政府补助运营费	按保险费附加补助	按保险费附加补助	无	按保费的一定比例全额负担	政府定额负担
公共再保险体系	无	有；部分适用于私人保险机构	无；紧急时政府担保借款	有；部分适用于私人保险机构	有；不适用于一般私人保险
是否有强制性险种和与扶持保护政策搭配的诱导性强制险种	笔者未发现有这方面的明确规定	再保险的一部分实行强制	复合风险险种实行"强制加入、部分补助＋非强制加入、无补助＋非强制加入、部分补助"	有与政策性贷款、救济、补助的搭配的诱导性强制，巨灾保险强制推行的特点显著	水稻、旱稻、小麦等基干作物的种植面积达到法定底限就必须保险，称为"当然加入制"
关于收入保险	有试点	试点失败	无	有，且重要	灾害收入共济
关于地域统一基准的团体保险	不详	不详	不详	有，且适用面广	不详

续表

项目	法国	西班牙	希腊	美国	日本
农业保险各险种的覆盖面积、参保率等	2011年的面积参保率，谷物50%、葡萄30%、果树15%；计划2013年分别提高到20%、35%、55%以上	2008年的参保率：超过95%的有香蕉、牛以外的牲畜处理费用；超过70%的有小麦、大麦、牛的处理费用；超过50%的有葡萄、柑橘、番茄；超过20%的有大米、油菜子、大豆、蔬菜、水产养殖、牛	不详	2009年的面积参保率：玉米83.1%、棉花95.9%、大豆83.2%、小麦82.4%；收益保险在各险种中所占的比重为玉米82.7%、棉花23.6%、大豆77.9%、小麦70.2%	2008年的农户参保率，水稻、小麦、奶牛险种90%以上；肉用牛、马、土地种植作物60%左右；桑蚕、菌类、园艺设施等40%左右；种猪、肉猪、果树等20%左右

资料来源：李军，段志煌.2004.农业风险管理和政府的作用.北京：中国金融出版社；西爱琴，陆文聪.2007.中国农业风险决策研究：理论、模型与实证.北京：经济科学出版社；吉井邦恒.2005.各国の農業保険制度について//農林水産省研究所.2104回定例研究会報告資料.東京：農林水産省研究所；日本農林水産省.2009.農業災害補償制度の概要.http://www.maff.go.jp/j/council/seisaku/kyosai/bukai/04/pdf/data4-1.pdf［2012-07-10］

欧洲的法国、西班牙、希腊及美国、日本这两个世界经济大国的农业都有相对重要的地位，农业保险的覆盖面、经营规模都比较大，包括政策性农业保险的整个农业政策比较成熟且各有特点，不过欧盟国家还有来自欧盟层面的统一农业政策的影响，而且这五个国家的农业政策也受到世界贸易组织框架的影响与制约。

由表5-2可见：①虽然这些国家的农业保险起源都较早，但现存制度及法律基础的确立时间却先后不一。②就农业保险的实施主体和运行模式看，美国、法国、西班牙以私人保险公司为主体，按"商业化＋政策"的模式运行；希腊则以政府机构为主体实施农业保险，这在市场经济国家中是一个特例①；而日本的情况也比较特殊，它是以类似合作制的"共济组织"为主体，按"相互保险＋

---

① 希腊正积极考虑政府组织、私人保险为主体，政策与商业机制结合的模式，但此类私人保险公司仅一两家。

政策"的模式运行①。③就政府对投保人的保费补贴来看，法国的平均补贴达到65%左右，美国的平均补贴达60%，西班牙、日本的平均补贴达到50%（从所有欧盟国家来看，有些险种高达80%）；而希腊由于以政府机构为主体经营农业保险，私人机构极少，而且是自愿参加，所以未设此种补助。④就政府对经营者的运营费补助来看，法国、西班牙按保费附加补助，美国按保费的一定比例全额负担，日本由政府定额补助，希腊未设此补助。⑤关于公共再保险体系的设立，希腊没有设立该体系，如有紧急理赔支付发生，可由政府担保借款救急，但近年来其债务积累问题显现，这种方式面临终结的可能；西班牙和美国都有公共再保险体系，也部分向私人保险公司开放和提供服务；日本虽有公共再保险体系，由于其相互保险的制度基础，不向其他私人保险公司开放和提供服务；法国没有设立公共再保险体系②。⑥关于在农业保险中是否有强制性险种或与政府扶持保护政策搭配的诱导性强制险种，笔者除了未看到法国有这方面险种的资料外，其余四个国家都有这方面的险种，但在强制程度、范围、层次和诱导方式上存在差异，西班牙主要是在再保险层次上实施部分强制，希腊主要是在复合风险险种中实行部分强制（明确有参保义务），而强制性比较明显和覆盖面比较广的是美国和日本③。⑦关于收入保险的实施情况，在欧洲三个国家中，希腊未实施，法国已有试点，西班牙试点失败（原因不详）；而在美国，自1994年《农作物保险改革法》生效以来，收入保险很快发展起来且受到不少地区农

---

① 日本的农业保险将保险称为"共济"，由农业共济组合（市町村）、共济组合联合会（府、县）、政府（农林省农业共济再保险特别会计处）三级构成，某一地域的农户组织在一起形成的共济组合（相互保险）是农业保险的基础，其本源资金是农户们集聚的"共济挂金"（预付金），共济组合向组合联合会交保险费，联合会向政府交再保险费，而发生赔偿时，政府按保险合约向组合联合会支付再保险赔偿，组合联合会按保险合约向共济组合支付保险赔偿，共济组合向农户支付"共济金"（保险赔款）。

② 法国已对设立公共再保险展开议论，而政府以往的主流思想持反对态度。不过，法国自1964年以来由国家财政和农业生产经营者共同出资设立了全国农业灾害保障基金（FNGCA），对国家认定的受灾对象进行补助，基金对特定地域的受灾状况进行勘察后确定补助支付比例，通常可达受灾额度的12%～45%，平均可达25%。

③ 在西班牙，凡加入"农业保险联合会"的保险公司，其再保险一部分自愿向商业性再保险机构申请办理，一部分必须强制性地到中央政府（经济委员会）出资的"保险补偿协会"办理；在美国，为了确保巨灾保险的参与率以满足分散风险的需要，政府规定，凡是参加了巨灾风险保障制度的农户，才有资格参与政府实施的价格支持与生产调节计划、农民家庭紧急贷款计划、互助储蓄计划等福利性计划，政府还曾规定，在一些年份接受了灾害救济的农户须在次年购买农作物保险；在日本，"当然加入制"是一种行政式强制，其理由是，稳定主要农作物的生产经营既关系到社会稳定，又是确保分散风险必要规模及降低保费率之必要，按法定底限，在都道府县种植水稻0.2～0.4公顷、旱稻与小麦0.1～0.4公顷，在北海道种植水稻、旱稻各0.3～1公顷、小麦0.4～1公顷的农户都须参保。

户的普遍欢迎，目前对世界各国产生了重要影响和示范作用[①]；在日本，也有部分农业灾害险种按"相互保险＋政策"的模式运行，对灾害收入损失进行补偿，称为"灾害收入共济"。⑧关于地域统一基准的团体保险，目前主要是美国有这方面的险种，也称为区域/团体风险保险[②]。⑨关于农业保险各险种的覆盖面积、参保率，除希腊的资料缺乏外，其余四国的数据表明，它们在各自的主要农产品方面实现了较高的保险覆盖率。

二、因地制宜地开展政策性农业保险

前已述及，在我国贫困山区，尤其是贵州这种贫困地域和贫困人口最为密集，贫困问题最为深重的山区，农业保险面临的困难更大。为此，我们立足于贵州贫困山区的实际情况，借鉴以上市场经济国家的做法与经验，结合近年来贵州省政府有关部门、保险公司、涉农企业对发展农业保险提出的思路与建议[③]，以及农户的实际需求和对创新模式的适应性，提出如下贫困山区因地制宜开展政策性农业保险的思路与相应措施。

通过前面的分析，我们认识到，即使是政策性农业保险，也不能仅仅由政府来单独实施，一般来说，以政府组织、保险公司为主体采取"政策支持＋商业化运作"的模式，对多数国家来说是比较适宜的。大体上来说，我国也应该采用这种模式。

有人认为，在我国贫困山区的农村，因为农村人口密度较高，农户经济基础薄弱、经营规模小、收入水平低，所以比较适宜采用日本"相互保险＋政策"的模式。然而，我们注意到，日本式的农业保险（共济事业）的业务是进入其农村合作金融（农协）的业务领域的。日本农协是一个综合性组织，除了从事

---

① 收入保险的优点是能够克服单独按收获量计算赔付或单独按价格计算赔付时的片面性，因为有可能出现高收获量低价格或高价格低收获量的组合，而在这两种组合状况下，用农作物收益的增减来表示受损情况就相对全面、合理，更贴近投保人的实际情况。在美国属于收入保险的险种有团体收益保险（参见地域统一标准的团体保险）、作物收益保险、收益保证保险、收入保护保险、农场总收入保险。而日本的"灾害收入共济"主要是对农作物的收益损失进行赔偿。

② 此种保险一般是以县为对象地域，以县域正常年份的平均产量为基准来确定农户的保险产量，当实际县域平均产量低于保险产量时，保险公司就提供补偿。此种保险由于免去了对农户面的繁杂手续与计算，操作简便，运营成本较低，从而保费率也较低。而农户方面不管其实际产量是高于、还是低于保险产量都能得到赔偿，但是当实际县域平均产量高于保险产量时，那些实际产量低于保险产量的农户却不能得到赔偿。

③ 2007年，有关部门曾提交一份《贵州省政策性农业保险试点实施方案（送审稿）》，目前尚未看到贵州全省统一的政策性农业保险实施方案。

农村信贷业务、相互保险业务外，还兼营供销业务，如农产品的收购、销售、储运，生产资料的销售，生活资料货源的组织与供给等。农户一般都加入当地农协，而主要农业险种具有前述"当然加入制"的强制性，所以农户一般都参加适用于自己的农业保险。在我国贫困山区农村，信贷、保险、供销这三套系统是分离的，农民不会因为获取信贷、供销服务而自动进入保险领域。而且，贫困山区农村虽然在民间借贷方面相当活跃，但长期以来并没有形成显著的保险方面的"自组织"倾向。另外，就日本的价格体系来看，农产品的价格水平相对高，而且农民的收入水平也比较高，由于保险覆盖面宽，单位运营成本较低，保费率也较低，所以农民对保费的承受力较强，而我国农村贫困山区农民保费承受能力却要弱得多。再者，现有商业保险公司在贫困山区农村已有大量网点，而且这些网点的业务都可能与政策支持相结合，如果还要花费较大的投资去建立覆盖较大地域的相互保险体系，似乎眼前并无此急需。当然，如果某一地域的农户有此种积极性，也可以鼓励他们兴办。但是，如果没有再保险体系的支持，其可持续性值得怀疑。综上所述，我国贫困山区农村比较适宜由政府组织、主导，以保险公司为主体、采用"政策支持＋商业化运作"的模式。

由于国家层面的农业再保险体系尚未建立起来，国家层面对各省（市、区）农业保险的政策措施也没有统一规范，因此各省（市、区）还只能暂时根据自身情况制定自己的政策性农业保险实施办法。由此来看，贵州省政府有关部门提出的"先行试点、分类指导、逐步完善、实施推开"的原则是客观、适宜的。然而，与这个原则相伴，又提出一个"广覆盖、低保障"的原则。如果是指在全省实现，前后两个原则就有矛盾了[①]。后一个原则对于解决我国医疗保险、养老保险等民生问题也许是很适合的，但不能够直接套用到贵州贫困山区政策性农业保险的制度设计中来。基于本书第二章第三节和第四章第三节的分析，要想在贵州设立一个覆盖全省的、统一规范的、能够实现广覆盖、低保障的政策性农业保险制度是困难的，即使有了这个制度，能否真正达到风险补偿的目的，调动广大农户、涉农企业的积极性，也尚难断定。如果补偿水平很低，农户和涉农企业的投保积极性很难得到保证。

---

① 《贵州省政策性农业保险试点实施方案（送审稿）》提出的基本原则如下：一是先行试点、分类指导、逐步完善、适时推开的原则；二是政府主导、市场运作的原则，将政府的主导、组织和推动作为开展农业保险的基础和前提，在此基础上充分发挥商业保险公司分散和转移农业风险的重要作用；三是农业保险试点品种规模化、产业化、商品化的原则；四是广覆盖、低保障、风险分担的原则。

从贵州这几年农业保险的实际运行情况看，比较成功的案例都有一些自身的特殊原因，例如，产品适宜保险、当地政府积极组织、涉农企业积极承担、提供融资的金融机构要求保险以规避信贷风险等。而且个案之间有种种差异，不能强求一致。因此，有条件的先行和"因地制宜、分类指导"很重要，费用承担、保险能力和赔偿水平也不宜强求一致。

关于这方面的案例，本章第三节介绍了茅贡米产业化生产经营中的"农户+基地+公司+保险"的运行模式，这个模式中保险的成功与生产经营的成功是相辅相成的，即这个系统中产业化组织程度和品牌效应高、财政与涉农企业愿承担保费、保险公司积极创新，如果说这些是具有一般推广可能的原因，但是茅贡米的地理、气候及历史积淀等原因却是独特的。在其他一些名特产品（如名茶、烤烟、果林等）的生产经营中引入保险机制，可能具有与茅贡米产业化组织体系相同的条件与利益机制，但也可能有各自特殊的条件与利益机制。不少农产品及其险种是受到特殊自然条件及市场条件制约的，例如，前几年在德江、长顺、赫章等七个县成功开展了能繁母羊保险，其原因首先是这些县有适宜的草场，同时还有省政府及有关部门对该项目的发展计划与巨额投资，以及县政府积极组织协调和当地保险机构的积极支持等为背景，此外，省内外羊肉消费的市场需求前景可观。而全省那么多县，不可能都具备这些条件，尤其是其中的自然条件。另外，有些产业化过程中配备的保险机制，是由提供融资的机构要求保险而引入的。例如，2007年，金沙县在政府牵头、县人保公司积极支持下成功签订两单农险项目，其最初的动因就是由于提供贷款的农业发展银行要求配合保险以防范风险。而龙头企业的积极性较高也是一方面的原因，这两张保单就是由龙头企业与保险公司签订并独立承担保费的。其基本情况是：一张保单是对"公司+村委会+农户"模式下的512亩辣椒基地和920亩高粱基地按每亩保本收益600元保险，费率为6%，每亩保费为36元，保费共计51 512元；另一张保单是对"公司+农户"模式下的125头母猪按每头保本收入2000元保险，费率为7%，每头保费为140元，保费共计17 500元；保险费占两家公司总利润的40%左右[①]。这两个运行情况还表明，不同险种的费率客观上存在差异，而且费率太高，如果一般农业险的费率都这样高，而政府又不补贴，恐怕难以推广这样的保险。而政府能够承担保费的多大比重，农户能够分担多

---

① 贵州省人民政府发展研究中心.2008.为进一步修改"贵州省政策性农业保险试点实施方案"赴金沙县调研的报告. http://www.gzdrc.gov.cn/content.php?IndexID=226 [2012-07-20].

少，也是值得进一步研究的问题。

根据以上分析，我们认为贵州省的政策性农业保险，可在确定省级政府支持力度和大原则的情况下，由省级政府、各地区政府、各县政府根据自身的情况自行组织本地的政策性农业保险试点，省政府对每一个层次都要承担政策支持，但不规定每个地区（州、市）必须有多少个试点，对保险水平、保费率、涉农企业的保费分担比例等也不做统一规定。我们也可以设想，由于财力限制，省级政府的支持最终可能会有一个总额控制，由于要考虑平衡，于是问题又变成了每个地（州、市）支持几个点。那么超过规定的地区或县可以自行试点，政府支持资金也由该级政府自行解决。这样，也就意味着近期内不能企望实现全省范围的"广覆盖"。再者，如果试点项目的保障水平不高，有关主体的损失不能满意补偿，他们也不会再有积极性，所以"低水平"也不适宜作为试点工作的基本原则。而各级政府对先行试点项目的确定主要是看所保产品是否具有以下条件：产品规模效益较好、产业化程度较高、市场前景可观、地域利益关联度大，政府有组织与推动的积极性、龙头企业投保意愿强烈且有承担较大保费份额的积极性，保险公司有支持的积极性，或者提供项目融资的金融机构有保险要求。

在贵州省有关部门提出的实施意见中，政策支持主要落实在对保费的补贴上，多数意见主张保费的80%由省、地、县三级财政按5∶3∶2的比例给予补贴，农民（或涉农企业、或两者共同）承担保费的20%（参见第四章第三节）。与发达市场经济国家政府对保费的补贴比较，政府补贴总体达到80%的比例的确很高，但由于贫困山区农民的收入低，从而对农业保险的需求更低，将政府补贴比例定高一点合乎情理。同时，让地、县承担一定比例也有利于调动各级政府的积极性。但随着我国经济体制中县域经济独立性及配置资源决策权的强化、地区级的行政影响力和资源配置决策权的趋弱、对省级资源配置统筹的预期增强且实际省级财力也有所加大的现实，建议把省、地、县三级财政补贴比例改为6∶3∶2。当时（2007年）建议政府每年补贴700万元，可承担最大风险损失限额为1亿元，简单匡算，这仅仅能补偿全省农业因自然灾害造成损失的1%左右（详见第四章第三节），我们建议政府还应该增大补贴力度，根据目前国家对贫困地区加大扶持力度和国务院关于支持贵州加快发展有关文件精神的落实及贵州自身财力增长的情况，再加上省内对各项涉农资金的整合、调剂、按效率择优使用，将每年补贴总额提高到5000万～1亿、力争把政府对因灾受损的补偿能力提高到3%～5%似乎应具有现实可能性。

另外，忽略政府对保险公司经营费用的补贴，这也不利于调动保险公司增加农业保险供给和开发新产品。前已述及，2009～2011年，人保财险贵州省分公司又推出10余种政策支持下的农业保险，提供了超过33亿元的风险保障，而由此造成的亏损额已达到1900万元（参见第四章第三节）。如果这种情况持续下去，政府不得不考虑对保险公司的经营费用进行补贴。至于保险公司的理赔风险损失，在常规情况下，应该主要靠保险公司基于市场原则、风险评价、大数法则等技术层面的技术运用和有效管理来解决，而保险公司自身难以抗衡的系统性风险，应该引入巨灾保险和建立再保险制度增加防范能力，目前政府对此种损失给予补助的情况并不多见。当然，在我国一些省份（包括贵州），政府也考虑了保险公司的理赔风险，即规定保险公司承担的最大赔款为当年全省农业保险保费的三倍，这样做既不符合保险经营的市场原则，也为政府最终兜底埋下隐患。较好的解决办法还是引入巨灾保险和建立再保险制度。

如表5-2所示，对保险公司的经营费用进行补助的方式，法国和西班牙的政府是按保险费附加补助，美国是按保费的一定比例全额负担，日本是定额补助，这些政策设计都在规避因巨灾或其他系统性风险造成巨额亏损而引发对保险公司补助出现难以控制的局面。

在各国的实践中，在政府是否补助保险公司经营费用这个问题上的一个争论焦点是"信息不对称"，政府往往认为它对保险公司的实际经营情况难以确切把握而不愿轻易答应保险公司方面提出的补偿要求。然而，近年来这个问题在上述发达国家得到了较好的解决。一方面，政府有关部门利用计算机及各种模型大量而深入地开展了对农产品风险的测度，而且这些信息在公共部门与私人保险公司之间并未设置严密的屏障；另一方面，推进和实施政策性农业保险的机构、相关保险机构对于风险度量、可保产量、保险运营成本、费率确定等的计算运用也并不像想象的那么高深复杂，在很多情况下，它们采用了简化的公式，而且对社会公开。例如，在对产量损失进行补偿的保险品种中，需要确定一个理论上的"正常产量"，而许多险种的"正常产量"可根据连续五年没有特殊自然风险影响的平均产量来确定，这并不太困难；而保险机构针对收入、成本进行保险时要计算的"正常收益额"、"正常成本额"，在知道这个"正常产量"后，其计算也不十分困难；在对因价格波动造成的损失进行补偿时，需要了解一定时间内价格波动的幅度和频率，这在当今已经不是特别困难的问题，而且实际价格因素带来的损失，可以用销售产品的价格和原材料等成本价格的差距来衡量，这也不一定要很长时间去观察。基于这些条件，只要我们去努力，所谓"信息不对称"是可能克服或减少的。所以，政府害怕涉及对保险公司经营费用进行补贴的技术性问题并不是特别难以解决的。

我们还注意到，即使在贵州这样的典型贫困山区，农业保险中也有了对收入性保险的应用（如上述金沙县两个案例的保险就类似于收益保证保险），说明现代保险技术在贫困地区的推广运用也并不是想象的那么难。

我们还建议，在可能的情况下，可以设置一种特定地域的团体收益保险计划，来促进贵州省连片性的主要农作物（如烤烟、茶叶、油菜子、优质米等）的种植，推进地域农产品的产业化及地域综合扶贫开发计划。前已述及，此类保险的优点在于简化繁杂手续、降低成本费用，所要求的保费率也较低（如果采用收入保险方式，可能进一步实现简化、节约、降价）。我们还估计到，由于政府为实施区域性农业生产计划、推进区域性农业产业化和进行连片扶贫综合开发，也可能会为此种地域性保险增加支持力度，而特定地域的农户、涉农企业广泛参与分担保费，会使此类保险的规模经济性提高、单位运行成本会下降、持续实施的可能性会增加。在可能的情况下，也可以考虑对农民参保实行诱导性强制，例如，进入某个效益显著的农产品推广项目的农户、或某一产业化组织利益联结关系中的农户，或享有政策性贷款（如前面提出的贫困地域综合开发贷款）的农户或享有某种特殊补贴的农户等可考虑作为诱导性强制对象。这样一来，有可能进一步确保相应险种达到分散风险、补偿损失、降低运营费用、实现规模经济效益所需要的规模与覆盖地域，获得持续性发展。基于上述种种理由，我们相信，特定地域的团体收益保险计划有可能与连片性的主要农作物的种植、地域农产品产业化推进及地域综合扶贫开发形成相互促进的发展。

至于争取中央财政的大力支持和呼吁建立全国的或者大区域的农业风险再保险体制，也都是不容忽视的。

主要参考资料

[1] 马克思.1975.资本论（第1~3卷）.中共中央马克思恩格斯列宁斯大林著作编译局译.北京：人民出版社.

[2] 萨缪尔森.1979.经济学.高鸿业译.北京：商务印书馆.

[3] 斯蒂格利茨.2000.经济学.梁小民，黄险峰译.北京：中国人民大学出版社.

[4] 布朗，杰克逊.2000.公共部门经济学.张馨等译.北京：中国人民大学出版社.

[5] 米什金.1998.货币金融学.李扬等译.北京：中国人民大学出版社.

[6] 查尔斯·史密森.2004.管理金融风险：衍生产品、金融工程和价值最大化管理.应惟伟等译.北京：中国人民大学出版社.

[7] 基思·卡思伯森，德克·尼奇.2004.金融工程——衍生品与风险管理.张陶伟，彭永江译.北京：中国人民大学出版社.

[8] 菲利普·乔瑞.2005.风险价值VAR.陈跃等译.北京：中信出版社.

[9] 卡尔·博尔奇.1999.保险经济学.庹国柱等译.北京：商务印书馆.

[10] 迈克尔·托达罗.经济发展.黄卫平等译.北京：中国经济出版社.

[11] 成思危.2005.改革与发展：推进中国的农村金融.北京：经济科学出版社.

[12] 李树生.2004.合作金融.北京：中国经济出版社.

[13] 杜晓山，刘文璞等.2001.小额信贷原理及运作.上海：上海财经大学出版社.

[14] 杜晓山，刘文璞，张保民等.2008.中国公益性小额信贷.北京：社会科学文献出版社.

[15] 韩俊等.2007.中国农村金融调查.上海：上海远东出版社.

[16] 赵先信.2004.银行内部模型和监管模型.上海：上海人民出版社.

[17] 周沅帆.2010.城投债——中国式市政债券.北京：中信出版社.